教育部人文社会科学重点研究基地
华东师范大学中国现代城市研究中心 主办

中国城市研究（第十九辑）

曾　刚　主编

科学出版社
北　京

审图号：GS 京（2023）2126 号

内 容 简 介

　　本辑刊由教育部人文社会科学重点研究基地华东师范大学中国现代城市研究中心主办，以中国城市科学理论创新和城市治理优化为使命。第十九辑共收录 10 篇论文，对长三角城市协同与创新、城市建设与经济、城市社会与治理等区域发展相关内容进行研究，包括知识基础对城市网络的影响、港口物流与腹地经济协同、高铁客流网络与专利合作网络对比、杭州钱塘江滨江两岸空间转型、江苏省工业韧性的时空演化、居住空间视角下的移民社会融合、上海高学历人才的住房研究、艺术乡建、城市舒适性视角下的选秀歌手空间分布、国际移民聚居区研究等方面。

　　本书力求讲好中国城市研究故事，对国内外城市科学研究工作者都有较好的参考作用。

图书在版编目（CIP）数据

中国城市研究. 第十九辑 / 曾刚主编. —北京：科学出版社，2023.10
ISBN 978-7-03-074678-8

Ⅰ. ①中⋯　Ⅱ. ①曾⋯　Ⅲ. ①城市发展-研究-中国　Ⅳ. ①F299.2

中国国家版本馆 CIP 数据核字（2023）第 014673 号

责任编辑：杨婵娟　吴春花 / 责任校对：韩　杨
责任印制：师艳茹 / 封面设计：黄华斌

科 学 出 版 社 出版
北京东黄城根北街 16 号
邮政编码：100717
http://www.sciencep.com

北京建宏印刷有限公司 印刷
科学出版社发行　各地新华书店经销
*
2023 年 10 月第 一 版　　开本：720×1000　1/16
2023 年 10 月第一次印刷　印张：11 3/4　插页：2
字数：211 000

定价：98.00 元
（如有印装质量问题，我社负责调换）

《中国城市研究》编辑委员会

主　　编：曾　刚

执行主编：曹贤忠

编　　委（按姓氏汉语拼音排序）：

蔡　禾　　陈映芳　　丁金宏　　杜德斌　　林初升

罗国振　　宁越敏　　孙斌栋　　滕堂伟　　屠启宇

王桂新　　魏也华　　文　军　　吴缚龙　　吴瑞君

徐　伟　　曾　刚　　张鸿雁　　张永岳

Harald Bathelt　　Ingo Liefner

秘　　书：宋艳姣

前　　言

2023年是全面贯彻落实党的二十大精神的极其重要的一年，也是实施"十四五"规划承前启后的关键一年。如何书写高质量发展新篇章，绘就未来新图景，对我国今后长期发展影响重大。在党的二十大报告中，"促进区域协调发展"成为构建我国新发展格局，推动高质量发展的重要举措。中国经济过去40多年快速发展，取得了举世瞩目的成就，但仍然面临着区域发展不均衡不充分等问题。作为区域协调发展的先行者，长三角一体化基础条件优越，在长三角区域一体化发展国家战略的加持下，在不少领域协同发展态势喜人。放眼未来，长三角地区将继续探索跨区域协同创新新机制，以更高质量一体化发展助力中国式现代化新实践，更好服务国家发展新格局。

华东师范大学中国现代城市研究中心（简称中心）于2004年11月被教育部批准为我国普通高等学校人文社会科学重点研究基地，2016年入选中国智库索引（Chinese Think Tank Index，CTTI）来源智库，2018年入选CTTI高校智库百强。中心依托学校地理学、生态学等国家重点学科以及社会学、经济学等主要学科，开展城市内部生产/生活/生态之间、城市群内部城市之间、人与城市之间协同问题研究，目前设有城市地理、城市社会、城市经济、城市生态四个研究室。中心成员承担了包括国家社会科学基金重大项目、国家科技重大专项、国家自然科学基金重点项目和国际合作项目、教育部哲学社会科学研究重大课题攻关项目等重要科研课题，取得了一批具有重要影响力的标志性成果。中心时刻牢记创新城市科学理论、优化城市治理方案的使命，负责编撰出版《中国城市研究》辑刊，致力于为国内外城市科技工作者打造一个交流互动的学术平台。

《中国城市研究（第十九辑）》共10篇论文。其中，覃柳婷和曾刚的论文，通过构建光伏产业城市-技术二模网络，发现知识广度和知识深度与城市网络地位均存在倒U形关系，知识广度比知识深度对城市网络地位具有更大的影响。曹冰瑶、赵晨曦、林万强和叶青的论文发现福建港口物流与腹地经济之间的协同发展水平逐年提高，并且在时间维度上呈现出由低度、中度向高度发展并最终进入极度协同阶段的发展特征。杨浩然、王丰龙和王潇萌等人的论文探究了中国高铁客流网络和专利合作网络结构特征差异及影响因素，发现高铁网络基于地理邻近性具有更强的社区结构，而"流"要素视角下创新网络的社区边界相对模糊，城市间联系相对更为均衡。李俊峰、包广宇和张国旺的论文，运用 ENVI 和 ArcGIS 软件将钱塘江滨江两岸历史土地利用资料矢量化，发现杭州市钱塘江滨江两岸空间重构表现出新经济化、景观化和生活化三方面特征，杭州市空间结构在由单核心向双核心结构转变。殷为华和冯贵苗的论文借助突变级数模型构建了区域工业韧性评价体系，发现江苏省工业韧性水平呈现总体平稳上升态势。陈燚菲、何金廖和张旭的论文探究了中国选秀歌手空间分布及内在驱动机制，发现经济机会因子的影响不显著，而商服舒适性、教育舒适性和文化舒适性是城市吸引选秀歌手集聚的核心因素。孙雨蕾、古荭欢和吴瑞君的论文分析了影响移民社会融合的邻里效应机制，并从邻里、住房等多重空间尺度构建影响移民社会融合的居住空间研究范式。宋艳姣、刘中华和罗峰的论文构建了高学历青年人才的住房满意度指标体系，并经过离散选择模型分析，发现高学历青年人才群体的居住成本满意度与留城意愿呈显著正相关。方田红和许国帅的论文，运用结构方程发现创意感知、地方依恋对艺术乡建支持度存在显著的正向影响，并提出了促进艺术乡建可持续发展的新路径。赵晔琴和许添琦的论文从移民聚居区的形成机制、族裔经济、社会融入、社区治理维度对我国国际移民研究问题进行了系统评述和思考。

创新是引领城市发展的第一动力，协同创新和协同治理是实现城市高质量发展的关键。作为教育部人文社会科学重点研究基地，中心长期聚焦城市创新与协同等重要议题。中心恳请各位读者继续关注和支持《中国城市研究》的编辑和出版工作。让我们携起手来，共同构建城市学科协同创新共同体，为了中国乃至世界城市的美好未来，满怀信心，砥砺前行！

华东师范大学中国现代城市中心主任　曾刚
2023 年 8 月 10 日于华东师大丽娃河畔

目　录

前言……………………………………………………………………（i）

长三角城市协同与创新

知识基础对城市网络地位的影响研究
　　——以中国光伏产业创新网络为例……………覃柳婷　曾　刚（1）
江苏省工业韧性的时空演化特征和影响因素研究
　　——基于13个地级市制造业的实证…………殷为华　冯贵苗（20）
中国高铁客流网络和专利合作网络对比研究
　　………………………杨浩然　王丰龙　王潇萌　顾乾宸　王　聪（42）

城市建设与经济

生成与重构：跨江发展下杭州市钱塘江滨江两岸空间转型
　　………………………………………李俊峰　包广宇　张国旺（64）
福州港口物流与腹地经济协同发展研究
　　………………………………曹冰瑶　赵晨曦　林万强　叶　青（78）
城市舒适性视角下中国选秀歌手的空间分布及其影响因子研究
　　——以某选秀节目选手为例…………陈燚菲　何金廖　张　旭（94）

城市社会与治理

居住空间视角下的移民社会融合…………孙雨蕾　古莊欢　吴瑞君（115）
非安居无以乐城：上海市高学历青年人才的住房满意度及留沪意愿研究
　　………………………………………宋艳姣　刘中华　罗　峰（133）

乡村创意感知、地方依恋与艺术乡建支持度研究
　　——以上海吴房村为例 ·················· 方田红　许国帅（149）
从形成机制到社区治理：我国国际移民聚居区的研究进展及反思
　　·· 赵晔琴　许添琦（164）

彩图

知识基础对城市网络地位的影响研究
——以中国光伏产业创新网络为例

覃柳婷　曾　刚

摘　要　城市创新网络地位能反映城市调动网络资源能力和在网络中的主导性，掌握城市创新网络地位影响因素对城市制定创新发展战略和缩小城市间技术差距具有重要意义。本文利用 2004~2018 年中国光伏产业发明专利申请数据构建城市-技术二模网络，从知识基础角度出发，将知识基础划分为知识深度和知识广度，探究二者对城市网络地位的影响作用，并基于城市创新水平异质性，探究发展产业的早期阶段，不同创新水平城市该发展何种知识基础类型来促进城市占据网络中心位置。研究发现：①光伏产业城市-技术二模网络规模不断扩张，网络内部城市地位分异明显，上海、苏州和北京一直是网络地位较高的城市。②知识广度和知识深度与城市网络地位均存在倒 U 形关系，适度的知识广度和知识深度能提高城市在网络中的地位，过度的知识广度和深度会阻碍城市网络地位的提升。③知识广度比知识深度对网络中城市地位具有更大的影响。④城市发展光伏产业初期，高创新水平城市倾向于增大知识广度促进城市产业发展和占据网络中心位置，低创新水平城市通过加深知识深度促进城市占据网络中心位置。

关键词　城市地位；知识深度；知识广度；二模网络；光伏产业

作者简介：覃柳婷，博士研究生，华东师范大学中国现代城市研究中心、华东师范大学城市与区域科学学院，主要从事经济地理与区域创新研究，E-mail：qlt11247@163.com；曾刚，教授，华东师范大学中国现代城市研究中心、华东师范大学城市与区域科学学院，主要从事生态文明与区域发展模式、产业集群与区域创新研究。

基金项目：国家自然科学基金重点项目"长三角战略性新兴产业创新网络地域空间结构研究"（42130510）。

1 引言

伴随创新资源不断多样化和分散化，城市间知识流动与科技合作越发频繁，城市越来越多地作为网络节点而存在。城市网络地位是揭示网络结构演化规律的关键切入点，城市网络地位变动是宏观层面上网络生长发育的动力机制[1]。同时，城市网络地位能够反映城市创新能力，城市调动网络资源的能力和在网络中的主导性甚至决定城市的发展前景[2,3]。在技术变革加速演进的时代背景下，嵌入创新网络成为城市获取核心技术和发展机会、有效整合资源的重要方式。掌握城市网络地位的影响因素对城市调配创新资源、提高创新效率、制定创新网络嵌入和治理措施具有重要意义。

探究城市网络地位的研究逐渐涌现，相关研究主要集中在两个方面。一方面，部分学者使用网络中心性表征城市网络地位，分析了不同类型的城市网络（如交易链接网络、交通网络）中城市地位等级变化和空间演化特征。王成等以中国汽车零部件交易链接网络为例，从拓扑结构角度解析城市网络地位和网络权力的基本内涵，发现汽车零部件供需链接城市网络具备低密度、多中心、高度中心性节点相互连接的特征，上海、长春、北京、重庆、十堰处于最高等级网络位置[3]。陈硕等探究了铁路交通流视角下中原城市群城市体系结构变化，使用中心性和中介性两个维度来定义城市的节点地位，发现城市中心性和中介性呈现出截然相反的变化趋势，城市中心性的层级结构愈发显著，而中介性更加扁平[4]。另一方面，部分学者研究了城市网络地位的影响因素。盛科荣等分析了上市公司500强企业网络中城市网络位置空间格局及影响因素，指出经济规模、知识资本、航空设施和政治资源是城市网络位置演变的关键影响因素[5]。产业创新网络是城市和区域发展的重要推动力，而现有文献大多集中在对交通网络、交易网络等类型网络中的城市地位进行探讨，缺乏对产业创新网络中城市网络地位和城市地位影响因素的探究。

知识基础影响城市对知识的获取、转移与整合能力，其异质性决定了城市在产业创新网络中地位的差异。Katila和Ahuja在2002年提出将知识基础分为知识深度和知识广度两个维度，随后此分类方法在创新研究领域中被广泛运用和探讨[6]。知识深度反映城市技术的已知和利用程度，城市通过重复组织惯例和边做边学来进行学习，使得现有知识不断被使用和细化，反映了城市知识专业化的发展情况[7,8]。当城市知识深度较深时，说明城市某个知识技术领域创新频次较高，城市更容易成为该技术领域的专家和占据创新网络中的核心位置。知识广度是指城市拥有的所有知识元素以及技术范围、可利用的技术领域的数量，反映了城市技术的多样化发展[7]。知识广度较广时，城市具有的外部知识接口较多，增加了其与其他主体的技术基础相似性和外部知识产生重叠的可能性，降低了搜索和沟通成本[9]。这使得城市向外部进行学习或知识获取变得更加容易和有效，形成更多潜在技术联系，从而使城市在网络中更为活跃和更容易提升网络地位。

部分学者开始关注知识深度和知识广度对城市网络地位的影响作用，相关研究结论仍未达成一致。Awate 和 Mudambi 基于全球风力涡轮机产业探究知识广度和知识深度对城市网络位置的影响，发现技术深度和广度均有利于城市网络地位的提升[8]。肖站旗等基于智能手机产业技术交易网络，运用负二项回归模型考察区域技术特征与其在区域间技术交易网络中角色的关系，发现区域技术深度增大，对其出度中心性具有显著的促进作用，促使区域成为技术交易网络中的卖家，而区域技术广度或高度的增大，有利于区域入度、出度中心性的提高，使区域在网络中同时扮演卖家与买家的双重角色[10]。王崇锋和孙靖认为拥有较高知识广度的创新组织，能对已有知识进行合理配置和实现最大化利用，有利于形成核心技术优势，但创新组织拥有较高的知识深度，则意味着其创新资源仅集中分布于某个或几个技术领域，因而可能会陷入认知锁定，不利于其占据创新网络中的核心位置。总的来看，现有研究结论仍存在一定争议，需通过其他行业和地区研究进一步考察。此外，有研究指出城市创新水平和能力对新兴产业创新发展存在影响[11]。由于城市创新水平存在差异，在发展产业最初阶段，创新水平高的城市和创新水平低的城市，将通过提高知识深度还是知识广度来提升创新网络地位不得而知。

"区域产业分叉"理论认为，新兴产业更有可能脱胎于地方现有的产业体系，将会引发城市网络的重塑，存在巨大潜力[12,13]。近年来，中国光伏产业的快速发展受到了全世界的关注，发展作为战略性新兴产业的光伏产业不仅是我国保障能源安全、保护生态环境的途径，还被诸多中国城市作为打造新产业、产业转型升级的突破点和转换增长动力的策略[14,15]。中国光伏产业发展迅猛，存在产业技术更新速度快、技术动态比成熟产业强等特征，产业创新网络存在明显的动态变化。此外，新兴产业更需不断平衡其与知识广度、知识深度和技术搜索价值取向的关系，以提高城市在网络中的地位，使其在市场竞争中占据更有利地位。因此，光伏产业创新网络是探究知识广度和知识深度对城市地位影响作用的良好案例。

基于此，本文参照Katila和Ahuja等学者的做法，将知识基础划分为知识广度和知识深度，利用2004~2018年光伏产业发明专利申请数据，探究二者对光伏产业创新网络中城市地位的影响作用，为城市制定产业技术发展路径和缩小城市技术差距提供一定的参考。

2 数据来源与研究方法

探究知识基础对城市创新网络地位的影响涉及技术和城市两个层面，城市-技术二模网络能够很好地揭示知识基础和城市地位的关系（图1）[16]。在社会网络分析中，同学关系、国际贸易关系等发生在同一类节点之间的关系构成一模网络，而发生在两类节点之间的关系则构成二模网络，如演员-电影网络、科学家-论文网络等。二模网络由两类节点以及两类节点之间的连边组成，同类节点之间不存在连边，可以揭示一模网络无法表现的网络属性和结构特征，提供了复杂网络研究的新视角，切合本文的研究意图。在城市-技术二模网络中，城市作为第一类节点，技术类别作为第二类节点，将城市拥有的某个技术类别的数量作为二模网络中城市和该技术连边的权重，城市-技术二模网络能够反映各城市直接连接的技术类别以及城市和技术间联系的强度。现有研究多基于城市-技术二模网络对城市知识复杂性与城市技术相关性等方面进行探究[17]。

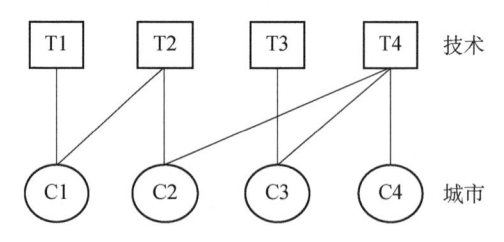

图1 城市-技术二模网络结构图

专利被认为是城市创新活动的表现形式之一，能精确地提供主体在不同时空中不同技术领域内生产的知识信息，可以反映技术动态，是构建城市-技术二模网络的重要基础[18,19]。本文选用发明专利数据构建光伏产业城市-技术二模网络，专利中涉及的技术类别集合构成光伏产业的知识基础。专利数据来源于上海市知识产权信息服务平台，该平台是国内具有代表性的专利检索平台之一，提供了中国光伏产业专利数据集。通过整理数据发现，中国光伏产业专利申请始于1985年，在2004年以前，光伏产业发明专利申请数量为175件，2004年之后光伏产业专利申请数量呈现逐步增长，由2004年的75件增长到2018年的9012件（图2），因而选取2004~2018年为研究时间段。

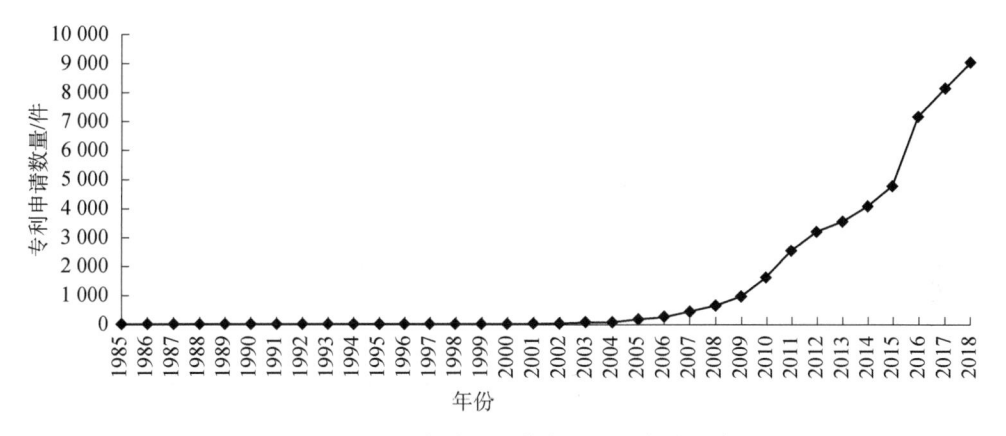

图2　1985~2018年中国光伏产业发明专利申请数量

构建光伏产业城市-技术二模网络时，将专利依据城市和技术类别进行统计。参考国家知识产权局提供的《国际专利分类表（2016版）》，按照专利主分类号条目划分了8大类122小项专利技术类别，其中单个专利只划分到某一特定的技术小项中，以保证每件专利具有相同的权重。专利数据提供了申请人所在城市，申请人在技术小项上申请专利时，城市与技术之间产生了连接。经统计，2004~2018年，中国光伏产业（不含港澳台数据）发明专利申请记录为46 613条，涉及274个城市和110个技术类别。由此，本文构建出一个 $N \times M$ 的二模矩阵 X^{NM}，用来反映城市-技术二模网络，N 为城市总数，包括274个城市，M 为技术类别总数，包括110个技术类别。

Taylor和王成等学者认为网络度中心性是影响领导力和效率的重要结构性因素，影响着网络资源和信息等集聚或扩散，可用于反映城市的网络地位高低[3,20]。被解释变量为城市在光伏产业城市-技术二模网络中的地位，使用网络中城市的加权度数中心性来表征，即城市和技术类别间连边的总数量。公式如下：

$$C_D^{NM}(c) = \sum_{k=1}^{N+M} x_{ck}^{NM} \tag{1}$$

式中，c 为城市；k 为技术类别；N 为城市总数；M 为技术类别总数；x_{ck}^{NM} 为上

文构建的二模矩阵 X^{NM} 中的元素，代表城市 c 和技术类别 k 间连边的总数量（c=1, 2, …, N; k=1, 2, …, M）。

核心解释变量为知识深度和知识广度，为更全面地考察知识深度和知识广度对城市网络地位的影响作用，加入知识深度和知识广度的二次项进行分析。参照 Awate 和 Mudambi 使用的测度城市知识深度和知识广度的方法进行计算，该方法能够准确且较为新颖地衡量城市技术的深度和广度，目前被多数学者认可和引用[8]。

知识深度使用城市每年较上一年在同一技术类别中增加的城市与技术间的联系数量来表征，反映出城市反复使用和深入研究的技术发明。这是因为城市在进行技术创新时存在路径依赖，现有的技术知识基础是影响以后创新和发展方向的重要因素[8,12]。当城市反复出现一类特定的技术发明时，表明知识深度在发展，技术呈现专业化发展倾向。二模网络包含累积数据，可以测度上一年存在的技术领域与现有技术领域之间的联系。

知识广度可用城市在城市-技术二模网络中的接近中心性来衡量，接近中心性是城市与网络中所有其他技术节点间距离的倒数之和。这是因为二模网络中接近中心性能识别各城市节点直接连接的技术类别，捕捉城市技术领域的覆盖范围，能够识别城市拥有的技术种类以及城市间共同拥有的技术类别。二模网络接近中心性能够反映网络内城市中各技术间的可达性以及各城市节点间基于技术联系的城市间的可达性，这些可达性增加了城市创新和提升网络地位的可能性。此外，接近中心性涵盖了增量带来的网络拓扑结构变化。因此，选择二模网络中接近中心性衡量知识广度是合理且科学的方法，计算公式为

$$C_c = \left[1 + \frac{\sum_{j=1}^{N+M} \min_k d(k,j)}{N+M-1} \right]^{-1} \qquad (2)$$

式中，c 为城市，k 为技术类别，技术类别 k 与城市 c 邻接；N 为城市总数；M 为技术类别总数；$\min_k d(k,j)$ 为技术类别 k 与网络中节点 j 的最短网络距离，节点 j 包括城市节点和技术类别节点。

在控制变量选择上，参照以往关于城市网络地位影响因素研究的相关文献，控制变量主要从城市经济基础（PerGDP）、政府科技财政投入（Gov）、信息发达程度（Internet）和交通便捷程度（Traffic）来考虑[10,21]。城市的经济发展水平是城市开展创新活动的基础，选取人均地区生产总值表征城市经济基础；城市为

企业、科研机构的创新提供政策与资金支持等服务，对科技的重视程度是影响城市在创新网络中地位的重要因素，选取政府科技财政支出表征政府科技财政投入；手机和互联网普及拓展了城市信息获取渠道，有利于提高信息捕获能力以及信息资源的传播流动，选取移动电话年末用户数与互联网宽带接入户数的总和表征信息发达程度；交通从地理距离层面上影响城市创新主体开展沟通联系，选取公路客运量、水路客运量、航空客运量的总和表征交通便捷程度。控制变量数据来自 2005~2019 年的《中国城市统计年鉴》。

由于被解释变量为非负计数变量，且对样本数据离散程度的检验，拒绝了"alpha 值为 0"的原假设，因此选择负二项回归模型进行探究，模型如下：

$$\ln \lambda_i = \ln k_i + \text{offset}_i + \beta_0 + \beta_1 x_1 + \beta_2 x_2 + \cdots + \beta_i x_i \quad (3)$$

λ_i 为 Y_i 的估计参数，Y_i 服从泊松分布：

$$P(Y_i = y_i \mid x_i) = \frac{\lambda_i^{y_i}}{y!} e^{-\lambda_i} \quad (y = 0, 1, 2 \cdots, n) \quad (4)$$

式中，k_i 表示超离散的程度，服从均值为 0、方差为 α 的伽马分布，α 越大，超离散程度越强；offset_i 表示把 i 作为解释变量，并令其系数为 1；回归系数 β_i 表示在控制其他解释变量的情况下 x_i 对事件发生次数的影响；λ_i 是 Y_i 的估计参数，Y_i 服从泊松分布；y_i 为被解释变量；x_i 为解释变量。

本文在探究光伏产业发展之初城市创新水平对城市产业知识基础发展的影响作用时，将光伏产业知识深度（Depth）和知识广度（Breadth）分别作为因变量，城市创新水平（Innovation level）作为核心自变量。城市创新水平使用在城市拥有第一个光伏产业发明专利的前一年中，城市拥有的发明专利总量占 274 个样本城市拥有的发明专利总量的比重来衡量，数据来自国家知识产权局。控制变量沿用模型（3）的控制变量。选择普通面板回归模型来探究，构建如下模型：

$$Y_{i,t} = c + \beta_1 \text{Innovation level}_{i,t} + \beta_2 \text{PerGDP}_{i,t} + \beta_3 \text{Gov}_{i,t} + \beta_4 \text{Internet}_{i,t} + \beta_5 \text{Traffic}_{i,t} + \varepsilon_{i,t} \quad (5)$$

式中，$Y_{i,t}$ 为知识深度和知识广度；Innovation level$_{i,t}$ 为城市创新水平；Gov$_{i,t}$ 为政府科技财政投入；PerGDP$_{i,t}$ 为城市经济基础；Internet$_{i,t}$ 为信息发达程度；Traffic$_{i,t}$ 为交通便捷程度；c 为常数项；$\beta_1 \sim \beta_5$ 为各变量对应的参数；$\varepsilon_{i,t}$ 为随机误差项；i 为城市；t 为年份。

3 城市网络地位与知识基础演化特征

3.1 城市网络地位时空演化特征

城市网络地位的变化是一个动态且复杂的过程，城市-技术二模网络结构能直观地反映城市在网络中的地位，辨别出技术动态活跃的城市。图3展示了2004年、2011年和2018年光伏产业城市-技术二模网络结构。由图中可以发现，2004~2018年，中国光伏产业城市-技术二模网络规模迅速扩张，网络中城市节点数和技术类别节点数分别由2004年的20个和8个增加至2018年的233个和95个。2004~2018年，网络中城市地位分异明显，城市等级层次性涌现，核心-边缘格局较为显著。具体表现为由单核心结构向多核心结构渐进发育，向以北京、上海、苏州、南京和合肥为核心的中心-外围结构发展。网络核心城市由2004年的北京和上海演变为2011年的上海、苏州、北京、无锡和常州，至2018年，无锡和常州城市地位有所下降，城市网络地位排名前五位的依次为北京、苏州、合肥、南京、上海。从区域层面来看，2004~2018年，光伏产业城市-技术二模网络中城市地位较高的城市集中在长三角城市群、京津冀城市群和珠三角城市群。从技术层面来看，与城市连接最为密切的技术类别是H02（发电、变电或配电）、H01（基本电气元件）、G06（计算；推算或计数）和F21（照明），它们构成了光伏产业的核心技术。

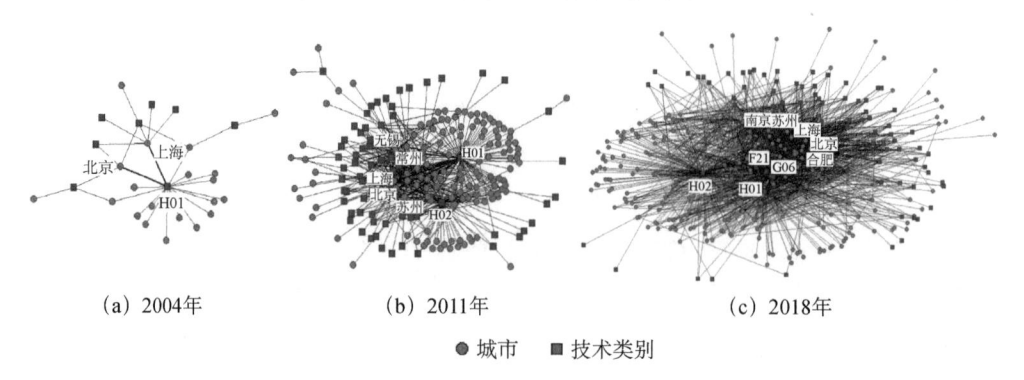

(a) 2004年　　(b) 2011年　　(c) 2018年

● 城市　■ 技术类别

图3　2004~2018年光伏产业城市-技术二模网络结构演化图

3.2 城市知识深度时空演化特征

城市知识深度空间演化格局存在两个特征，一是知识深度呈现由点状分布逐渐向以长三角地区、北京和广州为核心的面状与点状并存的空间分布格局转变。知识深度的发展通常是在原有技术的基础上进行进一步创新，因而在光伏产业基础雄厚的城市更容易拓展知识深度。2004年，国内仅有上海、北京和成都等少数城市发展光伏产业，知识深度较高的城市呈现点状分布格局（图4）。2004~2011年，随着德国《可再生能源法案》(Erneuerbare Energien Gesetz)修订案实施，国际市场对光伏产品的需求量迅速增加，国内大量民营光伏企业应运而生。这一时期，无锡、常州、苏州和合肥等涌现出无锡尚德太阳能电力有限公司、合肥海润光伏科技股份有限公司、无锡尚品太阳能电力科技有限公司和天合光能股份有限公司等一大批大型企业，对高纯多晶硅材料的生产技术进行重点攻关，这些城市的技术深度增加。北京众多高校和科研院所对晶体硅电池技术和薄膜硅电池技术领域进行深入研究，取得了较多新的突破，城市技术深度得以加深。2012~2018年，晶硅材料、聚光系统、电极和光敏元器件等模块和组件方面的技术深度增加，特别是光伏应用装置领域和太阳能电池制造过程研究领域。2012~2018年，随着杭州、宁波、南京和合肥等城市大力发展光伏产业，长三角地区在多晶硅、单晶硅等领域取得了重大技术突破，在这些技术领域上拥有深厚的技术敏锐度和竞争力，长三角地区成为知识深度较大地区。北京仍保持着高知识深度，在晶体硅、薄膜硅、铜铟镓硒和碲化镉等领域保持技术创新优势。广州、昆明、哈尔滨、长春等城市知识深度也在不断提高。二是城市知识深度呈现"东强西弱"的不均衡分布态势。知识深度较大的城市集中在东部沿海地区，这是由于东部沿海城市拥有多家光伏龙头企业、丰富的人力资本和针对光伏产业力度更大的土地、税收、财政优惠政策，为城市发展专业化技术提供了有利条件。

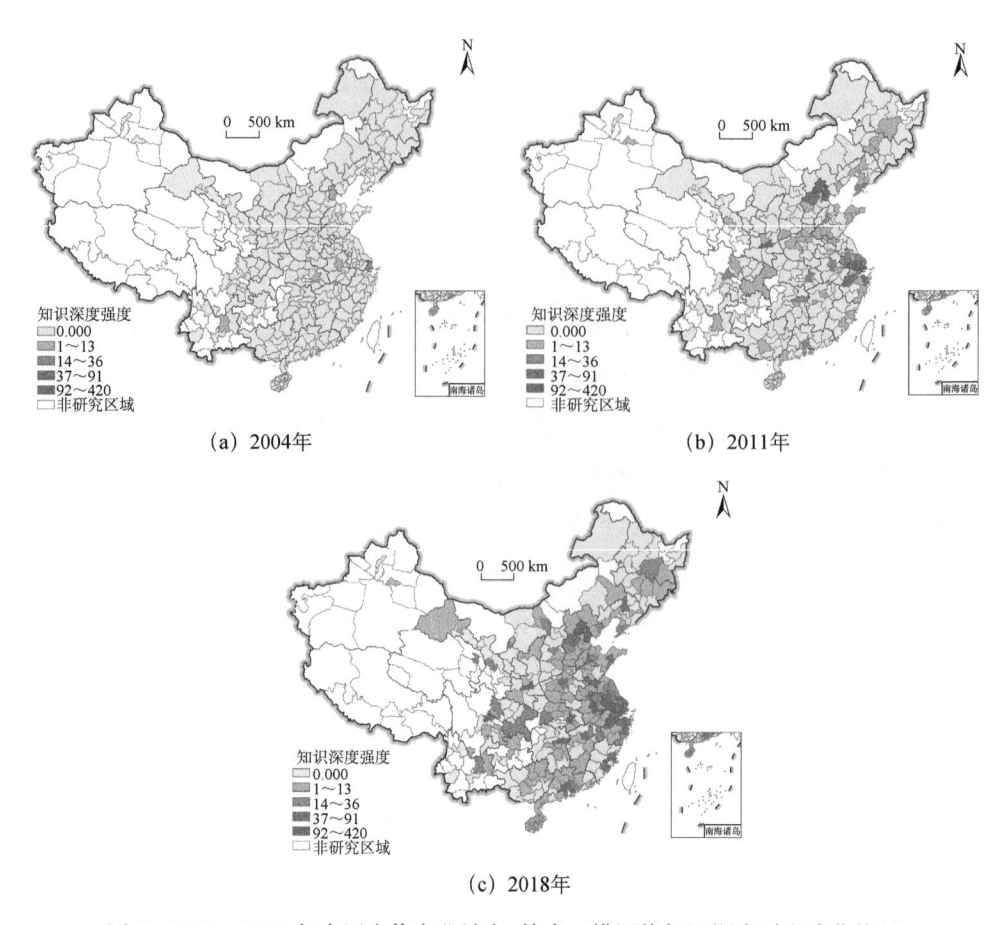

图 4　2004～2018 年中国光伏产业城市-技术二模网络知识深度时空演化格局

3.3　城市知识广度时空演化特征

城市知识广度空间演化格局同样也具有两个特征。一是知识广度呈现由点状分布向依托城市群的大面积片状分布转变。2004 年，较高知识广度城市分布零散，随着中国光伏产业纵向发展，产业链拉长，通过自主研发、系统集成创新等方式在多个技术领域实现创新。至 2011 年，技术类别由 2004 年的 8 个增加至 69 个，以城市群为中心的分布格局初步显现（图 5）。此后，2012～2018 年，多晶硅材料供不应求和价格高涨、分布式光伏发电系统对光伏发电设备提出了不同的要求、一系列促进光伏产业发展的政策等，从多方面加速了光伏产业多领域技术创新与发展。至 2018 年，中国多地已形成完整产业链和差异化的地方产业集群，涉及的技术类别增加至 95 个，知识广度呈现以城市群为载体的面状集中分布格局。长三角城市群中，上海、苏南地区和浙北地区等在包括单晶提拉与多晶铸锭、硅片分割、晶硅电池制造、电池组件封装到光伏电站建设安装以及太阳能光伏装备制造在内的多个技术领域实现创新，长三角城市群知识广度水平整体较高。京津冀城市群依托众多高校、研究机构以及多个国家级和省部级重点实验室，在多个技术领域取得突破，北京和天津成为京津冀城市群内的知识广度核心城市。珠三角城市群是太阳能应用产品生产基地，成渝城市群拥有较为完整的光伏产业链，两个城市群知识广度均较高。知识广度在哈长城市群、长江中游城市群、长株潭城市群、滇中城市群和关中平原城市群等则以省会为核心呈现面状空间分布。二是知识广度强度自东部沿海向西部内陆递减，这是由于东部地区较中部地区和西部地区拥有更为丰富的技术知识资源，这为技术重组提供了更大的选择空间，使得东部地区城市知识广度高于中西部地区。

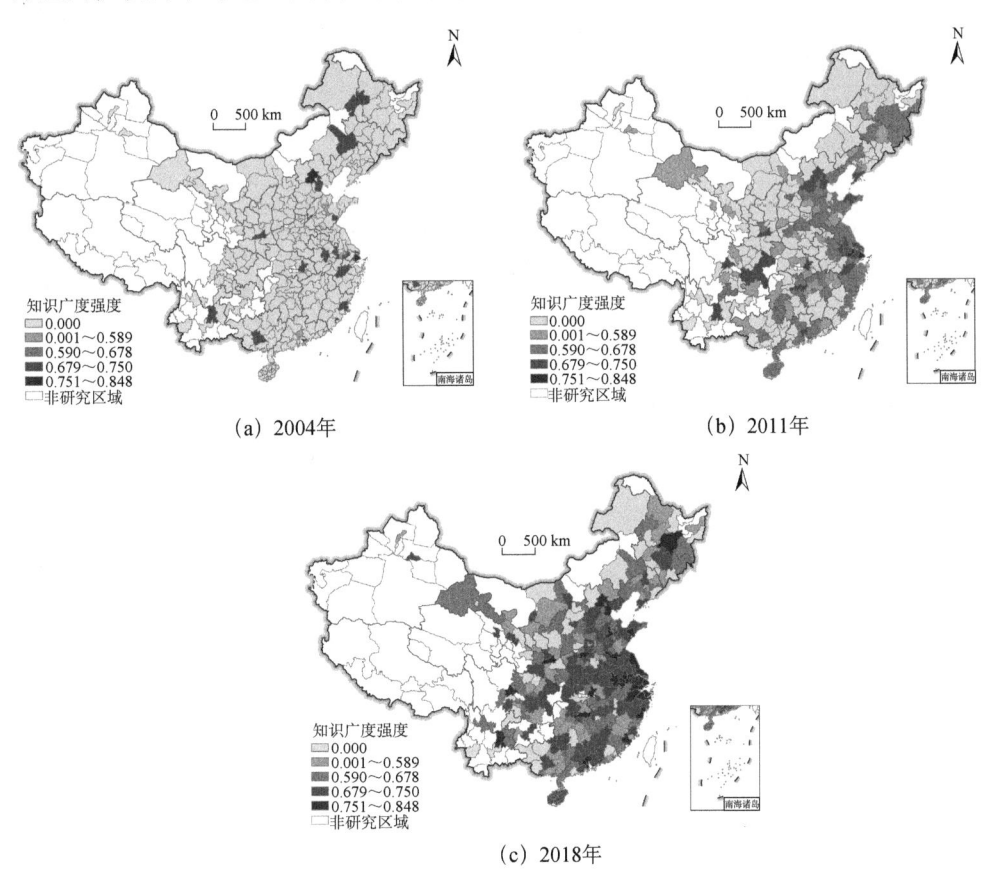

图 5　2004～2018 年中国光伏产业城市-技术二模网络知识广度时空演化格局

4 知识广度和知识深度对城市网络地位的影响

通过负二项回归模型［模型（1）］测度知识深度和知识广度对城市网络地位的影响作用。对样本数据进行相关性分析发现解释变量间相关性均低于 0.7，各解释变量方差膨胀因子（variance inflation factor，VIF）均小于 10，变量间不存在多重共线性。对模型进行豪斯曼（Hausman）检验，P 值为 0.000，故选取固定效应回归模型，以缓解遗漏变量导致的内生性。借助 Stata13.5 对回归模型进行估计，采用逐步回归，使结果更加稳健。各模型的拟合度均超过 0.6，表明模型估计结果具有较强的解释力。回归结果如表 1 所示，表 1 中模型 1 只包含控制变量，模型 2 增加了知识深度变量及其平方项，模型 3 增加了知识广度变量及其平方项，最终解释以模型 3 为准。

表 1　2004~2018 年知识深度和知识广度对城市网络地位影响的回归结果

变量	模型 1	模型 2	模型 3	模型 4	模型 5
Depth		0.0051*** (0.0006)	0.0075*** (0.0005)	0.2470*** (0.0174)	0.0053*** (0.0005)
Depth^2		-0.1×10^{-5}*** (1.37×10^{-6})	-0.1×10^{-5}*** (1.10×10^{-6})	-0.1031** (0.0108)	-0.1×10^{-5}*** (7.41×10^{-7})
Breadth			10.7558*** (0.7203)	2.7494*** (0.1294)	11.0555*** (0.7203)
Breadth^2			-3.8161*** (0.6202)	-0.3904*** (0.0635)	-1.7882*** (0.6202)
PerGDP	0.9056*** (0.0593)	0.79061*** (0.0563)	0.4552*** (0.0523)	0.4552*** (0.0523)	0.2587*** (0.0619)
Gov	0.3904*** (0.0288)	0.31384*** (0.0289)	0.17690*** (0.0247)	0.1769*** (0.0247)	0.0851** (0.0306)
Internet	0.6383*** (0.0554)	0.6829*** (0.0537)	0.0819 (0.0578)	0.0819 (0.0578)	0.1886** (0.0628)
Traffic	-0.2823*** (0.0254)	-0.2406*** (0.0226)	-0.1215*** (0.0217)	-0.1215*** (0.0217)	-0.0469* (0.0242)
常数项	-19.5230*** (0.6940)	-19.5382*** (0.6687)	-10.8378*** (0.8117)	-8.0442*** (0.7928)	-11.7244*** (0.8268)
Wald：Depth=Breadth				381.77***	
Wald：Depth^2=Breadth^2				21.44***	

注：括号内为标准误差
*表示 P<0.1，**表示 P<0.05，***表示 P<0.01

知识深度系数为 0.0075，在 1% 水平下显著，其平方项系数显著为负，系数为 -0.1×10^{-5}，表明知识深度与城市网络地位呈现倒 U 形关系，即一定程度的知识深度能够促进城市网络地位的提升，过强的知识深度不利于城市地位的提升。究其原因，城市知识深度的增加表明城市深入挖掘和认识现有的技术领域，在进行知识元素重组时，原有的知识能够被合理应用，形成有价值的知识组合，城市光伏产业创新能力提高，促使城市成为光伏技术领先者并占据网络重要位置。因此，城市在累积的光伏技术基础上对技术进一步深挖能够提高城市在光伏产业创新网络中的地位和竞争力。然而，随着知识深度的增加，城市很有可能进入技术发展的路径依赖，城市在现有技术领域中发现新突破点的可能性会有所降低，这不利于城市在城市-技术二模网络中占据重要位置，且城市地位有可能降低。此外，当技术环境发生变化时，若只专注发展和深化某个技术领域，会使得城市无法适应外部技术的快速发展，致使城市网络地位降低。

知识广度具有正的显著系数，为 10.7558，其平方项系数为 -3.8161，在 1% 水平下显著，说明光伏产业中，知识广度与城市网络地位存在倒 U 形关系，表明城市适度的知识广度有助于城市网络地位的提升，过强的知识广度则会阻碍城市网络地位的提升。城市知识广度较广时，城市拥有的光伏产业相关技术种类更多，不仅表明城市内部创新主体存在更多的技术交流合作机会，还表明城市具有的外部知识接口也较多。知识广度越广，城市间存在相似技术知识的可能性越大。相似技术知识基础降低了城市间的交流学习成本，使得城市向外部学习或获取知识的过程变得更有效，从而提升了城市创新水平与网络地位。然而，过多的知识广度不利于城市提升其网络地位，意味着城市可能单一地关注于光伏产业不同技术领域的集成，这会增加创新成果的不确定性，从而阻碍城市网络地位的提升。

研究还发现，在光伏产业中，知识广度对城市网络地位的影响作用大于知识深度对城市网络地位的影响作用，且城市网络地位对知识广度比对知识深度更敏感，这一结论在模型 4 中有所体现。通过对自变量进行零均值归一化处理，将自变量标准化为零均值和单位方差的数据，然后将所有变量纳入模型进行回归，得到模型 4。回归结果中，知识广度的系数（2.7494）大于知识深度的系数（0.2470），且二者均显著，知识广度平方项负显著系数的绝对值（0.3904）大于知识深度平方项负显著系数的绝对值（0.1031）。同时，沃尔德（Wald）检验也表明，技术搜索广度系数明显大于深度系数。这是由于创新通常是现有知识的重新组合，光伏产业存在大量标准化和编码化的知识，城市可以将这些成熟技术的标准知识与城市特有的知识重新组合起来，推动创新的发生和增大城市在网络中占据主导地位的潜力。在模型4中还发现，知识广度的平方效应更为消极，即广度的影响比深度上升快得多，但下降也快得多，说明城市在网络中的位置对技术搜索广度比深度更敏感，进一步说明知识广度对城市网络地位的影响更大。

为了验证回归估计结果的稳健性，知识深度使用（t–2）~t年城市在城市-技术二模网络中已有技术领域的增加数目来衡量，知识广度使用城市在（t–2）~t年中的接近中心性来衡量，通过回归得到模型5。模型5结果显示，核心自变量显著性均未发生变化，表明回归结果稳定，结论可信。

在探究城市创新水平对城市产业知识基础发展的影响时，对变量进行零均值和单位方差的标准化，使用面板回归模型［式（5）］进行估计。表2中模型1和模型2结果显示，城市创新水平与光伏产业知识广度呈正相关，城市创新水平系数为2.8978，在1%水平下显著，与光伏产业知识深度呈负相关，城市创新水平系数为–0.3994，在5%水平下显著。这表明，高创新水平的城市倾向于发展和提高光伏产业的知识广度，并且城市拥有更高的创新水平有利于提高光伏产业的知识广度，较低创新水平的城市倾向于发展和提高光伏产业的知识深度。这是因为创新水平较高的城市，它们的部分技术知识与新产业有更大重叠的可能性、拥有更强的知识整合能力和冒险精神，在产业政策支持和光伏发电应用多元化等的背景下，表现出多元化地发展光伏产业新技术，拓宽了光伏产业链，因此城市在发展光伏产业城市时更有可能通过提高产业知识广度来获取竞争力和占据网络中心地位。创新水平较低的城市拥有的企业、发明者等创新主体的数量相对较少，创新主体的技术搜索具有一定的路径依赖，在发展光伏产业时，更有可能利用城市原有相关技术知识和资源来发展光伏产业，因而表现出增加城市知识深度来获取竞争力。

表2　城市创新水平对知识深度和知识广度影响的回归结果

变量	模型1（Depth）	模型2（Breadth）
Innovation level	–0.3994** (0.1728)	2.8978*** (0.1794)
PerGDP	0.1502*** (0.0212)	0.4425*** (0.0220)
Gov	0.3224*** (0.0192)	–0.1971*** (0.000)
Internet	0.4794*** (0.0312)	0.4320*** (0.0324)

续表

变量	模型 1 （Depth）	模型 2 （Breadth）
Traffic	−0.0747*** （0.0148）	−0.0483*** （0.0154）
常数项	1.16×10^{-7} （0.0100）	-2.32×10^{-7} （0.0104）

注：括号内为标准误差
表示 $P<0.05$，*表示 $P<0.01$

5 结论与建议

本文利用 2004~2018 年光伏产业发明专利申请数据，分析了中国光伏产业城市-技术二模网络中城市地位和知识基础变化特征，从城市技术知识基础角度探讨了知识广度和知识深度对城市地位的影响作用，同时探究了城市创新水平对发展产业知识基础的影响，得到如下结论：①2004~2018 年，中国光伏产业城市-技术二模网络规模迅速扩张，网络中城市地位分异明显，核心-边缘格局较为显著。知识深度呈现由点状分布转变为以长三角地区、北京和广州为核心的面状与点状并存的空间分布格局。知识广度呈现由点状分布向依托城市群的大面积高值连绵区分布转变。②知识广度和知识深度与光伏产业创新网络中城市地位均存在倒 U 形关系，表明一定程度的知识广度和知识深度能够促进城市地位的提升，过强的知识广度和知识深度均不利于城市地位的提升。③知识广度比知识深度对城市网络地位有更大的影响。④城市发展光伏产业初期时，高创新水平城市多通过加大知识广度促进产业发展，低创新水平城市多通过加深知识深度促进产业发展和占据网络中心位置。一方面，本文结论表明适量的多样化程度和专业化程度对创新的发展均起到积极的影响作用，但技术多样化程度比技术专业化程度对创新的积极影响作用更大，结论回应了马歇尔外部性（Marshallian externality）和雅各布斯外部性（Jacobs externality）对创新何者更重要的学术争议。另一方面，本文结论与 Awate 和 Mudambi 探究风力涡轮机产业创新网络中知识广度和知识深度对城市网络地位的影响的部分结论相似，说明对于可再生能源产业，知识深度和知识广度对城市网络地位的影响具有普遍规律。

本文探究知识深度和知识广度对城市网络地位的影响作用，以及在城市发展产业初期，不同创新水平城市对知识广度和知识深度的影响作用，揭示了城市光伏产业在选择何种技术发展路径时所面临的潜在风险和回报。根据研究结论，提出以下建议：城市应根据自身基础和能力，通过发展合适的知识基础类型获得比较优势，如果过度增强知识广度或者知识深度，均不利于城市占据网络核心地位。因此，城市可深化开发已有技术以增强其技术竞争力，但由于过量的知识深度对城市网络地位有负向影响，为了避免陷入过度的路径依赖，城市不能仅专注于自身独特的技术特长领域，还需投入一定的资源加强外部的技术获取。知识广度较广的城市需注重增强技术的重组创新以及多样化技术的战略布局，特别要注意避免技术类型和资源过于分散。此外，创新水平较低、创新基础较弱的城市可通过提高光伏产业知识深度以提高城市网络地位，创新水平较高的城市可通过提高光伏产业知识广度来提高城市网络地位。本文主要研究的是光伏产业中技术知识基础与城市网络地位的关系，研究结论可能存在一定的局限性。为了获得更为普遍的结论，在后续的研究中，可进一步拓展至其他产业并进行比较分析，了解本文研究结论在不同产业中的差异。

参考文献

[1] Burt R S. Positions in networks[J]. Social Forces, 1976, 55 (1): 93-122.

[2] Neal Z. Differentiating centrality and power in the world city network[J]. Urban Studies, 2011, 48 (13): 2733-2748.

[3] 王成, 王茂军, 柴箐. 城市网络地位与网络权力的关系——以中国汽车零部件交易链接网络为例[J]. 地理学报, 2015, 70 (12): 1953-1972.

[4] 陈硕, 张维阳, 高建华. 铁路交通流视角下中原城市群城市体系演变：基于城市中心性与中介性的分析[J]. 人文地理, 2019, 170 (6): 62-90.

[5] 盛科荣, 杨雨, 孙威. 中国城市的网络地位及影响因素研究——基于上市公司500强企业网络视角[J]. 地理科学, 2020, 40 (5): 68-78.

[6] Katila R, Ahuja G. Something old, something new: a longitudinal study of search behavior and new product introduction[J]. Academy of Management Journal, 2002, 45 (6): 1183-1194.

[7] Lorenzen M, Mudambi R. Clusters, connectivity and catch-up: Bollywood and Bangalore in the global economy[J]. Journal of Economic Geography, 2013 (13): 501-534.

[8] Awate S, Mudambi R. On the geography of emerging industry technological networks: the breadth and depth of patented innovations[J]. Journal of Economic Geography, 2018, 18 (2): 391-419.

［9］芮正云，罗瑾琏，甘静娴. 新创企业创新困境突破：外部搜寻双元性及其与企业知识基础的匹配[J]. 南开管理评论，2017, 20（5）：155-164.

［10］肖站旗，张淑慧，刘凤朝，等. 区域技术搜索特征对其技术交易网络位置的影响——基于技术位的分析[J]. 科学学与科学技术管理，2019, 40（4）：65-75.

［11］王崇锋，孙靖. 知识基础调节下合作网络对绿色技术创新的影响[J]. 科技进步与对策，2021, 38（2）：38-46.

［12］Scott A J, Storper M. High technology industry and regional development: a theoretical critique and reconstruction[J]. International Social Science Journal, 1987, 39（112）: 215-232.

［13］Boschma R A, van der Knaap G A. New high-tech industries and windows of locational opportunity: the role of labour markets and knowledge institutions during the industrial era[J]. Geografiska Annaler: Series B, Human Geography, 1999, 81（2）: 73-89.

［14］Li L, Chi T, Zhang M, et al. Multi-layered capital subsidy policy for the PV industry in China considering regional differences[J]. Sustainability, 2016, 8（1）: 45.

［15］朱向东，贺灿飞，毛熙彦，等. 贸易保护背景下中国光伏产业空间格局及其影响因素[J]. 经济地理，2018, 38（3）：98-105.

［16］Everett M G, Borgatti S P. The dual-projection approach for two-mode networks[J]. Social Networks, 2013, 35（2）: 204-210.

［17］张翼鸥，谷人旭. 中国城市知识复杂性的空间特征及影响研究[J]. 地理学报，2018, 073（008）：1421-1432.

［18］Acs Z J, Anselin L, Varga A. Patents and innovation counts as measures of regional production of new knowledge[J]. Research Policy, 2002, 31（7）: 1069-1085.

［19］宓泽锋，周灿，尚勇敏，等. 本地知识基础对新兴产业创新集群形成的影响——以中国燃料电池产业为例[J]. 地理研究，2020, 39（7）：1478-1489.

［20］Taylor P J. Specification of the world city network[J]. Geographical Analysis, 2001, 33（2）: 181-194.

［21］Hannigan T J, Cano-Kollmann M, Mudambi R. Thriving innovation amidst manufacturing decline: the Detroit auto cluster and the resilience of local knowledge production[J]. Industrial and Corporate Change, 2015, 24（3）: 613-634.

Research on the Influence of Knowledge Base on Urban Network Status
—A Case Study of China Photovoltaic Industry Innovation Network

Qin Liuting[1,2], Zeng Gang[1,2]

(1. The Center for Modern Chinese City Studies, East China Normal University, Shanghai 200062, China;

2. School of Urban and Regional Science, East China Normal University, Shanghai 200241, China)

Abstract The status of urban innovation network can reflect its ability to mobilize network resources and its dominance in the network. It is of great significance for cities to formulate innovation development strategies and narrow the technology gap between cities to grasp the status of urban innovation networks as influencing factors. Invention patent application data for China's photovoltaic industry from 2004 to 2018 are used to build a city-technology secondary innovation network. It is divided into depth and breadth of knowledge from a knowledge base perspective. The impact of them on the status of urban network is explored. This paper explores types of knowledge base to be developed in cities with different innovation levels to promote cities to take the center of the network based on the heterogeneity of urban innovation levels. It is found that: ①The photovoltaic industry city-technology secondary network scale continues to grow. The status of cities within the network varies significantly. Shanghai, Suzhou and Beijing have always been cities with high Internet status. ②Inverted U-shaped relationships exist between knowledge breadth and depth and city network status. The right amount of knowledge breadth and depth increases the position of cities in the network. Excessive breadth and depth of knowledge hinder the upgrading of the city's network status. ③The breadth of knowledge has a greater impact on the city's network status than the depth of knowledge. ④In the early stage of photovoltaic industry development, cities with high innovation level tend to increase the breadth of knowledge to promote urban industry development and take the central position of the network. Low innovation level cities facilitate their centralization of the network by deepening their knowledge.

Keywords　City status；Knowledge depth；Knowledge breadth；City-technology secondary innovation network；Photovoltaic industry

江苏省工业韧性的时空演化特征和影响因素研究

——基于13个地级市制造业的实证

殷为华　冯贵苗

摘　要　作为江苏省域经济优势的重要支撑，城市工业发展韧性面临增速下降和增长乏力等严峻挑战。本文基于区域经济韧性演化的4R概念框架，采用2012～2020年13个地级及以上城市制造业数据，运用突变级数模型构建区域工业韧性评价体系，并利用核密度估计、泰尔熵指数等方法，分析江苏省工业韧性的时空演化特征，运用Tobit空间滞后面板模型判断其工业韧性的主要影响因素。研究结果表明：①江苏省工业韧性水平呈现总体平稳上升态势，并逐步实现整体达到中高韧性的突破，其4R维度的能力分解指标均值均逐年增强；②江苏省工业韧性具有"南高北低"的空间格局特征，并逐渐演化为核心-边缘结构；③江苏省13个地级及以上城市间工业韧性水平极化现象进一步缓解，但仍存在中心城市与邻近地区的不均衡；④工业经济结构、金融政策环境、公共服务水平及对外开放程度等成为影响江苏省工业韧性的重要因素。前三者对城市工业韧性具有促进作用，而对外开放程度则产生一定的抑制作用。

关键词　工业韧性；时空特征；影响因素；江苏省

作者简介：殷为华，华东师范大学中国现代城市研究中心，副教授，硕士研究生导师，研究方向为产业竞争力与区域经济韧性；冯贵苗，南京大学建筑与城市规划学院，硕士研究生，研究方向为城市规划专业。

基金项目：国家自然科学基金项目（42271216）；教育部人文社会科学重点研究基地重大项目（16JJD790012）；教育部人文社会科学基金规划项目（20YJAH041）。

1 引言

全球化进程中，各国经济和社会发展的不确定性日益增加[1]。当今世界正经历百年未有之大变局，全球产业发展的稳定性遭受巨大冲击。在经济衰退、环境灾难、监管变化、工厂关闭、新技术应用等复杂变化中，城市经济面临产业发展的深刻转型[2]。同时，近三年新冠疫情的暴发对各国经济和社会发展造成严重的不利影响。多数产业必须适应在冲击频率急剧增加的动荡环境中发展，且区域产业也必将经历持续的改造和转变过程。当前，在我国实施国内国际双循环经济战略背景下，区域经济正进入推进高质量协调发展的关键期。为此，增强产业链和供应链韧性成为构建适应新时期区域产业发展路径的重要现实选择。

韧性概念自引入以来日益普及，已经被学界和政府用作理性理解和回应日益不确定和容易发生风险的世界的重要概念及政策工具之一。尽管在多个学科中广泛使用，但韧性的概念在经济地理学领域引起了特别的关注，因为它有效地描述了地区和城市等多尺度空间单元的产业面临重大冲击、干扰和扰动所展现的韧性差异[3]。关于区域韧性的理论和实证研究所形成的共识是，针对区域经济发展的瓶颈或外部冲击，城市产业发展需要随着时间的推移不断适应各种压力[4]。在此过程中，如果区域产业经济系统能够预测、准备、响应并从干扰中恢复，则它被定义为具有韧性[5]。随着当代科学范式趋向演化论的分析，对区域经济韧性的理解由基于均衡论的工程韧性和生态韧性，向基于演化论的区域经济韧性转变。经济韧性不仅是受冲击后快速恢复的结果，更是系统不断调整和适应变化的过程。Martin 等学者从区域产业系统角度，提出了区域韧性包含抵抗（resistance）能力、恢复（recovery）能力、更新（renewal）能力和再定位（reorientation）能力的 4R 理论分析框架[6,7]。前两类能力用于分析区域经济发展的短期韧性，后两类能力用于分析区域经济系统创新形成的中长期韧性。

当前，区域经济韧性研究处于蓬勃发展阶段。现有研究多数侧重于传统的均衡韧性分析。通过计算 GDP 或就业人数等核心指标的前后变化以获得韧性指数，分别从冲击时的衰退程度、冲击后的恢复速度等来衡量区域经济韧性[8,9]。就研究方法而言，部分学者利用似不相关回归模型、误差修正模型等方法，进一步提高了区域经济韧性的测量精度[10,11]。然而，受限于经济发展阶段划分的主观影响，且较多地考虑应对短期冲击的工程韧性，这些模型研究本质上仍属于区域经济韧性的均衡论范畴。近年来，区域经济演化韧性的实证成果开始增加。研究对象包括：区域经济韧性评估、产业经济效益增长、就业机会变化、区域制度创新等[12-15]。研究内容较多地聚焦于探讨产业结构、金融环境、政府治理、企业家精神与区域韧性的作用机理等[16-19]。然而，由于区域经济韧性的复杂性和多维特征[20]，其实证工作尚需加强两方面的研究：一是在描述区域经济发展特点的基础上，更加关注区域经济韧性的核心——产业韧性的定量分析；二是在跟踪区域产业韧性水平总体变化趋势的基础上，为避免模型估计结果出现偏差，更加细致地考察次区域（都市圈）和城市产业韧性演化的时空差异。作为中国的制造业强省之一，近年来江苏省制造业的规模实力虽然稳居全国前列，但仍面临国内外经济竞争环境变化下增强工业韧性的严峻压力。本文以区域经济韧性演化的4R概念框架为基础，采用2012～2020年13个地级市制造业数据，基于突变级数模型构建区域工业韧性评价体系，运用核密度估计、泰尔熵指数及Tobit空间滞后面板模型，实证分析江苏省工业韧性的时空演化特征及其主要影响因素的作用机理，以期为提升江苏省工业韧性提供有益建议。

2 研究对象和研究方法

2.1 研究对象

本文研究的区域范围为江苏省全域及其13个地级市，总面积10.72万km^2。江苏省工业经济发展整体处于工业化后期阶段。近10年来，全省制造业年均实际使用外资超过110亿美元，世界500强企业中已有392家投资落户江苏省。江苏省用全国1%的面积、6%的人口，创造了全国约12%的工业增加值，其制造业增加值占GDP的35.8%，高于全国平均水平8.4个百分点，位居全国第一[21]。2021年，江苏省规模以上工业增加值比上年增长6.1%，制造业增加值突破4万亿元，约占全国的12.5%。同时，产业结构调整持续深化，高技术制造业和装备制造业增加值同比分别增长17.1%、17%，比规模以上工业分别高出4.3个、4.2个百分点，占比提升至22.5%、51.1%。其中，工业机器人、集成电路、传感器、3D打印设备等数字新产品产量分别增长62.8%、39.1%、25.5%、

64.3%[22]。2012～2021年，全省建成16个先进制造业集群，高新技术企业3.7万余家，累计培育国家级企业技术中心129家，单位地区生产总值、规模以上工业单位增加值的能耗10年累计下降38%和50%[23]。"十四五"期间，江苏省将持续保持和强化制造业的支柱地位和引领作用，加快建设具有全球影响力的产业科技创新中心、具有国际竞争力的先进制造业基地、具有世界聚合力的双向开放型枢纽[24,25]。

本文涉及相关指标工业历史数据分别源自2013～2021年江苏省13个地级市统计年鉴、《江苏统计年鉴》和《中国城市统计年鉴》。由于江苏省部分地级市2017年后出现部分相关数据统计方式变化，故选取当量数据或进行标准化处理，以保障前后一致性。对于极个别缺少数值的情况，则使用Stata线性插值法进行填补。

2.2 研究方法

2.2.1 突变级数模型

突变级数模型是在Rene Thom提出的突变理论基础上发展起来的综合评价模型[26]。其主要通过动态的系统拓扑理论，构建出分析自然与社会各类事件中出现的"突变"现象的一种数学模型，较适用于多目标评价问题和不确定系统的研究[27]。作为一种主要用于研究不连续变化即突变现象的综合评价方法，本文将运用突变级数模型对江苏省工业韧性的具体构成与演变进行适应性表达。

基于区域经济韧性的核心内涵、Martin的4R理论分析框架与既往学者研究经验[28]，工业韧性是区域经济韧性的重要内容。它是指区域工业企业主体调整自身产业组织构成，应对干扰而抵抗、恢复、更新和再定位的水平。相较于韧性指数法和计量经济模型等方法存在的衡量范围有限的问题，本文依据突变级数模型原理，通过构建14个对应指标，拟对江苏省工业韧性进行综合性测度及评价（图1）。

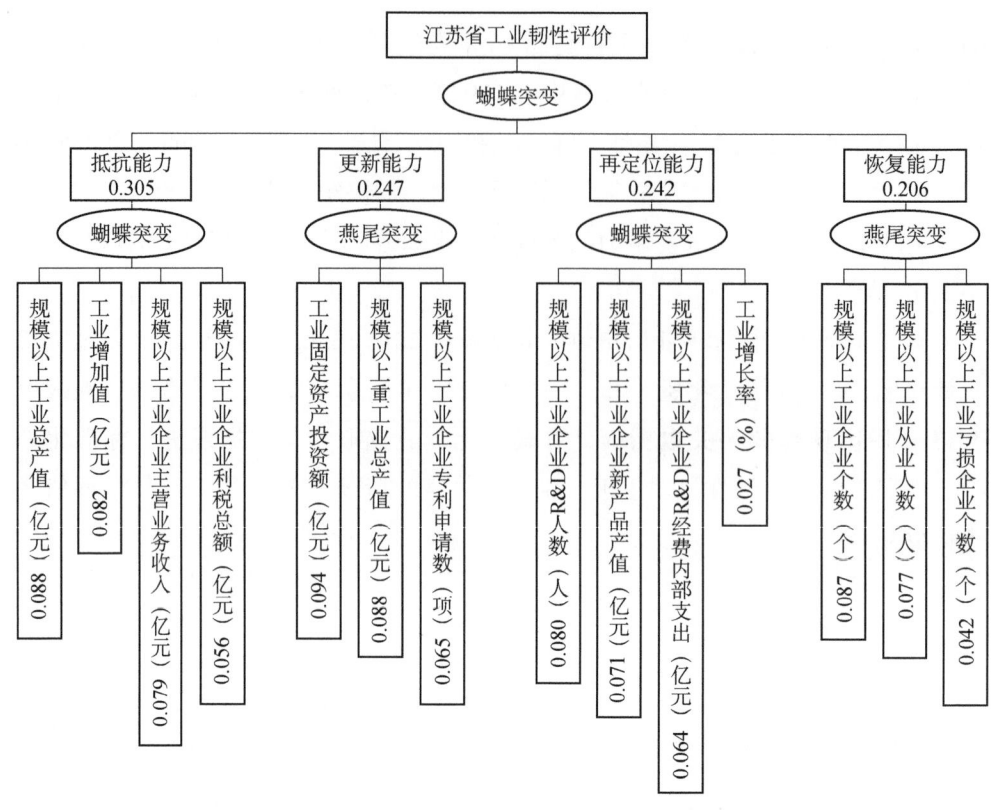

图 1 基于突变级数模型的江苏省工业韧性评价指标体系
R&D：research and development，研究与开发

2.2.2 泰尔熵指数

1967年荷兰经济学家亨利·泰尔（Henri Theil）基于信息理论中的熵概念提出了泰尔熵指数（简称Theil），成为测度区域发展空间差异的常用指标之一[29]。相较于基尼系数、洛伦兹曲线等其他衡量区域差异的方法，泰尔熵指数的优势在于其能够将区域差异进一步分解，从而明确区域差异的来源。本文对江苏南京、苏锡常、徐州三大都市圈，进行区域内差异 T_{WR} 和都市圈之间差异 T_{BR} 的测算。具体公式如下：

$$T = \frac{1}{n}\sum_{i=1}^{n}\frac{r_i}{\overline{r}}\ln\left(\frac{r_i}{\overline{r}}\right) = T_{WR} + T_{BR} \quad (1)$$

$$T_{WR} = \sum_{k=1}^{j}\left(\frac{n_k}{n}\frac{\overline{r_k}}{\overline{r}}\right)T_k \quad (2)$$

$$T_{BR} = \sum_{k=1}^{j}\left(\frac{n_k}{n}\frac{\overline{r_k}}{\overline{r}}\right)\ln\left(\frac{\overline{r_k}}{\overline{r}}\right) \quad (3)$$

式中，T 为总泰尔熵指数，用于衡量江苏省工业发展的地区差异；r_i 为第 i 个地级市的工业韧性变量，为其均值；江苏省区域内差异 T_{WR} 和江苏省都市圈之间差异 T_{BR} 是对 T 的分解。其中，j 表示内部区域的个数（即三大都市圈），$\bar{r}$ 为总工业韧性均值，T_k 为内部区域的泰尔熵指数，n_k 为该内部区域的地级市个数，$\bar{r}_k$ 为其工业韧性均值。

2.2.3 空间自相关分析法

莫兰（Moran）指数的全局指标反映的是空间邻接或空间邻近的区域属性值的相似程度，即测量区域单元的集聚效应。它主要用于衡量空间邻近的区域单元内部属性值的集聚程度[30]。

本文基于 ArcGIS、Stata 等软件，描述江苏省各地级市工业韧性的时空格局并对其进行可视化，运用全局莫兰指数等空间分析方法，定量分析江苏省内工业经济发展空间不平衡的程度，通过多种指标支持定性的空间格局分析结果，探讨产业活动的空间特征变化的历史过程。具体公式如下：

$$I = \frac{n\sum_{i=1}^{n}\sum_{j=1}^{n}W_{ij}(x_i-\bar{x})(x_j-\bar{x})}{\left(\sum_{i=1}^{n}\sum_{j=1}^{n}W_{ij}\right)\sum_{i=1}^{n}(x_i-\bar{x})^2} \quad (4)$$

式中，I 为全局空间自相关莫兰指数；n 为城市总数；x_i、x_j 为城市 i、城市 j 的工业韧性；$\bar{x}$ 为 13 个城市工业韧性的均值；W_{ij} 为空间权重矩阵，表示空间个体 i 和 j 之间的空间相邻状态，其相邻则赋值为 1，否则为 0。I 的值域为 [−1, 1]，小于 0 为空间负相关，即趋异效应；大于 0 为空间正相关，即集聚效应；等于 0 为区域内部研究对象彼此独立。

2.2.4 Tobit 空间滞后面板模型

Tobit 空间滞后面板模型，亦称受限因变量模型。该模型设计的因变量符合某种特定约束条件，具体包含对约束条件的刻画与符合该条件的连续性变量方程[31]。

本文涉及的江苏省工业韧性评价模型中 14 个指标具有一定的空间相关性，故通过突变级数模型的计算和归一化处理后，采用了适用于处理限值因变量的 Tobit 空间滞后面板模型，旨在定量探究江苏省工业韧性时空演化特征的可能影响机理。具体公式如下：

$$Y_{it} = \begin{cases} Y_{it}^* = \alpha + \beta X_{it} + \rho \sum_{j=1}^{N} W_{ij}Y_{it} + \varepsilon_{it} & Y_{it}^* > 0 \\ 0 & Y_{it}^* \leq 0 \end{cases} \quad (5)$$

式中，Y_{it} 为被解释变量，即区域工业韧性，Y_{it}^* 为大于 0 时被观察到的潜变量；α 为常数项；β 为变量系数；X_{it} 为解释变量；ρ 为空间自回归系数；W_{ij} 为空间权重矩阵；ε_{it} 为随机误差项。

3 江苏省工业韧性的时空演化特征

3.1 时序特征

运用突变级数模型进行归一化处理，厘清江苏省工业韧性的综合评价指标体系，并据此进一步测算出 2012～2020 年江苏省 13 个地级市的工业韧性值（表 1）。选取 2012 年、2015 年、2018 年、2020 年 4 个年份的截面数据，分析其时序演变特征。同时，借助 GeoDa 采用自然断点法，将一系列评价值分为 4 个层次：低韧性水平（<0.665）、中低韧性水平（0.665～0.748）、中高韧性水平（0.749～0.871）与高韧性水平（>0.871）。

表 1 2012～2020 年江苏省工业韧性水平演化趋势

城市	2012 年	2015 年	2018 年	2020 年	年均增长率/%
常州	0.738	0.787	0.825	0.813	1.22
淮安	0.604	0.670	0.674	0.629	0.51
连云港	0.602	0.652	0.640	0.634	0.65
南京	0.831	0.871	0.874	0.906	1.09
南通	0.741	0.813	0.838	0.844	1.64
苏州	0.853	0.917	0.975	0.995	1.94
宿迁	0.587	0.637	0.604	0.618	0.65
泰州	0.670	0.756	0.792	0.804	2.31
无锡	0.789	0.821	0.813	0.891	1.53
徐州	0.728	0.815	0.815	0.833	1.70
盐城	0.665	0.746	0.765	0.761	1.70
扬州	0.690	0.742	0.768	0.749	1.03
镇江	0.676	0.726	0.659	0.659	−0.32
均值	0.706	0.766	0.772	0.780	1.25

江苏省工业韧性整体水平逐年提升。自 2012 年起，省域工业韧性均值从 0.706 提升至 0.780，年均增幅达 1.25%。这表明全省工业韧性逐步得到提升，并正向中高韧性水平突破。除镇江外，其他 12 个地级市工业韧性水平的平均增幅为正。随着区域内城市内外贸易的发展、工业先进技术的引进，江苏省区域经济发展态势整体向好。

江苏省工业韧性的四维能力呈现异质性演化。本文根据 4R 评价指标体系，具体分析抵抗能力、更新能力、再定位能力和恢复能力的维度指标均值变化情况（图 2）。2012~2020 年，江苏省工业韧性的抵抗能力最高，由 0.215 增至 0.237，增幅为 10.23%，整体保持稳定上升；更新能力由 0.174 增至 0.193，增幅为 10.92%；再定位能力由 0.171 增至 0.187，增幅为 9.36%，且 2018 年和 2020 年略有下降，呈现出波动上升趋势；恢复能力则由 0.145 增至 0.167，增幅高达 15.17%，整体呈现加速上升态势。该项能力虽然得分较低，但以最快的增长速度，有力支撑了江苏省工业韧性的总体提升。

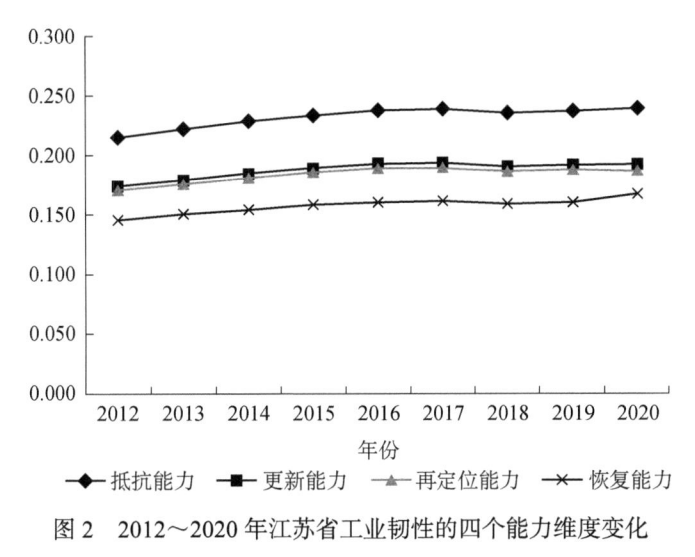

图 2 2012~2020 年江苏省工业韧性的四个能力维度变化

同时，为了便于细致考察时序发展趋势特点，运用 Stata 软件绘制江苏省工业韧性核密度分析图（图 3）。就整体看，2012~2020 年，江苏省工业韧性的核密度曲线位置向右移动较为显著，反映出省域内城市的工业韧性水平不断增强，且大多数地级城市工业韧性水平处于中高韧性及高韧性水平。具体而言，核密度曲线的分布形态存在显著变化。其中，由 2012 年的双峰分布过渡为 2020 年的基本单峰分布，说明江苏省工业韧性的两极分化现象趋于减弱。同时，此样本年限内的核密度曲线峰段形态逐渐由"尖峰"转变为平滑的"宽峰"，也可以较好地解释江苏省工业韧性呈现出正向优化的态势特征。然而，2020年核密度曲线明显呈现出"扁而宽、开口增大"的现象，即形态分布的向外拓宽和延展趋势较为突出，这在一定程度上表明江苏省各地级市内部的工业韧性不均衡特点尚需给予高度关注。

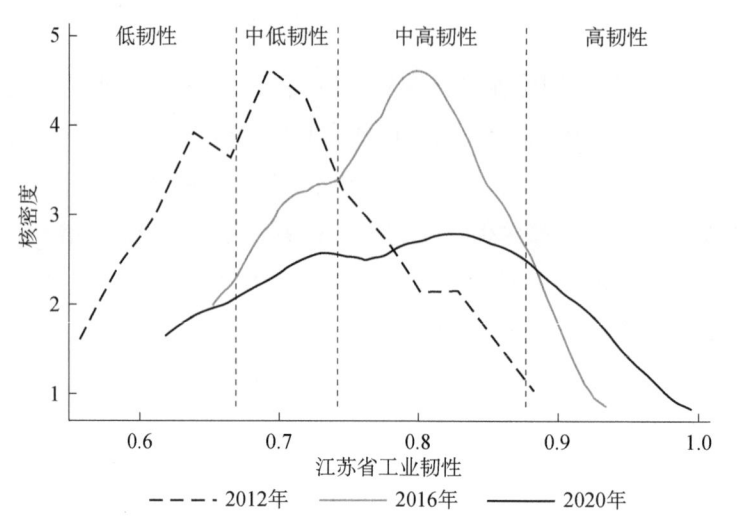

图3　2012～2020年江苏省工业韧性的核密度曲线形态分布

3.2　空间特征

3.2.1　空间分异特征

通过使用GeoDa绘制2012～2020年江苏省工业韧性的空间演变格局（图4），进一步分析其空间分异特征的变化，以揭示区域工业韧性空间差异的演变特征。

江苏省工业韧性整体存在显著的南北分异特征。其中，南部地区各城市工业韧性水平总体高于北部城市。2012年，大部分地区均处于中低韧性水平，层次性集聚表征不明显。2020年，江苏省工业韧性则形成较典型的核心-边缘结构，即苏锡常、南京、徐州三大都市圈的中心城市工业韧性水平较高，并向外围城市逐渐降低。例如，连云港、宿迁等外围城市且（前期）不存在省内都市圈隶属关系的城市，其工业韧性的等级差异基本保持不变，多数处于中低韧性水平，而中心城市的工业韧性显示出更快的提升速度。

江苏省工业韧性泰尔熵指数呈现波动式下降特征。采用Stata计算2012～2020年工业韧性泰尔熵指数（图5）。分阶段来看，2012～2016年逐步下降，

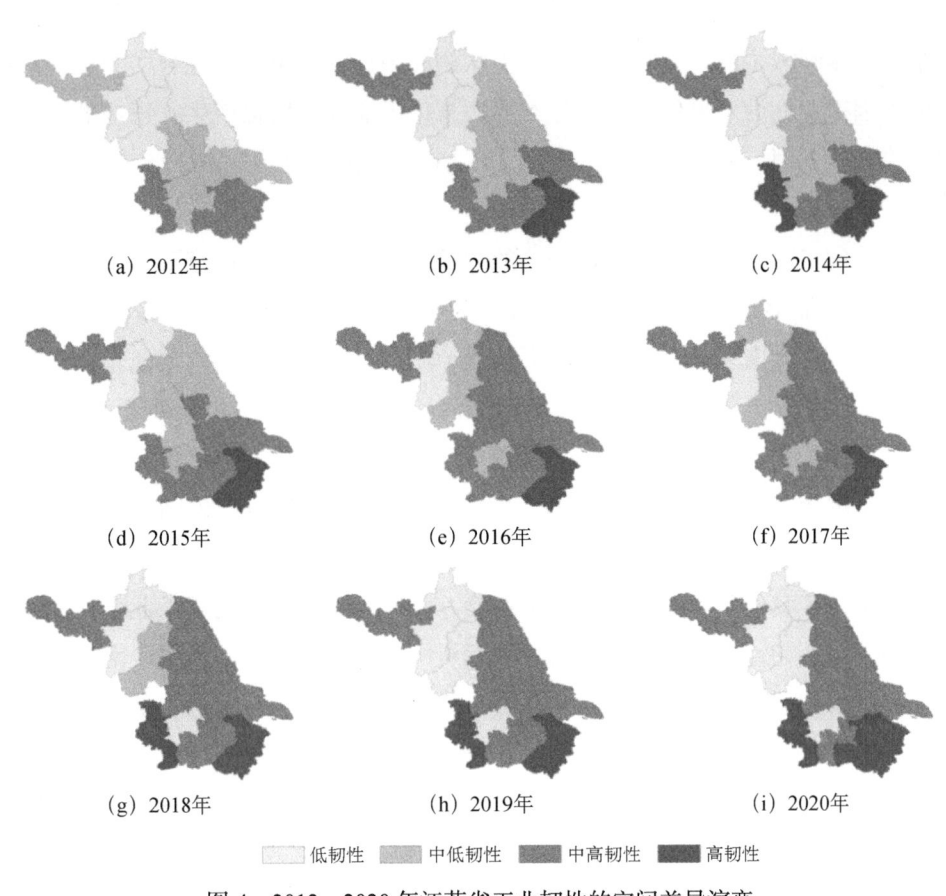

(a) 2012年　　　　　(b) 2013年　　　　　(c) 2014年

(d) 2015年　　　　　(e) 2016年　　　　　(f) 2017年

(g) 2018年　　　　　(h) 2019年　　　　　(i) 2020年

低韧性　　中低韧性　　中高韧性　　高韧性

图 4　2012～2020 年江苏省工业韧性的空间差异演变

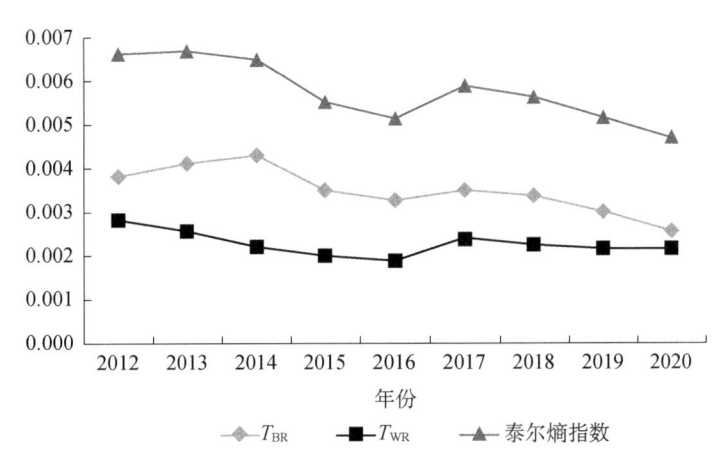

图 5　2012～2020 年江苏省工业韧性泰尔熵指数变化

在 2017 年出现缓慢上升后又连续三年出现下降。这表明，江苏省工业韧性的内部差异总体趋于收敛。其中，区域内差异 T_{WR} 对整体泰尔熵指数的贡献明显小于区域间差异 T_{BR}，充分展现出三大都市圈区域的内部差距相较于都市圈之间的差距是趋于逐渐减少的。这在一定程度上从侧面佐证了都市圈内综合实力较强的中心城市因工业韧性水平较高，已经对周边县市工业韧性增强产生了正向的辐射和促进作用。同时，对比2012年江苏省工业韧性的实际特点，2020年省域范围内工业韧性水平差距渐趋缩小。

江苏省三大主要都市圈工业韧性的内部差异明显。鉴于南京都市圈地跨苏皖两省、徐州都市圈地跨苏皖鲁豫四省，为了准确分析江苏省域都市圈的内部差异，本文未统计南京都市圈内安徽省的4个城市、徐州都市圈内其他省份4个城市的相关数据。计算南京都市圈（包括南京、镇江、扬州、淮安4个城市）、苏锡常都市圈（包括苏州、无锡、常州3个城市）、徐州都市圈（徐州、连云港、宿迁3个城市）的泰尔熵指数（图6），结果发现："十四五"期间，江苏省重点打造的三大都市圈工业韧性发展趋势出现分化。具体来看，苏锡常都市圈的泰尔熵指数远低于其他两个都市圈，均值约为0.0025，展现出其内部工业韧性空间差异较小，工业韧性水平较高且形成协同发展的良好态势。与此不同，南京都市圈和徐州都市圈的南京、徐州作为中心城市，凭借深厚的工业经济基础和较高的产业层次等综合优势而具有较强的城市工业韧性，并与都市圈区域内其他城市间形成了较大的工业韧性水平差距。这两个都市圈城市工业韧性水平的均值分别为0.0067和0.0071。

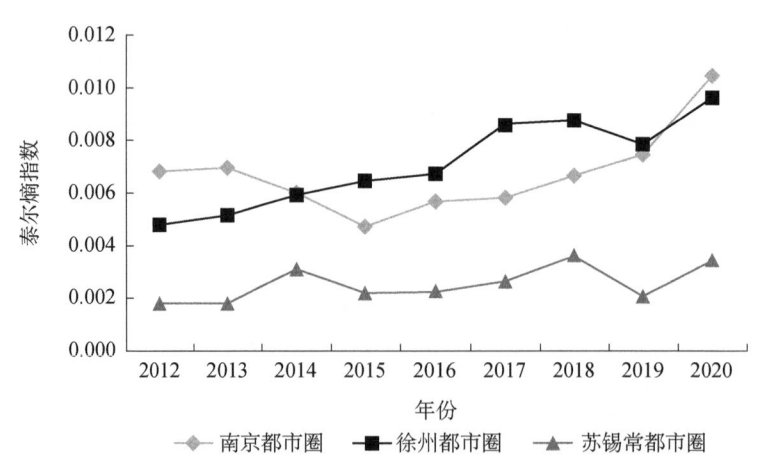

图6 2012~2020年江苏省三大都市圈的泰尔熵指数变化

3.2.2 空间关联特征

为了进一步分析江苏省各地级市主体的工业韧性的空间依赖关系，本文采用2012~2020年韧性数据，利用ArcGIS和GeoDa计算全局莫兰指数（表2）。

2012~2020年的全局莫兰指数均通过P<0.005显著性检验,表明针对工业韧性这一要素,江苏省区域内各地级市存在一定的空间关联性,即工业韧性高的地级市与工业韧性高的地级市地理相邻,工业韧性低的地级市与工业韧性低的地级市地理相邻,而非纯粹的随机分布。同时,本研究期内,莫兰指数总体呈现缓慢下降趋势,但下降整体过程具有波动性和不连续的特征。

表2 2012~2020年江苏省工业韧性的全局莫兰指数

年份	莫兰指数	$E(I)$	$P(I)$	Z值
2012	0.384 865	−0.083 3	0.019 718	2.331 676
2013	0.364 163	−0.083 3	0.026 373	2.220 679
2014	0.358 793	−0.083 3	0.039 207	2.166 796
2015	0.352 479	−0.083 3	0.037 179	2.084 690
2016	0.345 062	−0.083 3	0.040 588	2.054 960
2017	0.345 698	−0.083 3	0.042 923	2.059 737
2018	0.359 792	−0.083 3	0.036 419	2.114 598
2019	0.357 934	−0.083 3	0.030 154	2.269 583
2020	0.311 974	−0.083 3	0.035 195	2.093 724

4 江苏省工业韧性的主要影响因素

4.1 影响因素的选取

为了系统测度江苏省工业韧性的影响因素及其作用机理,结合既往学者的研究经验和影响工业韧性因素的总结分析,选取工业韧性作为被解释变量,金融政策环境、公共服务水平、对外开放程度、工业经济结构作为主要变量,自主创新能力作为控制变量(表3)。

表3 江苏省工业韧性的影响因素变量界定

变量名称	变量代码	变量定义
金融政策环境	Ee	金融机构年末存贷款余额与地区生产总值的比值
公共服务水平	Gpc	地方财政一般预算支出与收入的比值
对外开放程度	Doed	出口总额与地区生产总值的比值
工业经济结构	Ies	工业区位熵(Ile)、相关多样性(RV)、无关多样性(UV)
自主创新能力	Iil	人均专利申请数

本文选取金融政策环境、工业经济结构、对外开放程度反映地级市的工业经济发展情况。其中，金融政策环境采用金融机构年末存贷款余额与地区生产总值的比值进行测算；对外开放程度选取出口总额与地区生产总值的比值进行测算；工业经济结构通过工业区位熵、相关多样性、无关多样性等进行测算。其中，相关多样性反映某产业内跨行业溢出效应的水平，无关多样性反映第一、第二、第三产业间的关联程度。根据潘文卿等对产业间技术溢出对中国工业部门劳动生产率的影响研究中关于多样性的测算方法[32]，进一步参考鲁飞宇等对长三角城市群工业韧性影响因素的研究，将涉及的39个制造业细分部门归为4个大类[28]，运用熵指数分解产业多样化得到所需指标。具体公式如下：

$$RV = \sum_{m=1}^{M} P_{im} \log_2 \left(\frac{1}{P_{im}} \right) \quad (6)$$

$$UV = \sum_{m=1}^{M} \left[P_{im} \sum_{n=1}^{N} \frac{P_{mn}}{P_{im}} \log_2 \frac{P_{im}}{P_{mn}} \right] \quad (7)$$

式中，将工业产业分为N个细分部门，分别归于M个大类之下，P_{im}指第i个地级市第m个大类工业产业规模以上工业总产值占江苏省的比重；P_{mn}指第i个地级市第m个大类中第n个细分部门工业产业规模以上工业总产值占江苏省的比重。

在我国以地区生产总值增长作为政绩考核主要依据的背景下，地方政府制定地区产业政策时较多考量其自身辖区的短期经济目标，相对忽视地区间的产业分工与合作协调等全局及长远经济效益。为了保证数据的可得性及城市间的可比性，本文选取地方财政一般预算支出与收入的比值，反映城市财政支配自由度，作为政府公共服务水平的反向指标进行测度。面对外部环境的不规则性扰动，在创新驱动发展战略的引领下，具备深厚创新资源储备的经济主体或城市往往能够迅速调整自身发展方向。因此，创新能力促进了产业并购重组及与其他产业的协调发展，进而促进劳动力等要素的可持续高效利用。因此，该作用是一种隐形的影响。选取人均专利申请数测度自主创新能力，并将其作为控制变量。经测算得到江苏省工业韧性影响因素的变量统计结果（表4）。

表4 变量描述性统计结果

指标统计量	工业韧性	Ile	RV	UV	Ee	Gpc	Doed	Iil
常州均值	0.795	1.569	0.278	1.336	2.515	1.063	0.266	93.659
淮安均值	0.652	0.658	0.246	1.437	1.757	1.112	0.116	11.163
连云港均值	0.639	0.645	0.241	1.409	1.990	1.699	0.088	7.042
南京均值	0.867	0.875	0.328	1.912	4.535	1.742	0.252	88.113
南通均值	0.815	1.074	0.324	1.695	2.490	1.348	0.146	25.765

续表

指标统计量	工业韧性	Ile	RV	UV	Ee	Gpc	Doed	Iil
苏州均值	0.934	2.383	0.589	2.459	2.968	1.979	0.436	96.186
宿迁均值	0.620	0.626	0.234	1.367	1.791	0.939	0.098	10.633
泰州均值	0.757	1.030	0.247	2.111	2.157	1.435	0.061	23.550
无锡均值	0.828	1.634	0.346	2.193	2.524	1.028	0.222	92.889
徐州均值	0.804	0.996	0.304	1.773	1.637	1.602	0.130	31.604
盐城均值	0.736	0.695	0.252	1.873	1.913	1.867	0.039	10.921
扬州均值	0.742	1.377	0.249	1.565	1.974	1.503	0.117	30.682
镇江均值	0.692	1.483	0.223	1.369	2.214	1.285	0.082	46.924
标准差	0.089	0.495	0.093	0.349	0.730	0.327	0.105	34.269
均值	0.760	1.157	0.297	1.731	2.343	1.423	0.158	43.779
变异系数	0.118	0.428	0.312	0.201	0.892	1.170	1.424	0.654

4.2 结果分析

由分析可得，涉及的江苏省工业韧性数据中的 14 个变量具备空间相关性与采用突变级数模型归一化处理的 14 个变量的可归并性，通过处理限值因变量适用的 Tobit 空间滞后面板模型对工业韧性的影响因素进行分析，同时使用最大似然法对空间回归模型进行参数估计，具体结果见表 5。江苏省工业韧性的 Tobit 空间滞后面板模型的 F 检验为 188.69，P 值为 0.001，R^2 为 0.77，证明 7 个被解释变量的 77% 均可以被此模型有效解释，能够充分反映江苏省工业韧性的空间溢出效应。

表 5 模型回归结果

变量	弹性系数	P 值
RV	0.412	0.013
UV	0.051	0.019
Ee	0.0148	0.048
Gpc	−0.0315	0.022
Doed	−0.137	0.003
Ile	0.0488	0.005
Iil	0.0002	0.011
R^2	0.77	—
F 检验	F=188.69	P=0.001

4.2.1 金融政策环境

由回归结果可得,金融机构年末存贷款余额与地区生产总值的比值的弹性系数为正,且在5%的显著水平下通过检验,证明金融政策环境对工业韧性具有较显著的正相关性。排除其他因素干扰,金融机构年末存贷款余额与地区生产总值的比值每提升1%,则地级市的工业韧性将提升0.0148%。样本城市中,南京、苏州、无锡、常州等省内都市圈的中心城市本身具备相对较高的金融资本。在稳定、完善的环境下,能够依托优势应对金融危机等大规模冲击,通过高效的资金流支持实现区域产业韧性快速恢复[33]。然而,中短期内,专业化规模优势及外部集聚效应作用下,中心城市工业韧性提高较难对周边中小城市形成有力的辐射带动作用,从而致使区域内工业韧性差距有所拉大。

4.2.2 公共服务水平

由上述模型计算可得,反向指标地方财政一般预算支出与收入的比值的弹性系数为负,且在5%的显著水平下通过检验。这表明,公共服务水平与地区工业韧性水平具有正相关关系。根据计算结果,如果地方财政一般预算支出与收入的比值每下降1%,则地级市的工业韧性将增加0.0315%。江苏省域内,该指数高低分布具有显著的圈层结构特点,即徐州、苏锡常、南京三大都市圈的中心城市由于自身优势积累和政策扶持,普遍具备较高的公共服务水平。相比较而言,苏北地区的部分边缘城市,则由于较为薄弱的医疗、教育、交通等公共服务能力,形成了地方政府公共服务相对较弱的低水平集聚区,一定程度上制约了城市工业韧性的稳步提升。虽然公共财政支出是地方政府提供公共服务的必要支出,但部分地方政府存在"重基本建设、轻公共服务"的支出倾向[34]。地方财政一般预算支出与收入的比值越高,表明地方政府公共服务偏向度越高,致使社会资源配置扭曲,从而造成地方政府为增强工业韧性所提供的必要公共服务的投入相对不足。

4.2.3 对外开放程度

根据表4和表5的结果,江苏省出口总额与地区生产总值的比值的弹性系数为负,在1%的显著水平下通过检验。这反映出区域的对外开放程度对工业韧性具有较为显著的反向影响力,较大可能成为限制区域工业韧性提升的关键性因素之一。本文的实证结果说明,该指标每上升1%,则地级市的工业韧性将下降0.137%。由于多数中心城市已建立起嵌入全球产业分工体系的外向型生产网络,较难消除对外开放环境对自身经济的负面影响。江苏省各城市拥有大量出口导向型加工制造企业,多数处于全球价值链的中低端环节,对研发设计和出口市场的外部依赖度较高[35]。当贸易纠纷、产品价格波动、外部需求减少等外部冲击出现时,工业产品出口外销受限而又不能被国内市场及时消费,较大可能会导致供求失衡和工业产能过剩,工业企业很难在短期内对生产活动进行适应性调整,从而对工业韧性造成一定的负效应。

4.2.4 工业经济结构

通过观察回归结果可知,包括工业区位熵、相关多样性、无关多样性等3个描述变量的工业经济结构对工业韧性的正向驱动作用较大。工业经济结构的多样性弹性系数均为正,在5%的显著水平下通过检验。第一,多样化的工业经济结构正向影响工业韧性,但不同类型多样性的影响呈现出异质特征。其中,相关多样性结果每提升1%,则地级市的工业韧性将提升0.412%,展现其对工业韧性的强力正向影响;而无关多样性每提升1%,则地级市的工业韧性将提升0.051%,正向影响相对较弱。样本城市中,南京、徐州、苏州、无锡、南通等城市经济具备较高的相关多样性和无关多样性,具有较强的工业经济竞争力和工业韧性水平。苏北的连云港、宿迁、淮安等城市相对缺乏优势工业门类,城市综合经济竞争力偏弱,一定程度上造成了其工业韧性的提升较慢。第二,专业化程度也是提升区域工业韧性的关键驱动力。模型中工业区位熵的弹性系数为正,且在1%的显著水平下通过检验,说明其对工业韧性提升具有一定的促进影响力。在其他条件相同的情况下,工业区位熵每提升1%,则地级市的工业韧性将提升0.0488%。例如,苏州、无锡、常州、南通等城市工业区位熵高,反映了其工业专业化生产具有较明显的规模实力及竞争优势,有效促进了苏南地区各城市工业韧性的提升[28]。

5 研究结论及对策建议

5.1 基本结论

在经济全球化持续深化与百年未有之大变局的大背景驱动下,面对新冠疫情等突发外部冲击，通过增强区域经济系统维持或改善原有经济运行模式的能力，促进提升区域工业韧性，已成为实现我国区域经济高质量发展的重要举措。本文结合既往研究，采用江苏省 13 个地级市 2012~2020 年制造业数据，构建了工业韧性综合评价指标体系、工业韧性评价值及四个维度能力的指标。同时，运用核密度、泰尔熵指数、莫兰指数等分析了江苏省工业韧性的时序和空间特征，运用 Tobit 空间滞后面板模型，系统考量了江苏省工业韧性的影响因素，得出以下主要结论：①江苏省区域工业韧性整体趋向提升并逐步达到中高韧性水平。以 2012 年、2015 年、2018 年、2020 年的工业韧性水平截面数据均值 0.749 为界，到 2020 年多数城市实现了向中高韧性水平的平稳转换。通过拆解分析四个维度能力可得，其抵抗能力、更新能力、再定位能力和恢复能力指标均值呈现上升趋势，整体能力水平较高。②江苏省工业韧性的南北地区分异现象显著。苏中、苏南的城市工业韧性高于苏北城市。同时，中心城市与外围县级市之间的工业韧性存在核心-边缘结构，即苏锡常、南京、徐州三大都市圈的中心城市，凭借城市自身的工业综合优势形成了较高的工业韧性水平。③江苏省工业韧性演化受多元因素的复合作用影响。Tobit 空间滞后面板模型的实证表明，金融政策环境、公共服务水平、对外开放程度、工业经济结构等因素的影响程度存在差异性。其中，工业经济结构所涉及的多样化（RV、UR）与专业化（工业区位熵）具有关键性的正向促进效用。金融政策环境对工业韧性具有较显著的正向影响，稳定、完善的环境有利于工业韧性的提升。高水平的政府公共服务较好地满足了工业发展所需的软件基础需求，对城市工业韧性具有正向促进作用。对外开放不断扩大背景下的外资大规模集聚，在一定程度上导致工业企业竞争加剧和抗风险能力弱化，对工业韧性具有一定的负向作用。

5.2 对策建议

本文聚焦江苏省工业韧性的时空演化特征及其影响因素，对江苏省协调一体化、城市工业产业发展与区域经济发展战略、公共政策制定等方面具有一定的参考意义，基于上述研究发现，提出以下建议。

首先，推进江苏省工业韧性水平的协调均衡发展。在江苏省域内切实加强徐州都市圈与南京都市圈、苏锡常都市圈的产业转移合作，共建优势产业链和创新链，增强工业韧性。同时，高度关注中心城市的产业基础和综合能力建设，在利用其金融政策环境稳定、自主创新能力强、公共服务水平高、公共服务设施完备等优势的同时，发挥其集聚效应和溢出效应，推进高附加值产业链的延伸与各项产业内外的协作，完善工业企业的产业内分工网络体系，提高中小城市工业经济竞争力，实现优势互补、互利共赢，缩小区域差异性。

其次，加快苏北地区城市工业结构转型升级。持续推进两方面的重点工作：一是充分发挥徐州等中心城市的辐射带动作用，加快打造工程机械、生物医药、电子信息、风电装备、绿色食品、纺织服装等特色产业集群，培育发展高端装备、节能环保、新材料、新能源等战略性新兴产业，大力发展具有地域特色的绿色产业；二是继续强化徐州都市圈的产业创新载体建设，促进产业升级与技术供给融合衔接，强化中心城市功能建设和特色发展，不断做大做强县域经济。

最后，切实推动江苏省工业经济的国内国际双循环发展。改革开放40多年的实践，需要反思对外开放市场对区域工业韧性的可能负向影响，转而应合力推动国内国际双循环互促共进[36]。未来5～10年，一方面，江苏省工业应该立足国内大市场，发挥自身的产业、开放、科技和市场等比较优势，依托中心城市及龙头企业，打造一批区域性工业互联网、生产供需对接、共性技术研发等重大公共平台，加强产业链供应链的协同创新和全产业链韧性，促进国内大循环不断迈上高水平；另一方面，坚持开放合作的国际循环，立足省域优势制造业集群，深化国际产能合作，强化多渠道技术、产品和人才储备，在深化世界主要经济体互利合作的同时，积极融入中国与东盟签署的《区域全面经济伙伴关系协定》（Regional Comprehensive Economic Partnership，RECP）国际经贸合作进程中以及深入开拓"一带一路"沿线地区和其他新兴市场，为江苏省工业高质量发展创造良好的外部环境。

参考文献

[1] Brown L, Greenbaum R T. The role of industrial diversity in economic resilience: an empirical examination across 35 years[J]. Urban Studies, 2017, 54（6）: 1347-1366.

[2] Canello J, Vidoli F. Investigating space-time patterns of regional industrial resilience through a micro-level approach: an application to the Italian wine industry[J]. Journal of Regional Science, 2000, 60（4）: 653-676.

[3] 殷为华. 长三角城市群工业韧性综合评价及其空间演化研究[J]. 学术论坛, 2019, 42（5）: 124-132.

[4] Simmie J, Martin R. The economic resilience of regions: towards an evolutionary approach[J]. Cambridge Journal of Regions, Economy and Society, 2010, 3(1): 27-43.

[5] Foster K A. A case study approach to understanding regional resilience (Technical report)[R]. UC Berkeley: Institute of Urban and Regional Development, 2007.

[6] Martin R. Shocking aspects of regional development: towards an economic geography of resilience[A]//Gordon C, Maryann F, Meric G, et al. The new oxford handbook of economic geography. London: Oxford University Press, 2018: 839-864.

[7] Martin R, Gardiner B. The resilience of cities to economic shocks: a tale of four recessions (and the challenge of Brexit)[J]. Papers in Regional Science, 2019, 98(4): 1801-1832.

[8] Martin R, Sunley P, Gardiner B, et al. How regions react to recessions: resilience and the role of economic structure[J]. Regional Studies, 2016, 50(4): 561-585.

[9] 孙久文, 孙翔宇. 区域经济韧性研究进展和在中国应用的探索[J]. 经济地理, 2017, 37(10): 1-9.

[10] Fingleton B, Garretsen H, Martin R. Recessionary shocks and regional employment: evidence on the resilience of UK regions[J]. Journal of Regional Science, 2012, 52(1): 109-133.

[11] Eraydin A. Attributes and characteristics of regional resilience: defining and measuring the resilience of Turkish regions[J]. Regional Studies, 2016, 50(4): 600-614.

[12] Tsionas E G, Michaelides P G. A spatial stochastic frontier model with spillovers: evidence for Italian regions[J]. Scottish Journal of Political Economy, 2016, 63(3): 243-257.

[13] Doran J, Fingleton B. US metropolitan area resilience: insights from dynamic spatial panel estimation[J]. Environment and Planning A: Economy and Space, 2018, 50(1): 111-132.

[14] 胡晓辉, 张文忠. 制度演化与区域经济弹性——两个资源枯竭型城市的比较[J]. 地理研究, 2018, 37(7): 1308-1319.

[15] Urban M A, Pazitka V, Ioannou S, et al. Lead firms and sectoral resilience: how goldman sachs weathered the global financial crisis[R]. Technical Report, Financial Geography Working Paper Series, 2019.

[16] Di CaroP, Fratesi U. Regional determinants of economic resilience[J]. The Annals of Regional Science, 2018, 60(2): 235-240.

[17] 谭俊涛, 赵宏波, 刘文新, 等. 中国区域经济韧性特征与影响因素分析[J]. 地理科学, 2020, 40(2): 173-181.

[18] Huggins R, Thompson P. Local entrepreneurial resilience and culture: the role of social values in fostering economic recovery[J]. Cambridge Journal of Regions, Economy and Society, 2015, 8(2): 313-330.

[19] Duschl M. Firm dynamics and regional resilience: an empirical evolutionary perspective[J]. Industrial and Corporate Change, 2016, 25(5): 867-883.

[20] Sensier M, Bristow G, Healy A. Measuring regional economic resilience across Europe:

operationalizing a complex concept[J]. Spatial Economic Analysis，2016，11（2）：128-151.

[21] 江苏制造业规模多年保持全国第一 高质量做好"加减乘除"法[EB/OL]. http://js.news.cn/2022-08/16/c_1128917697.htm[2023-03-24].

[22] 2021年江苏省GDP迈上11万亿元新台阶[EB/OL]. https://baijiahao.baidu.com/s?id=1722456377786139556&wfr=spider&for=pc[2022-01-20].

[23] 江苏工业增加值十年增加2万亿元，年均增长6.8%[EB/OL]. http://js.news.cn/2022-06/21/c_1128760163.htm[2023-03-24].

[24] 江苏省人民政府办公厅. 江苏省"十四五"制造业高质量发展规划[R]. 2021.

[25] 江苏省人民政府办公厅. 江苏省制造业智能化改造和数字化转型三年行动计划（2022—2024年）[EB/OL]. http://www.jiangsu.gov.cn/art/2021/12/30/art_46144_10244386.html[2023-03-24].

[26] 都兴富. 突变数学及其在经济中的应用[J]. 社会科学研究，1988（6）：119-121.

[27] 高艺凡. 基于突变级数法的中国经济发展评价[J]. 系统工程，2015，33（12）：85-91.

[28] 鲁飞宇，殷为华，刘楠楠. 长三角城市群工业韧性的时空演变及影响因素研究[J]. 世界地理研究，2021，30（3）：589-600.

[29] 吴敏洁，徐常萍，唐磊. 制造业泰尔熵指数及其对全要素生产率TFP的影响研究[J]. 统计与决策，2018，34（21）：130-134.

[30] 唐晓华，陈阳，张欣钰. 中国制造业集聚程度演变趋势及时空特征研究[J]. 经济问题探索，2017（5）：172-181.

[31] 周华林，李雪松. Tobit模型估计方法与应用[J]. 经济学动态，2012（5）：105-119.

[32] 潘文卿，李子奈，刘强. 中国产业间的技术溢出效应：基于35个工业部门的经验研究[J]. 经济研究，2011，46（7）：18-29.

[33] 武英涛，茆训诚，张云. 长三角金融市场一体化中的行政边界壁垒测度——基于企业债务融资成本的实证研究[J]. 河海大学学报：哲学社会科学版，2019，21（5）：41-50.

[34] 吴晶. 长三角城市群基本公共服务的区域差异及空间演变研究[J]. 上海经济，2017（6）：46-58.

[35] 黄永春，郑江淮，杨以文，等. 全球价值链视角下长三角出口导向型产业集群的升级路径研究[J]. 科技进步与对策，2012，29（17）：45-50.

[36] 江苏省人民政府. 江苏省"十四五"规划和二〇三五年远景目标纲要[EB/OL]. http://www.jiangsu.gov.cn/art/2021/3/2/art_46143_9684719.html?ivk_sa=1024320u[2023-04-26].

Spatial-temporal Evolutionary Features of Industrial Resilience and Its Influencing Factors in Jiangsu Province
—Evidence from Manufacturing of 13 Prefecture Cities

Yin Weihua[1], Feng Guimiao[2]

(1. The Center for Modern Chinese City Studies, East China Normal University, Shanghai 200062, China; 2. School of Geography and Ocean Science, Nanjing University, Nanjing 210023, China)

Abstract As an important support for the economic advantages of Jiangsu Province, the resilience of urban industrial development faces severe challenges, such as slowing growth and weak growth. Based on the 4R conceptual framework of regional economic resilience evolution, this paper adopts the manufacturing data of 13 cities at the prefecture level and above from 2012 to 2020, and uses the mutation index model to construct a regional industrial economic resilience evaluation value system, and other methods to analyze the temporal and spatial evolution characteristics of industrial resilience in Jiangsu Province, and uses the Tobit spatial lag panel model to determine the main influencing factors of its industrial resilience. The research results show the following aspects. ①The resilience level of Jiangsu's industrial economy shows an overall steady upward trend, and has gradually achieved a breakthrough in the overall level of medium-to-high resilience; the average value of its 4R-dimension capability decomposition indicators has been increasing year by year. ②Jiangsu's industrial economic resilience has a high level of resilience. The spatial pattern of "high in the south and low in the north" has gradually evolved into a "core-periphery" structure. ③The polarization of industrial economic resilience among the 13 cities at the prefecture level and above in Jiangsu Province has been further eased, but there are still central cities and imbalances in neighbouring areas. ④The industrial economic structure, the financial policy environment, the level of government public services and the degree of opening to the outside world have become four important factors affecting the industrial resilience of Jiangsu Province. The first three have a promoting effect on urban industrial resilience, while the degree of opening to the outside world has a certain inhibitory effect.

Keywords Industrial resilience; Spatial-temporal characteristics; Influencing factors; Jiangsu Province

中国高铁客流网络和专利合作网络对比研究

杨浩然　王丰龙　王潇萌　顾乾宸　王　聪

摘　要　城市网络是当前人文地理学研究的热点话题之一。然而，已有研究对城市网络联系强度的刻画多基于重力模型或分支机构的重要程度排序，并非真实的流量或联系，也很少比较不同网络类型间的差异。本文基于全国尺度下目前可获得的唯一的高铁起始站—终点站（OD）实际客流和专利合作两种需求侧数据，采用城市中心度、城市对联系强度和社区结构模型，探究中国城市间高铁客流网络和专利合作网络结构特征的差异及影响因素。研究表明：①高铁网络节点集中分布在我国中部与东部沿海地区，受自然地理、地理邻近性影响更为明显，具有很强的区域性；创新网络城市节点的空间分布更加均衡，但在北京、上海和深圳等局部地区呈现明显的强核心特征。②两个网络在城市中心度上具有较强相关性，但在城市对层面并未呈现强相关性。③高铁网络具有更紧凑的社区结构；创新网络社区结构较松散，社区边界相对模糊。④空间距离、劳动力结构、产业结构和城市能级对两个网络的联系强度都有影响，但与传统假设的重力模型等存在较大差异，不同网络类型的影响因素也有所不同。本文对于促进不同学科视角和数据来源的城市网络研究结论的整合以及城市网络联系传统假设的修正具有重要参考意义。

关键词　城市网络；高铁网络；创新网络；社区结构；网络分析

作者简介：杨浩然，华东师范大学城市与区域科学学院教授，华东师范大学中国现代化城市研究中心兼职研究员，研究方向为交通运输与区域发展、建成环境与出行和健康，E-mail：hryang@re.ecnu.edu.cn；王丰龙，华南师范大学地理科学学院研究员，华东师范大学中国现代城市研究中心兼职研究员，研究方向为政治地理学、幸福感地理学和地理学思想，E-mail：flwang@m.scnu.edu.cn，通讯作者；王潇萌，华东师范大学城市与区域科学学院硕士研究生，主要研究方向为区域交通地理学，E-mail：wxmecnu@163.com；顾乾宸，上海城市房地产估价有限公司，E-mail：guqianchen@surea.com；王聪，华东师范大学城市与区域科学学院本科生，E-mail：2321229241@qq.com。

基金项目：国家自然科学基金项目（42001133；42171225）；国家社会科学基金重大项目（21&ZD175）；2020年上海市软科学研究项目（20692108500）。

1　引言

　　随着全球-地方劳动分工的加深，城市间的联系愈加紧密。在 Castells 的"流空间"理论[1]和 Taylor 等推动的全球城市网络研究[2]基础上，城市体系研究的重点逐渐从等级范式转向网络范式[3]，并发展出了一系列关于城市网络的理论。例如，Taylor 在 Harris 和 Ullman 将城市的支撑系统和城市的内部组织关系作为"城市本质"的论述[4]基础上，将城市间的关系称为"城市的第二本质"[5]，并在扩展克里斯塔勒（Christaller）的中心地理论基础上提出中心流理论[6]。目前，城市网络已经成为国内外人文地理学研究的重要议题[7-9]。

　　现有研究采用多种数据和方法对城市网络进行定量刻画和分析。其中，所用数据有属性数据和关系数据[3]；所涉及网络载体包括基础设施等"硬网络"及人、物质和信息流等"软网络"[10]；构建网络联系的数据属性基础有二值属性和强度属性[7]；网络侧重点包括网络中心性和层级性[11]以及网络韧性[12]。笔者认为，可以根据网络关系的性质、内容和环节划分城市网络的类型（图1）。其中，关系性质主要指城市网络关联的特征，如网络节点的等级性、连通性、交互性等；关系内容主要指城市间联系的具体方式，如企业总部-分支联系、交通设施联系、资金流、人流和知识流等；关系环节主要指网络的构成要素，如网络的节点、载体、流，或 Castells 所归纳的流空间的三个层次（网络的物质基础、网络节点与核心、推进功能联系的全球精英的空间组织）[1]。

　　根据上述划分，早期的全球城市网络研究往往通过不同城市所拥有的生产性服务业企业的数量和级别或城市的人口和 GDP 总量等属性数据构建城市间联系。例如，Taylor 提出的链锁网络模型（inter-locking network model）[2]以及 Alderson 和 Beckfield 提出的隶属联系模型[13]都基于企业总部-分支关系数据构建城市网络指标。后续研究开始关注城市间的网络通道或联系流，并重点基于交通和光缆等基础设施数据以及客流量等流量数据建立城市网络。例如，Townsend、Choi 等运用互联网主干网带宽刻画了城市之间的联系网络和城市的枢纽级别[14,15]；Smith 和 Timberlake、Derudder 和 Witlox、王姣娥等、于涛方等则运用城市间的航空客流或航线数据分析城市间的网络关联[16-19]；焦敬娟等、王姣娥和景悦、Yang 等则基于高铁客流 OD 客流数据和列车时刻表等数据，衡

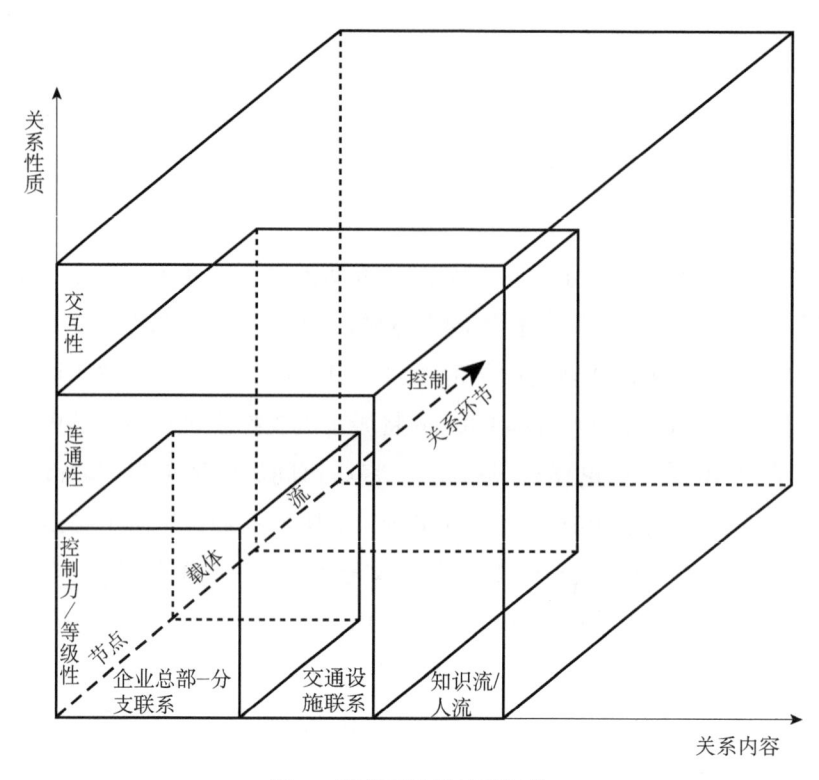

图 1　城市网络的类型划分

量了国内城市间的网络联系，并比较了高铁网络与航空网络之间的差异[20-22]。近年来，伴随经济地理学的"关系转向"[23]和创新网络研究的兴起[24,25]，知识和创新网络也逐渐成为城市网络的一个重要维度[26]，部分学者已开始利用合作论文或专利数据衡量中国或国内某些区域的城市创新网络格局[27-29]。

　　基于不同数据和模型构建的城市网络具有各自的侧重点和局限。其中，基于企业总部-分支关系数据的研究更加强调城市在网络中的权力、等级性和控制关系；不过，这些研究对联系权重的设定一般基于企业总部-分支机构的级别排序[30-33]，因此不一定能够代表城市间真实的网络联系，也有可能高估那些承接离岸分包活动的城市在全球城市网络中的重要性[34]。基于航线等基础设施和客流等人员流动数据的研究则更强调城市间的连通性；这些数据相较企业的总部-分支数据在描绘城市间网络联系时更为直接和"真实"，但是由于机场等往往服务的不仅仅是其所在的城市，而是与城市腹地相连的更大的城市-区域，因此在描绘城市网络时也有可能存在偏差[35]。基于合作专利等数据的研究则更侧重城市间平等互利的合作关系；不同主体间联合申报的创新成果也能够较为真实地反映城市间的合作关系，但是同样存在如何根据成果推断过程和如何处理联合成果的作者排序等问题[29]。

不过,总体上国内现有城市网络研究更多地依赖企业总部-分支数据对网络结构和节点重要性加以刻画,其中对网络联系强度的度量很多基于重力模型或分支机构重要性的排序,较少采用真实流量或实际联系的客流和合作专利等数据,对网络形成的影响因素分析也较为缺乏。其中,就客流数据而言,供给侧的时刻表数据只能提供到达和离开城市的列车数量,而需求侧的实际客流数据能够提供使用列车的实际乘客数量,因此需求侧数据能更清晰地反映城市节点间的联系。此外,现有研究较少对基于不同类型数据刻画的城市网络特征进行对比研究。为此,本文拟基于全国尺度下实际高铁OD客流数据和城市间合作专利数据,从实际客流和知识流两个需求侧层面刻画中国城市网络特征,比较两类城市网络的差异,并通过构建多元回归模型分析城市间网络联系强度的影响因素。

2 研究设计

2.1 研究数据

本文所使用数据为2013年全国实际高铁OD客流数据和2014年专利合作数据。与传统的时刻表数据相比,实际客流数据更能反映两个城市之间的实际出行需求。然而,现有研究多囿于数据可获得性的限制,很少基于实际客流数据构建城市间的交通联系网络。本文利用与中国国家铁路集团有限公司的合作关系,获取了以D、G和C开头的不同站点之间的OD客流数据,总乘客数量逾4亿人,是目前最接近城市间真实高铁网络联系的数据。通过将城市内不同高铁站车站数据合并,形成了城市节点之间的高铁客流数据——若节点i代表北京,节点j代表上海,则a_{ij}代表两城市内所有车站之间的高铁客流。本文所用研究数据覆盖105个高速铁路通车的城市,根据目前城市的行政层级划分标准[36],包括4个直辖市级城市、21个计划单列市与省会城市、80个地级市,通过筛选出城市间不为零的客流,最终得到3350个城市对。

专利合作数据来自国家知识产权局专利检索网站(http://search.cnipr.com/)。首先,参考Taylor在全球城市网络联系分析中筛选排名靠前的生产性服务业作为代表的思路[2],本文主要选取前4个合作创新主体作为分析对象,若创新主体数量不到4个则全部保留。同时,假设位于首位的创新主体在申请过程中起到核心的沟通和协调作用[29],其他创新主体主要与第一个创新主体建立联系。其次,去掉个人的专利合作申请人,因为个人对城市间创新合作促进作用有限,其地理位置信息也难以获取。再次,获得企业所在的城市信息,通过对企业间的专利合作联系值进行累加得到城市间创新联系矩阵,最终得到共计279个城市、3140个城市对的创新联系。最后,对比筛选出同时拥有非零的高铁客流与专利合作联系的城市对,总计包含97个城市、752个城市对。

2.2 研究方法

2.2.1 城市中心度与城市对联系强度

为刻画城市节点在网络中的控制力,本文借鉴 Limtanakool 等[37]和 van Nuffel 等[38]提出的城市中心度指标,将节点控制力作为判断城市地位的重要依据,具体测度如下:

$$\mathrm{DIT}_i = \frac{T_i}{\sum_{j=1}^{J} T_j / J} \tag{1}$$

式中,DIT_i 代表城市中心度,即城市 i 在全国城市网络中的实力;T_i 和 T_j 分别是与城市 i 或城市 j 相关联的高铁/专利数目,且 $i \neq j$;J 代表整个网络中城市节点的数量。DIT_i 值大于1即高于网络中其他城市的平均值,该城市被认为是核心城市。

城市对联系强度的测度方法如下:

$$\mathrm{RSL}_{ij} = \frac{t_{ij}}{\sum_{i=1}^{n} \sum_{j=1, j \neq i}^{n} t_{ij}} \tag{2}$$

式中,RSL_{ij} 表示城市对联系强度;t_{ij} 表示连接城市 i 和城市 j 的高铁客流量/合作专利数目,且 $i \neq j$。由于一些 RSL 值会存在特别小的情况,为了更好地进行比较,将 RSL 值 $\times 1000$[39]作为最终结果。为简化城市间比较,本文借鉴王姣娥和景悦[21]基于城市中心度与城市对联系强度的城市等级分类方法,见表1。

表1 基于城市中心度与城市对联系强度的城市等级分类

指标	城市等级			
	全国性中心城市	区域性中心城市	省域性中心城市	地方性中心城市
城市中心度（DIT）	≥10	5～9.9	1～4.9	<1
城市对联系强度（RSL×1000）	≥20	10～19.9	5～9.9	1～4.9

2.2.2 社区聚类分析

社区聚类分析是由 Newman 和 Grivan[39]提出的一种基于模块化的社区检测算法，能够揭示网络的全局或局部特征。每一个网络由多个社区和子群组成，作为次一级的区域或局部网络，这些网络是指聚集在一组中的城市节点，其组内的城市对联系强度高于组间的城市对联系强度。本文使用模块度[40]来识别高铁客流网络和专利合作网络的社区结构，公式如下：

$$Q = \frac{1}{2m}\sum_{ij}\left(A_{ij} - \frac{k_i k_j}{2m}\right)\delta(C_i, C_j) \quad (3)$$

式中，A_{ij} 表示城市 i 和城市 j 之间的高铁/专利数；k_i 和 k_j 分别表示在网络中连接城市 i 和城市 j 的高铁/专利数；C_i 和 C_j 分别表示城市 i 和城市 j 被分配的组团；m 表示网络中所有节点间可能存在的最大连接数；$\delta(C_i, C_j)$ 表示条件判断，如果两个城市在一个社区中，则返回1，否则返回0。

2.2.3 模型构建

为进一步研究城市体系属性特征对两个强度指标差异的影响，本文进行多元线性回归分析，回归模型结构如下：

$$Y_i = \beta_0 + \beta_1 \ln(\text{Gdp}_i) + \beta_2 \ln(\text{Pop}_i) + \beta_3 \text{Lab}_i + \beta_4 \text{Idu}_i + \beta_5 \text{Gov}_i + \beta_6 \text{Cle}_i \\ + \beta_7 \ln(\text{Dis}_i) + \xi \quad (4)$$

$$Y_{ij} = \delta_0 + \beta_1 \ln(\text{Gdp}_{ij}) + \beta_2 \ln(\text{Pop}_{ij}) + \beta_3 \text{Lab}_{ij} + \beta_4 \text{Idu}_{ij} + \beta_5 \text{Gov}_{ij} + \beta_6 \text{Cle}_{ij} \\ + \beta_7 \ln(\text{Dis}_{ij}) + \varepsilon \quad (5)$$

式中，Y_i 表示城市 i 在整个网络中的高铁客流量/合作专利数；Y_{ij} 表示城市 i 到城市 j 之间的高铁客流量/合作专利数；$\beta_1 \sim \beta_7$ 为回归模型中对应自变量的系数；β_0、δ_0 为两个回归方程的截距项；Gdp_i、Pop_i、Lab_i、Idu_i、Gov_i、Cle_i、Dis_i 分别表示城市 i 的经济发展水平、人口规模、劳动力结构、产业结构、政府支持度、城市能级和距其他城市的平均空间距离；Gdp_{ij}、Pop_{ij}、Lab_{ij}、Idu_{ij}、Gov_{ij}、Cle_{ij}、Dis_{ij} 分别表示城市 i 与城市 j 之间的经济发展水平关联、人口规

模关联、劳动力结构关联、产业结构关联、政府支持关联、城市能级关联、城市 i 与城市 j 的距离；ξ、ε 为两个方程的随机误差项。

根据现有文献研究[22,41-43]，综合考虑城市的地理、社会、经济、政治等方面，筛选影响因子。其中，被解释变量为单个城市、城市对之间的高铁客流量和合作专利数，分别用高铁网络中城市中心度、城市对联系强度和创新网络中城市中心度、城市对联系强度来表示。自变量主要有：①经济发展水平（Gdp）用人均地区生产总值衡量，以反映地区发展程度[41,42]。②人口规模（Pop）用城市年末常住人口总数来代表[43]。③劳动力结构（Lab）用第三产业从业人员占从业总人数比重来表示。④产业结构（Idu）由第三产业占GDP比重衡量，以度量产业结构高级化程度[41]。⑤政府支持用科研教育支出占政府财政支出比重来表示，侧面反映出政府对人才培养和创新投入的重视程度[41]。⑥城市能级分类参考王姣娥和景悦[21]、钟业喜和陆玉麒[44]、郭卫东等[45]、刘书瀚和于化龙[46]等学者的研究，将城市分为全国性中心城市、区域性中心城市、省域性中心城市、地方性中心城市四个能级，并且按由高到低的顺序分别赋值4~1。⑦空间距离选取一个城市节点到其他节点的平均距离来衡量[43]，城市对联系则选取OD两城市间的空间距离来衡量。为削弱模型共线性及异方差等问题，本文对部分指标进行了取自然对数的处理。本文采用的人均地区生产总值、城市年末常住人口总数、第三产业从业人员占从业总人数比重、第三产业占GDP比重、科研教育支出占政府财政支出比重等城市属性数据来源于《中国城市统计年鉴》。空间距离指标由ArcGIS工具基于等积圆锥投影计算得到。具体指标测度如表2所示。

表2 本研究所采用的变量

变量名称	城市节点测度	城市对测度
高铁客流联系强度	高铁网络中城市中心度	高铁网络中城市对联系强度
合作专利联系强度	创新网络中城市中心度	创新网络中城市对联系强度
经济发展水平	人均地区生产总值（元）	始发城市与目标城市人均地区生产总值之和（元）
人口规模	城市年末常住人口总数（万人）	始发城市与目标城市年末常住人口之和（万人）
劳动力结构	第三产业从业人员占从业总人数比重（%）	始发城市与目标城市第三产业从业人员之和占总从业人员比重（%）
产业结构	第三产业占GDP比重（%）	始发城市与目标城市第三产业占GDP比重的平均值（%）
政府支持	科研教育支出占政府财政支出比重（%）	始发城市与目标城市科研教育支出之和占政府总财政支出比重（%）

续表

变量名称	城市节点测度	城市对测度
城市能级	全国性中心城市=4 区域性中心城市=3 省域性中心城市=2 地方性中心城市=1	始发城市与目标城市能级评分之和
空间距离	城市 i 到其他各个城市的平均空间距离（km）	始发城市与目标城市的空间距离（km）

3 实证结果

3.1 网络特征对比分析

经数据清洗之后，对已有的 105 个高铁城市进行中心度和联系强度的分析，首先得到高铁城市的中心度排名及高铁城市对的联系强度排名。根据 Yang 等和 Wang 等学者的研究[22,47]，将高铁城市及城市对中重要节点（即 DIT>1 的城市）与重要城市对联系（即 RSL>10 的城市对）列出，如表 3 所示。在高铁城市的中心度排名中，共有 29 个城市的中心度高于 1，是高铁网络中的重要节点。其中，上海（10.53）、北京（9.84）、广州（6.13）和南京（5.33）位居前四。上海位于高铁城市中的第一等级（DIT>10），北京、广州、南京处于第二等级（5<DIT<10），城市等级越高，城市数量越少。武汉中心度高于深圳，排名第五，得益于其优越的交通枢纽地理位置。2013 年，汉宜高铁、京武高铁开通运行，武汉成为全国第一个东南西北都通高铁的城市[48]，南北走向的京广高铁和东西走向的沪汉蓉快速客运通道进一步增强了武汉高铁枢纽的地位。进一步比较高铁城市对联系强度，广州—深圳、杭州—上海、上海—苏州与南京—上海 4 对城市建立了较强的联系，位于第一等级（RSL>20），形成主要以广州、上海及其邻近地区为核心的城市对联系。

表 3 高铁城市中心度及城市对联系强度排名

排名	高铁城市中心度		高铁城市对联系强度		
	城市	中心度	始发城市	目标城市	联系强度
1	上海	10.53	广州	深圳	56.44
2	北京	9.84	杭州	上海	29.24

续表

排名	高铁城市中心度		高铁城市对联系强度		
	城市	中心度	始发城市	目标城市	联系强度
3	广州	6.13	上海	苏州	27.96
4	南京	5.33	南京	上海	23.37
5	武汉	4.52	成都	重庆	21.93
6	深圳	3.99	吉林	长春	18.62
7	杭州	3.95	上海	无锡	16.29
8	苏州	3.47	福州	厦门	13.59
9	沈阳	2.60	北京	石家庄	13.41
10	长沙	2.58	北京	太原	13.35

高铁网络在空间分布上呈现明显的地带性差异（图2），高铁城市呈现东中西梯度递减格局。其中，东部地区城市节点占比为54.29%，中部占比为39.05%，西部仅占6.66%。相应地，东部与中部之间城市对占比最大。其中，东部—东部占比为43.70%，东部—中部占比为20.53%，中部—中部占比为16.83%，中部—东部占比为14.08%。出现这种空间分布差异的原因主要是东部

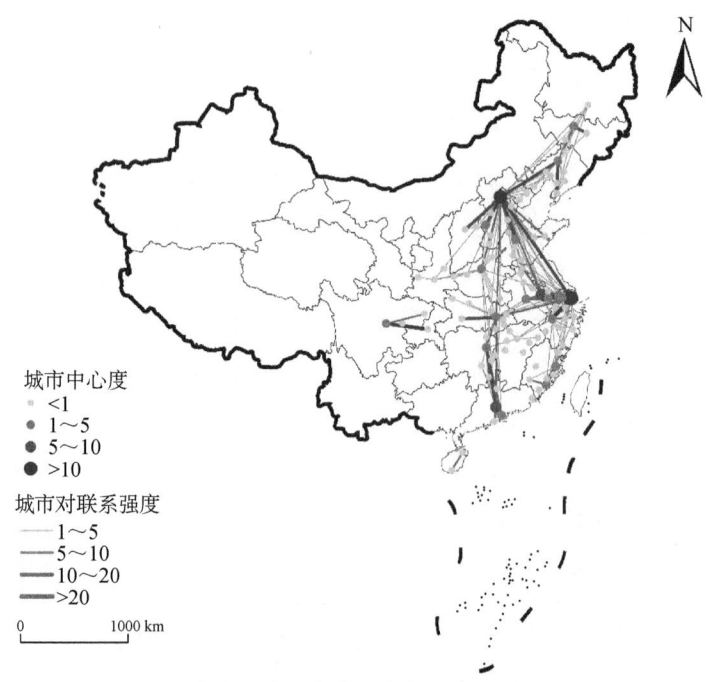

图2 高铁网络城市中心度与城市对联系强度

注：港澳台资料暂缺

与中部高铁网络不断完善,而中部由于地形地势成本等原因高铁体系发展相对滞后,处于劣势地位。此外,受地理邻近性影响,高铁联系强度大的城市对之间,地理空间距离相对较近。经统计,RSL>10 的城市对之间平均距离为 317.29 km,符合交通流模拟的距离衰减估计[49],与 Yang 等[22]研究中提出的 700 km 高铁主导距离相一致。

本文基于合作专利数据对城市的网络中心度和城市对联系强度进行了排序。表 4 列出了创新城市及城市对中的重要节点(即 DIT>1 的城市)与重要城市对联系(即 RSL>10 的城市对)。在创新城市中心度排名中,共有 41 个城市中心度高于 1,为创新网络中的重要节点。其中,北京(159.71)、深圳(12.60)、上海(10.51)位列前三,属于第一等级(DIT>10)。值得注意的是,北京的中心度高于 100,与排名第二位的深圳相差超过 10 倍,反映了北京在创新网络中处于绝对核心地位,这与首都科技发展战略研究院发布的《中国城市科技创新发展报告 2017》[50]高度相符。天津、广州、南京、济南属于创新网络的第二等级(5<DIT<10)。通过比较高铁城市对联系强度,位于第一等级(RSL>20)的城市对有 6 对:上海—北京、天津—北京、深圳—北京、南京—北京、济南—北京、东营—北京,形成了以北京为核心的强城市对联系。

表 4　创新城市中心度及城市对联系强度排名

排名	创新城市中心度		创新城市对联系强度		
	城市	中心度	始发城市	目标城市	联系强度
1	北京	159.71	上海	北京	50.17
2	深圳	12.60	天津	北京	47.64
3	上海	10.51	深圳	北京	36.68
4	天津	9.73	南京	北京	34.25
5	广州	8.74	济南	北京	31.50
6	南京	8.01	东营	北京	22.39
7	济南	5.58	福州	北京	18.96
8	武汉	4.34	抚顺	北京	18.55
9	青岛	4.06	青岛	北京	17.92
10	福州	3.76	杭州	北京	16.79

与鲜果等[51]的研究一致,创新网络在空间分布上呈现明显的以北京为中心的强核心特征(图 3)。与高铁网络对比,创新网络地带性差异有所减小,呈现

相对均衡趋势。其中，东部地区城市节点占比为36.55%，中部占比为35.12%，西部占比为28.33%。城市对间创新联系目的地以东部地区为主：东部—东部占比为36.37%、中部—东部占比为17.39%、西部—东部占比为12.74%。创新联系较少受到地理邻近性影响，如北京—上海以及北京—深圳之间的联系强度比北京与其周边城市（保定、大连等）之间联系强度更大。相比基于"流"载体视角下高铁网络的地带性分异，我国创新网络正在形成北京、上海、深圳"三足鼎立"的空间结构，即"流"要素视角下创新网络呈现多中心特征。

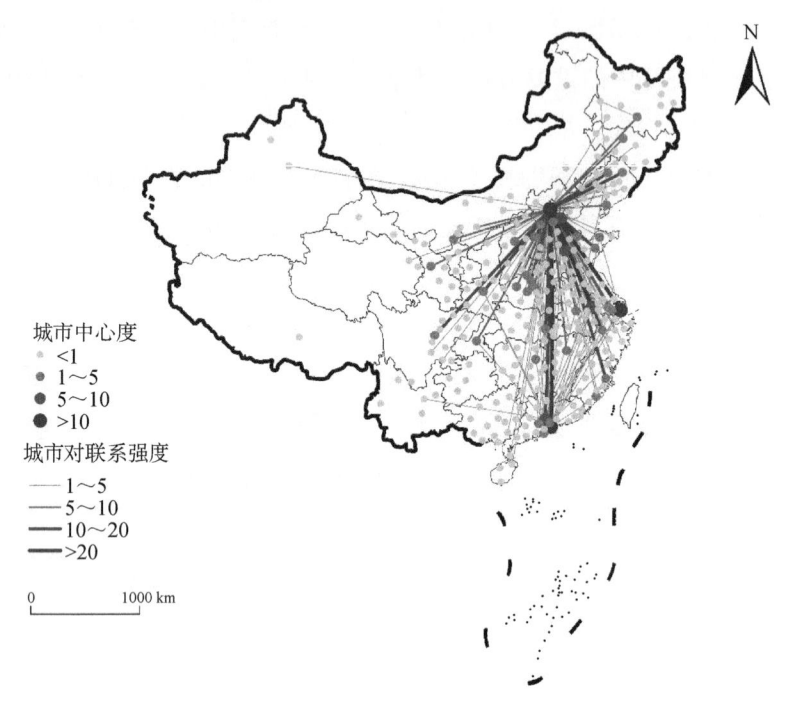

图3 创新网络城市中心度与城市对联系强度
注：港澳台资料暂缺

为进一步探究高铁网络和创新网络之间的关系，本文计算了两个网络中心度和联系强度的Pearson和Spearman相关性指数。在城市中心度方面，Pearson相关性指数和Spearman相关性指数分别为0.623和0.715，且均在1%水平上显著。这表明，高铁网络和创新网络城市节点中心度具有较高的相关性，即在高铁网络中心度较高的城市通常在创新网络中也具有较高的排名，如上海、北京、广州、南京、武汉、深圳在两个网络中排名均在前十，在高铁网络与创新网络中都具有重要的核心地位。值得注意的是，深圳在创新网络中排名明显高于其在高铁网络中的排名。这主要是由于受政策和国家创新战略影响，深圳全社会研发投入较高，致使其高新技术产业蓬勃发展，吸引众多科技企业总部落户于此，形成了其在创新网络中的核心地位。此外，深圳位于南部沿海地区，与其他城市平均距离相对较大，受高铁网络主导距离影响，难以成为全国高铁网络的核心地区。

在城市联系强度方面，Pearson 相关性指数和 Spearman 相关性指数分别为 0.281 和 0.371，且均在 1%水平上显著。这表明，高铁网络和创新网络城市对联系强度之间并未显示出强相关性，即在一个网络中占据重要地位的城市对，在另一个网络未必同样处于核心地位。推测这种结果的产生与两种网络的影响因素有关，如地理邻近性对高铁网络影响较为明显[22,43,47]，对创新网络影响程度则有所减弱。虽然跨区域所造成的文化差异和交流成本提升会影响城市对的创新联系[29]，但亦有研究表明创新城市空间关联性更多地取决于创新要素流动与前沿技术集散作用，对地理邻近性的限制与依赖程度正在下降[52]。

3.2 网络社区聚类分析

依据式（3）中的模块度算法，利用 R 软件，划分出高铁网络和创新网络的内部社区结构，得到高铁网络和创新网络模块化值分别为 0.564 与 0.061。这表明，相比于创新网络，高铁网络中的社区结构更明显。

从社区数量和组成来看，相较于创新网络，高铁网络划分相对单一。高铁网络可划分为 9 个社区，分别由 22 个、21 个、20 个、10 个、10 个、8 个、8 个、4 个、2 个城市节点构成。相比之下，创新网络划分社区数目较多，社区间界限较为模糊。创新网络主要包括 4 个社区，分别由 204 个、45 个、4 个、2 个城市节点构成，其余创新城市节点均各自形成一个独立的社区。

从社区分布与结构来看，高铁的区域内部结构（图 4，见彩图 1）明显受到地理邻近性的影响，且与我国经济地理结构分布高度相似，同时与我国高铁"四纵四横"结构相吻合。上海作为长三角地区（社区 4）的龙头城市，是京沪高铁和沪杭高铁的核心节点，与杭州、南京、常州等其他长三角地区城市形成了牢固的社区结构。黑龙江、吉林、辽宁形成了东北社区（社区 3）内部区域结构，吉林、大连、沈阳、哈尔滨等城市之间通过京哈高铁线形成了强烈的纽带联系。江西（社区 5）和福建（社区 7）存在很强的地区内集聚效应，如九江—南昌、福州—厦门之间形成了较强的联系，其他周边次一级城市也通过沪昆高铁与东南沿海部分高铁线构建起了省内联系。湖北与广东之间通过武广高铁形成中原地区与东南沿海地区的联系（社区6）。中原地区（社区1）与华北地区（社区2）内部也形成了很强的联系结构。例如，重要枢纽城市北京、武汉、郑州等与中原及华北其他城市（如西安、石家庄等）之间也通过石武高铁、郑西客运专线、京沪线等相互紧密联系，构成中国高铁"四纵四横"网络结构核心枢纽地区。除此之外，因地理阻隔影响，海南内部的海口—三亚社区（社区9）和西南地区川渝社区（社区8）形成了各自内部的社区结构。相比之下，创新网络（图5，见彩图2）受地理邻近性影响不明显，其中社区1为以北京、上海、深圳为核心的东南沿海社区聚类。北京位于网络的强核心层，是全国性的创新合作中心；上海、深圳、南京等城市处于中国城市创新网络的核心层，是我国突出的创新城市节点，与周边地区形成了一定的社区结构[51]。社区2是以广州为核心的泛珠三角社区，形成了广州与广东、湖南、广西、云南各省内部城市（如东莞、长沙、南宁、昆明等）的组合，在产业技术创新、人才培养等领域构建起协同合作机制[46,53]。

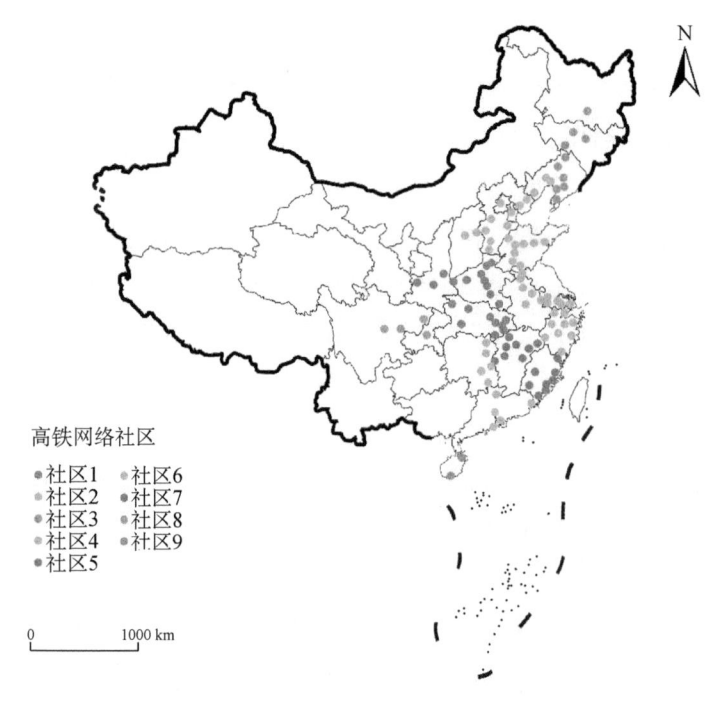

图4 高铁网络区域内部社区结构（彩图1）

注：港澳台资料暂缺

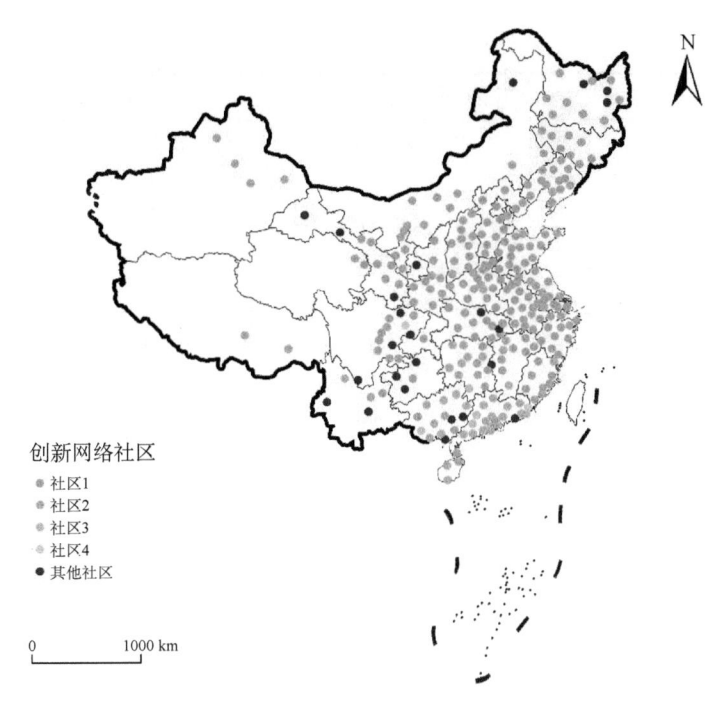

图 5　创新网络区域内部社区结构（彩图 2）
注：港澳台资料暂缺

3.3　网络影响因素分析

如表 5 所示，在城市节点层面和城市关联层面分别对高铁网络和创新网络进行多元回归分析，城市节点层面模型的调整 R^2 分别为 0.7192 和 0.4481，城市关联层面模型的调整 R^2 则分别为 0.3832 和 0.2538。与已有研究[22]一致，城市节点层面模型的调整 R^2 偏高，因此回归分析结果比较合理。对部分指标作取对数处理后，对变量进行多重共线性检验，发现所有的解释变量方差膨胀系数（VIF）均低于 5，平均值分别为 2.49、1.22、1.05 和 1.05，推断自变量之间不存在显著的多重共线性。

表 5　高铁网络和创新网络影响因素的回归结果

变量	城市节点层面		城市关联层面	
	高铁网络	创新网络	高铁网络	创新网络
经济发展水平	1.2349***	2.6607***	0.4139**	3.7292***
	(0.2888)	(0.4207)	(0.1458)	(0.2810)
人口规模	0.5024**	0.6234*	0.3875*	0.9035***
	(0.1745)	(0.3159)	(0.1541)	(0.1568)

续表

变量	城市节点层面		城市关联层面	
	高铁网络	创新网络	高铁网络	创新网络
劳动力结构	2.5862*	7.3531***	−1.0341	4.6587***
	(1.0602)	(1.5348)	(0.6167)	(0.6224)
产业结构	1.7892	4.7685*	−2.8523*	4.5340***
	(1.4716)	(2.4116)	(1.1496)	(1.3004)
政府支持	6.8244*	10.7020*	−0.7198	10.4926***
	(2.7921)	(4.4193)	(1.7210)	(2.3697)
城市能级	0.7740***	1.1955**	1.3360***	−0.3470***
	(0.2031)	(0.3986)	(0.0775)	(0.0809)
空间距离	−1.3606**	0.1822	−1.0269***	−0.4016***
	(0.4405)	(0.8049)	(0.0626)	(0.0689)
截距项	−10.3027*	−41.6412***	−3.6197*	−52.5995***
	(4.5109)	(7.9981)	(1.9962)	(3.4744)
样本量	105	279	1675	1557
调整 R^2	0.7192	0.4481	0.3832	0.2538

注：括号内为t检验值

***$P<0.01$，**$P<0.05$，*$P<0.1$

在城市节点层面，经济发展水平、人口规模、劳动力结构、政府支持、城市能级是影响两个网络城市中心度的重要因素。即城市经济发展水平越高，人口规模越大，劳动力结构越高级化，人口流动频率和能力越高，城市节点的中心度也越强，表明城市中心度与社会经济绩效呈正相关。城市能级越高，表明城市综合素质与辐射能力增强，更能吸引要素间的流动。政府支持（政府公共财政投入中教育与科研的投入）能够提升城市科研水平[54]，吸引人才的城际流动，而人才的跨区域流动又离不开高效率的区域交通流，因此公共财政收入对创新网络和高铁网络均有促进作用，且对创新网络的影响更加直接。其中，两个网络城市中心度影响因素存在差异，空间距离对高铁网络城市中心度的影响更为显著且系数为负，而对创新网络城市中心度的影响不显著，这反映出地理邻近性仍是高铁网络的影响因素[22,27,55]。一个城市与其他所有城市的平均距离越大，交流的时间成本和金钱成本越大，在一定程度上削弱了客流通过高铁这一交通方式前往其他城市交流的动力，而在创新交流中，受到的限制会更小，尤其是在通信技术与运输方式不断改善的情况下，创新要素流动会通过更高效的方式产生[56]。此外，劳动力结构和产业结构对创新网络的影响更为显著，而在高铁网络中不明显。即第三产业人员比重的增加和产业结构的升级能在一定程度上促进创新网络中城市地位的提高。知识流动是创新联系中的重要部分，而知识流动又依托于人才在不同部门间流动[56]，劳动力质量提高，知识流动频率随之提高，从而增加城市在创新网络中的中心度。

在城市关联层面，经济发展水平和人口规模对高铁网络与创新网络均有显著的正向效应。地区经济发展水平及生活质量更高的城市往往具有更多的高铁投资、更高的居民收入和消费水平以及更集中的创新资源，从而加深城市间的高铁联系[55]和创新联系[56,57]。人口规模越大，创新思想交流越多[56]，隐性知识的传递更为频繁，使得创新成本降低。产业结构与城市能级对高铁网络与创新网络产生的影响具有差异。其中，第三产业占GDP比重越高，表明经济结构的现代化程度越高，但同时产业结构相似性会更高[41]，虽然会存在同质化竞争削弱两个城市间的要素流动，但也有利于城市间的创新合作[29]，如城市间的总部-分支机构联系。城市能级对高铁网络具有正向促进作用，即两城市综合能级越高，城市间高铁联系越紧密[11]，区域交通流在增长极之间往往形成更密切的联系。但在具有"强核心特征"[51]的中国创新网络中，由于城市对间的创新联系不完全是"强强联系"，也存在类似于总部-分支的"以强带弱"联系，且不同级别城市对间的创新联系具有非对称性[29,54]，故城市能级未必可以对城市间的创新联系起到促进作用。值得注意的是，政府支持对城市对间的创新联系的促进作用十分明显，在高铁网络中并不显著。政府公共财政投入中教育与科研的投入比例越大，企业高校等创新单位创新资本投入越高[41]，创新主体创新动力增强，从而促进知识溢出与创新联系。不同于城市节点层面，空间距离在城市关联层面对创新网络具有显著的负向影响，即空间距离仍会阻碍城市间的创新联系，较小的空间距离能够带来制度邻近与技术邻近优势，增加面对面交流的机会[57]，减少创新联系中的不确定性，从而降低交易成本，促进创新交流。

4 结论与讨论

本文通过高铁OD数据和专利合作数据从"流"载体和"流"要素两个方面刻画分析城市网络，重点关注两个网络城市中心度和联系强度差异，试图探索实际流属性数据所刻画的更真实平等的城市网络结构。研究发现如下几点。①高铁网络节点集中分布在我国中部与东部沿海地区，受自然地理影响更为明显；创新网络城市节点分布更加均衡。②高铁网络结构受地理邻近性影响明显，空间结构具有很强的区域性；创新网络空间结构呈现明显的强核心特征，以北京、上海、深圳为核心的"三足鼎立"结构明显。③两个网络在城市中心度上具有较强相关性，即在一个网络中中心度较高的城市，通常会在另一个网络中排名靠前。④"流"载体视角下的高铁网络基于地理邻近性具有更强的社区结构，而"流"要素视角下创新网络的社区结构较弱，社区边界相对模糊，城市间联系相对更为均衡。⑤空间距离、劳动力结构、产业结构和城市能级对两个网络的联系强度都有影响，但与传统假设的重力模型等存在较大差异，不同网络类型的影响因素也有所不同。本文验证了两种"真实"城市网络的结构特征，分析了两种网络类型之间的差异及影响因素，对不同学科视角和数据来源的城市网络研究结论的整合以及城市网络联系的传统假设修正具有重要参考意义。

本文通过对高铁实际客流与知识流网络的节点与联系特征的比较分析，深入刻画了城市网络的连通性与交互性的差异，丰富了对城市网络不同维度的分析。受数据获取难度限制，本文所依托高铁、创新数据分别为2013年和2014年获取，故所得高铁网络和创新网络城市中心度与城市对联系强度存在一定程度的滞后性，不能完全反映当前我国城市网络的完整面貌，但整体的结构特征相对稳固，与目前我国城市发展的空间结构较为符合。此外，后续研究中可以利用时间序列数据，对两个网络的演化特征加以分析，并探讨两类网络演化过程中彼此是否存在相互影响。

参考文献

[1] Castells M. The Rise of the Network Society[M]. Oxford：Blackwell，1995：98-102.

[2] Taylor P J. Specification of the world city network[J]. Geographical Analysis，2001，33（2）：181-194.

[3] 胡国建，陈传明，金星星，等. 中国城市体系网络化研究[J]. 地理学报，2019，74（4）：681-693.

[4] Harris C D，Ullman E L. The nature of cities[J]. The Annals of the American Academy of Political and Social Science，1945，242：7-17.

[5] Taylor P J. World City Network：A Global Urban Analysis[M]. London：Routledge，2004：239-307.

[6] Taylor P J，Hoyler M，Verbruggen R. External urban relational process：introducing central

flow theory to complement central place theory[J]. Urban Studies, 2010, 47（13）: 2803-2818.

［7］潘峰华, 方成, 李仙德. 中国城市网络研究评述与展望[J]. 地理科学, 2019, 39（7）: 1093-1101.

［8］盛科荣, 张红霞, 侣丹丹. 基于企业网络视角的城市网络研究进展与展望[J]. 人文地理, 2018, 33（2）: 11-17.

［9］胡国建, 陆玉麒. 基于企业视角的城市网络研究进展、思考和展望[J]. 地理科学进展, 2020, 39（9）: 1587-1596.

［10］马海涛. 基于知识流动的中国城市网络研究进展与展望[J]. 经济地理, 2016, 36（11）: 207-213.

［11］盛科荣, 张红霞, 侣丹丹. 中国城市网络中心性的空间格局及影响因素[J]. 地理科学, 2018, 38（8）: 1256-1265.

［12］魏冶, 修春亮. 城市网络韧性的概念与分析框架探析[J]. 地理科学进展, 2020, 39（3）: 488-502.

［13］Alderson A S, Beckfield J. Power and position in the world city system[J]. American Journal of Sociology, 2004, 109（4）: 811-851.

［14］Townsend A M. Network cities and the global structure of the Internet[J]. American Behavioral Scientist, 2001, 44（10）: 1697-1716.

［15］Choi J H, Barnett G A, Chon B. Comparing world city networks: a network analysis of Internet backbone and air transport intercity linkages[J]. Global Networks, 2006, 6（1）: 81-99.

［16］Smith D A, Timberlake M F. World city networks and hierarchies, 1977-1997: an empirical analysis of global air travel links[J]. American Behavioral Scientist, 2001, 44（10）: 1656-1678.

［17］Derudder B, Witlox F. An appraisal of the use of airline data in assessing the world city network: a research note on data[J]. Urban Studies, 2005, 42（13）: 2371-2388.

［18］王姣娥, 莫辉辉, 金凤君. 中国航空网络空间结构的复杂性[J]. 地理学报, 2009, 64（8）: 899-910.

［19］于涛方, 顾朝林, 李志刚. 1995年以来中国城市体系格局与演变——基于航空流视角[J]. 地理研究, 2008, 27（6）: 1407-1418.

［20］焦敬娟, 王姣娥, 金凤君, 等. 高速铁路对城市网络结构的影响研究——基于铁路客运班列分析[J]. 地理学报, 2016, 71（2）: 265-280.

［21］王姣娥, 景悦. 中国城市网络等级结构特征及组织模式——基于铁路和航空流的比较[J]. 地理学报, 2017, 72（8）: 1508-1519.

［22］Yang H, Dobruszkes F, Wang J, et al. Comparing China's urban systems in high-speed railway and airline networks[J]. Journal of Transport Geography, 2018, 68: 233-244.

［23］Bathelt H, Glückler J. Toward a relational economic geography[J]. Journal of Economic

Geography, 2003, 3（2）: 117-144.

[24] 吕国庆, 曾刚, 顾娜娜. 经济地理学视角下区域创新网络的研究综述[J]. 经济地理, 2014, 34（2）: 1-8.

[25] Ter L J, Boschma R A. Applying social network analysis in economic geography: framing some key analytic issues[J]. The Annals of Regional Science, 2009, 43（3）: 739-756.

[26] Matthiessen C W, Schwarz A W, Find S. World cities of ccientific knowledge: systems, networks and potential dynamics.an analysis based on bibliometric indicators[J]. Urban Studies, 2010, 47（9）: 1879-1897.

[27] 周灿, 曾刚, 曹贤忠. 中国城市创新网络结构与创新能力研究[J]. 地理研究, 2017, 36（7）: 1297-1308.

[28] 李丹丹, 汪涛, 魏也华, 等. 中国城市尺度科学知识网络与技术知识网络结构的时空复杂性[J]. 地理研究, 2015, 34（3）: 525-540.

[29] 王丰龙, 曾刚, 叶琴, 等. 基于创新合作联系的城市网络格局分析——以长江经济带为例[J]. 长江流域资源与环境, 2017, 26（6）: 797-805.

[30] Beaverstock J V, Taylor P J. World-city network: a new metageography? [J]. Annals of the Association of American Geographers, 2000, 90（1）: 123-134.

[31] 武前波, 宁越敏. 中国城市空间网络分析——基于电子信息企业生产网络视角[J]. 地理研究, 2012, 31（2）: 207-219.

[32] 唐子来, 李涛, 李粲. 中国主要城市关联网络研究[J]. 城市规划, 2017（1）: 28-39.

[33] 王娟, 李丽, 赵金金, 等. 基于国际酒店集团布局的中国城市网络连接度研究[J]. 人文地理, 2015（1）: 148-153.

[34] Kleibert J. On the global city map, but not in command? Probing Manila's position in the world city network[J]. Environment and Planning A: Economy and Space, 2017, 49（12）: 2897-2915.

[35] Derudder B. On conceptual confusion in empirical analyses of a transnational urban network[J]. Urban Studies, 2006, 43（11）: 2027-2046.

[36] Ma L C. Urban administrative restructuring, changing scale relations and local economic development in China[J]. Political Geography, 2005, 24（4）: 477-497.

[37] Limtanakool N, Dijst M, Schwanen T. A theoretical framework and methodology for characterising national urban systems on the basis of flows of people: empirical evidence for France and Germany[J]. Urban Studies, 2007, 44（11）: 2123-2145.

[38] van Nuffel N, Saey P, Derudder B, et al. Measuring hierarchical differentiation: connectivity and dominance in the European urban network[J]. Transportation Planning and Technology, 2010, 33（4）: 343-366.

[39] Newman M E J, Girvan M. Finding and evaluating community structure in networks[J]. Physical Review E, 2004, 69（2）: 026113-1-15.

[40] Blondel V D, Guillaume J L, Lambiotte R, et al. Fast unfolding of communities in large

networks[J]. Journal of Statistical Mechanics: Theory and Experiment, 2008 (10): P10008.

[41] 王元亮. 河南城市科技创新效率评价及影响因素研究[J]. 区域经济评论, 2020 (2): 75-83.

[42] 梅琳, 严静, 周唯, 等. 长江经济带城市创新水平的时空格局及影响因素研究[J]. 华中师范大学学报(自然科学版), 2019, 53 (5): 715-723.

[43] Yang H, Dijst M, Witte P, et al. Comparing passenger flow and time schedule data to analyse high-speed railways and urban networks in China[J]. Urban Studies, 2019, 56 (6): 1267-1287.

[44] 钟业喜, 陆玉麒. 基于铁路网络的中国城市等级体系与分布格局[J]. 地理研究, 2011, 30 (5): 785-794.

[45] 郭卫东, 钟业喜, 傅钰, 等. 基于网络关注度的中国城市体系等级结构与分布格局[J]. 信阳师范学院学报(自然科学版), 2018, 31 (4): 112-117.

[46] 刘书瀚, 于化龙. 基于生产性服务业集聚的中心城市等级划分及其空间溢出效应研究[J]. 城市发展研究, 2017, 24 (11): 14-19.

[47] Wang J, Du D, Huang J. Inter-city connections in China: high-speed train vs. inter-city coach[J]. Journal of Transport Geography, 2020, 82: 102619.

[48] 中华人民共和国中央人民政府. 武汉市 2013 年政府工作报告[EB/OL]. http://district.ce.cn/zt/zlk/bg/201301/31/t20130131_24083734_2.shtml[2013-01-31].

[49] 王成金. 中国交通流的衰减函数模拟及特征[J]. 地理科学进展, 2009, 28 (5): 36-42.

[50] 首都科技发展战略研究院. 中国城市科技创新发展报告 2017[EB/OL]. http://www.cistds.org/content/details3_679.html[2017-09-15].

[51] 鲜果, 曾刚, 曹贤忠. 中国城市间创新网络结构及其邻近性机理[J]. 世界地理研究, 2018, 27 (5): 136-146.

[52] 朱贻文, 曾刚, 曹贤忠, 等. 不同空间视角下创新网络与知识流动研究进展[J]. 世界地理研究, 2017, 26 (4): 117-125.

[53] 殷德生, 吴虹仪, 金桩. 创新网络、知识溢出与高质量一体化发展——来自长江三角洲城市群的证据[J]. 上海经济研究, 2019 (11): 30-45.

[54] 王丰龙, 曾刚, 周灿, 张传勇. 中国地方政府科技财政支出对企业创新产出的影响研究[J]. 地理科学, 2017, 37 (11): 1632-1639.

[55] 蒋海兵, 祁毅, 李传武. 中国城市高速铁路客运的空间联系格局[J]. 经济地理, 2018, 38 (7): 26-33.

[56] 刘承良, 管明明, 段德忠. 中国城际技术转移网络的空间格局及影响因素[J]. 地理学报, 2018, 73 (8): 1462-1477.

[57] 管明明. 中国城市航空与创新网络的空间演化与耦合效应研究[D]. 上海: 华东师范大学, 2019: 201.

Comparison of Spatial Structure of Urban Network from the Perspective of High-speed Railway and Innovation

Yang Haoran[1,2], Wang Fenglong[1,3], Wang Xiaomeng[2], Gu Qianchen[4], Wang Cong[2]

(1. The Center for Modern Chinese Studies, East China Normal University, Shanghai 200062, China; 2. School of Urban & Regional Science, East China Normal University, Shanghai 200241, China; 3. School of Geography, The Center of Administrative Division and Spatial Governance, South China Normal University, Guangzhou 510631, China; 4. Shanghai Urban Real Estate Appraisal Ltd, Shanghai 200003)

Abstract The hot topic of human geography has turned into the research of the urban network. However, the existing literature about the strength of urban network connection mainly focus on the gravity model or the importance of branches, instead of the actual flow. Research of the difference of the various kinds of network is relatively limited. Based on the only available demand-side data of high-speed railway (HSR) actual OD passenger flow and patent cooperation at the national scale, we aim to explore the differences in the characteristics of urban network structure in China, agglomeration feature and causal analysis of the network formation with the centrality index and community. The results are as follows: ①The nodes in HSR network are mostly located in the central and eastern coastal area in China, and are limited by the natural geography and geographic proximity and appear to have the regional characteristic, whereas the nodes in the innovation network are distributed more balanced and appear to have the characteristics of distinct strong cores. ②Both urban networks based on the HSR and innovation have a strong correlation in the city centrality, but weak correlation in the city-pair linkage. ③The community structure which presents in the HSR network is stronger than the innovation network which has a balanced linkage in the city-pair. ④Compared to the traditional gravity model, the distance, the structure of the labor and industrial and level of the city have different impacts on the two networks. This paper has important reference significance for promoting the integration of urban network from different subject perspectives and data sources and revising traditional assumptions about urban network connections.

Keywords City network; High-speed railway（HSR）network; Innovation network; Community structure; Network analysis

生成与重构：跨江发展下杭州市钱塘江滨江两岸空间转型

李俊峰　包广宇　张国旺

摘　要　以杭州市钱塘江滨江两岸为研究区，通过实地调研和查阅相关资料获取数据，利用 ENVI 软件获取分时段杭州市建成区影像图，运用 ArcGIS 软件将钱塘江滨江两岸历史土地利用资料矢量化，对杭州市钱塘江滨江两岸空间生成与重构过程及机制进行分析与探讨。结果表明：杭州市钱塘江滨江两岸经历了农业主导型空间、工业主导型城市空间、生产与生活混合型城市空间和生活主导型城市空间四个阶段；在生成与重构过程中，两岸城市空间功能不断转型，表现出新经济化、景观化和生活化等特征；钱塘江滨江两岸空间逐渐走向一体化，成为经济发展新核心，杭州市空间结构由单核心向双核心结构转变。在政府、企业和居民三大主体的博弈下，驱动因子的主次关系发生转化并推动滨江空间转型，人地关系趋于和谐。

关键词　跨江发展；滨江空间；生成与重构；空间转型；杭州市

1　引言

城市是人类聚集要素的地域空间，各要素的组合分化形成不同的城市功能组

作者简介：李俊峰，安徽师范大学地理与旅游学院教授、博士生导师，研究方向为城市地理与城市经济，E-mail: ljf2009@mail.ahnu.edu.cn；包广宇，安徽师范大学人文地理专业硕士研究生；张国旺，安徽师范大学人文地理专业硕士研究生。

基金项目：国家自然科学基金项目"跨江发展下城市新空间的生成过程、机制和效应——以长江经济带武汉、南京、芜湖为例"（41671164）。

织。单个或多个要素流动汇聚带动相应类型社会生产的诞生；要素间关系转换引发社会生产模式的转变。新生产模式的出现和发展，是在旧生产模式基础上进行创新和融合，并逐渐取代旧生产模式占据主导地位的过程。城市空间是人类生活的物质构造和社会构造的统一体，人类生产和生活模式的转变直接导致城市空间的转型。城市功能组织在空间地域上的投影构成了城市空间结构，空间演变经历了从无到有的生成过程和内部各类型功能空间布局、规模结构的重塑过程[1,2]。城市空间生成与转型一直是城市地理学研究的热点之一。国外对城市空间生成的研究较早，形成了轴向生成、多核生成、紧凑式生成、蔓延式生成和"卫星城"式生成等多种生成模式，探讨了以政策、家庭生命周期、交通等为主导的生成机制[3-5]。国内学者对扬州、济南、北京等城市空间生成特征和机制进行研究，认为城市扩展空间生成表现出明显的阶段性特征[6-8]。另外，也有学者在公共基础设施建设和创新驱动等单个要素的转变背景下探讨城市空间转型[9,10]，研究城市功能转型和城市空间重构间的相互作用关系[11]。改革开放以来，中国的城市化进程加快，城市纷纷向外拓展。空间的有限性使得许多临江发展城市选择跨越江河门槛拓展空间、优化空间结构[12]。跨江发展下城市滨江空间内部要素流动与重组演化加快，通过人们物质追求和社会生活方式的转变推动城市空间的重构。杭州跨江发展战略的实施，促进了钱塘江滨江两岸的生产空间、生活空间、公共空间等内部空间位置、布局和规模不断地生成和重构。本文从跨江发展的视角，分析杭州市钱塘江滨江两岸空间转型的时空过程，探讨生产性服务业空间、高档居住空间和公共休闲空间生成模式，剖析其生成转型的内在机制，对城市空间布局优化具有借鉴意义。

2 研究区概况及研究方法

2.1 研究区概况

杭州市地处浙江省西北部，有京杭大运河由北至南穿其而过，钱塘江东西横贯。作为长三角的重要中心城市，杭州市在经济发展中以新产业、新业态、新模式的数字经济为主要特征保持引领，不断迈向现代国际都市。2022年全市常住人口为1237.6万人，城区随着经济的发展和人口集聚不断扩展。杭州市主要经历了临江发展、滨江发展和跨江发展阶段，目前处于拥江发展阶段。在不同的发展阶段中，钱塘江滨江两岸空间内部的生产关系和社会再生产模式均发生了相应的动态转变。为了研究的可实施性，本文将钱塘江滨江两岸空间范围定义为北至复兴路-钱江路，东为京杭大运河-鸿宁路，南到奔竞大道-江南大道，西到钱塘江大桥。研究区涉及杭州市上城区、滨江区和萧山区三个行政区域（图1，见彩图3）。

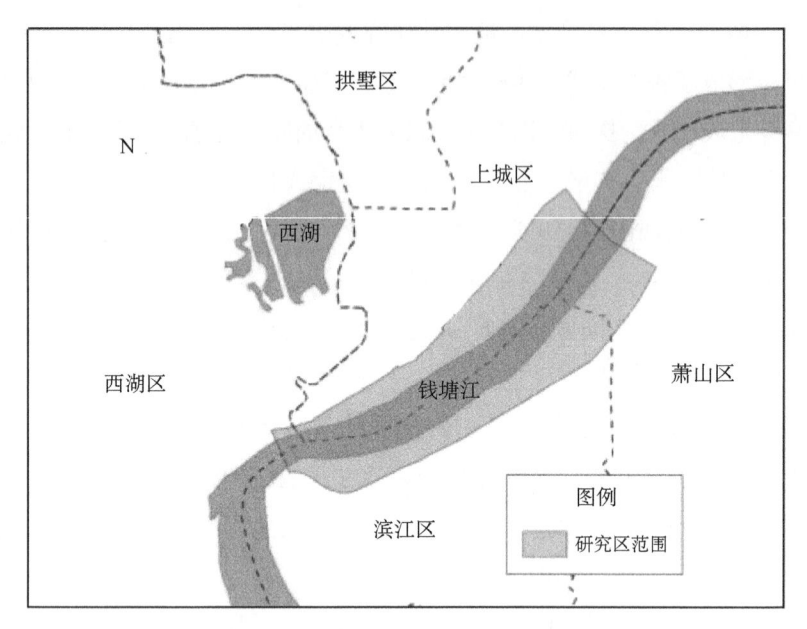

图1　钱塘江滨江两岸空间分布示意图（彩图3）

2.2　研究方法

本文以1∶75 000杭州市地形图为基准图，对ENVI 5.0软件处理后的杭州市1990年、2000年、2010年和2015年的卫星遥感影像图进行几何校正和正射校正。利用ENVI 5.0软件中的最大似然监督分类法提取出杭州城市建成区。运用ArcGIS软件将钱塘江滨江两岸历史土地利用资料矢量化，结合浙江省、杭州市历年统计年鉴等资料，研究跨江背景下杭州市钱塘江滨江两岸城市空间演变过程和生成机制。

3 杭州市钱塘江滨江两岸城市空间生成与重构

3.1 农业主导型滨江空间转型阶段

计划经济时代，杭州市两轮城市总体规划中的城市空间定位都以西湖为核心设计布局。1983年，国务院批复的第三轮城市总体规划，明确了杭州市的历史文化名城和风景旅游城市性质，提出改造杭州老城区，发展生活配套设施和卫星城镇等相关政策。至1990年，城市空间以环绕西湖的上城区、下城区、拱墅区和西湖区的杭州市经济中心［图2（a），见彩图4］为核心向外围扩散，整体的改造与发展推动城市结构日趋复杂化，以东面半山重工业区和西面祥符桥轻工业区蔓延为主，形成以西湖为中心的单核心蔓延式扩张的空间格局。

随着杭州市经济发展速度加快，市区产业结构调整，第二产业逐渐向城市外围迁移。钱塘江地区由于地势低平、水源充足，农业发展历史悠久，两岸分布大量农田，居民点零星散布其间，主要承担灌溉和航运功能。因此，钱塘江滨江两岸不在杭州城市空间发展重点的范围内，承接市区的产业迁移。虽然该阶段钱塘江滨江两岸以农业空间为主导，但是北岸南星桥区域作为钱塘江上重要的码头，大量的人、物和资源在此集散，仓储用地、对外交通用地和少量的工业用地应运而生［图2（b）］。城市交通功能开始外延，至此完成了从农业地域空间向城市地域空间的第一次嬗变。

(a) 杭州市建成区遥感图　　(b) 钱塘江滨江两岸土地利用图

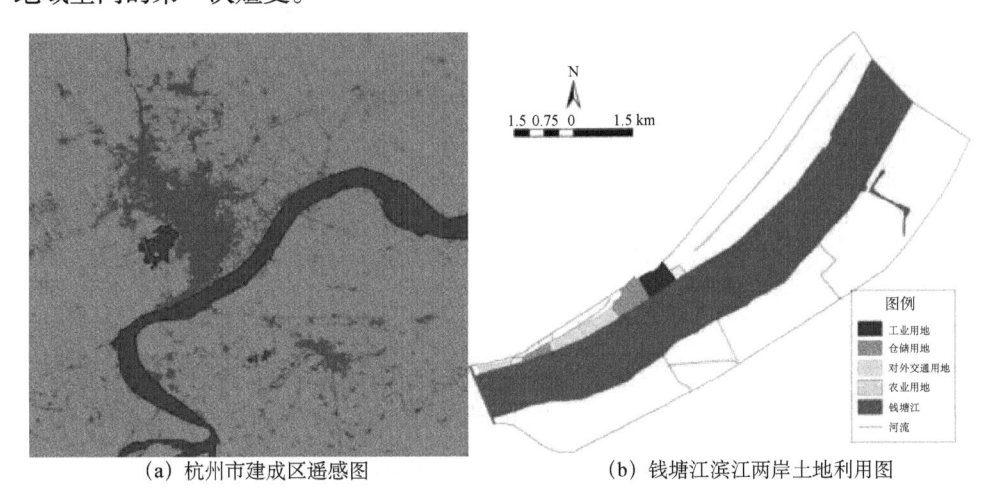

图2　1990年杭州市建成区遥感图及钱塘江滨江两岸土地利用图（彩图4）

3.2 工业主导型滨江城市空间生成阶段

1990年，钱塘江滨江两岸设立国家级高新技术产业开发区，大力吸引外商投资，成为杭州市经济发展新的支撑点。1996年，原属于萧山市的长河镇、浦沿镇和西兴镇被划入杭州市范围，共同组成滨江区，标志着杭州市开始向钱塘江南岸发展。1997年，钱塘江三桥建成通车，同时清江路、近江路、七甲路等城市交通线延伸到钱塘江边，钱塘江北岸地区交通进一步发展，杭州城市空间沿道路向外扩展至钱塘江边。随着杭州市主城区外延式拓展城市空间，钱塘江滨江两岸空间呈跳跃式点状发展，与主城区之间的联系日渐紧密，北岸部分城市空间与杭州市主城区融合度提高，南岸相对疏远（图3，见彩图5）。这一阶段，劳动密集型企业是钱塘江滨江两岸的主要产业构成，资金密集型和技术密集型企业发展速度快，企业数量增多，工业用地规模扩大，成为钱塘江滨江两岸城市空间生成的主要动力。杭州市钱塘江滨江两岸空间格局仍以西湖为核心向外随道路呈放射状蔓延扩展，钱塘江南岸表现出次核心发展趋势。

(a) 杭州市建成区遥感图　　(b) 钱塘江滨江两岸土地利用图

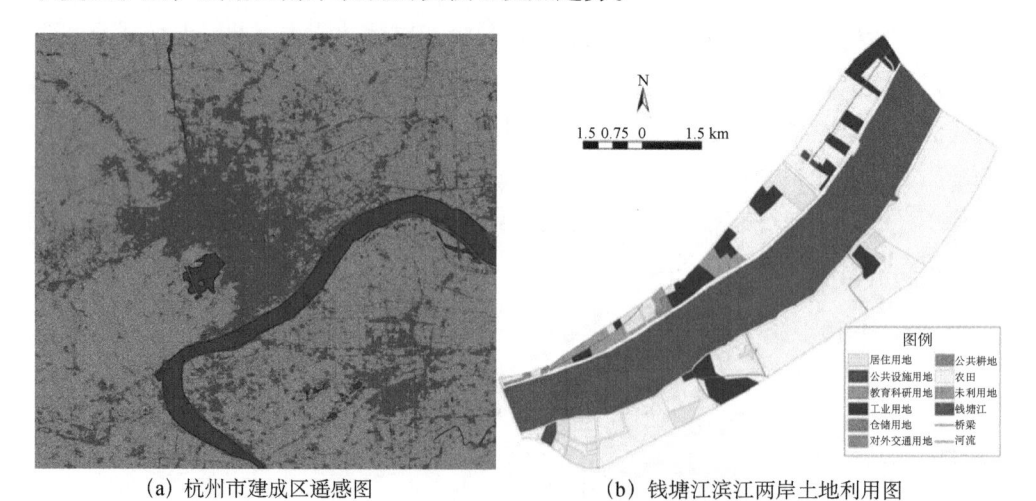

图3　2000年杭州市建成区遥感图及钱塘江滨江两岸土地利用图（彩图5）

由图3可以看出，钱塘江滨江两岸空间发生转变，北岸地区以工业为主导的城市空间大范围取代农业空间；南岸虽然仍以农业为主要空间类型，但随着经济的发展，工业空间和居住空间面积逐渐扩大。南星桥以东地区主要承接主城区产业转移，浙江现代不锈钢型材制品有限公司、万隆汽车修理厂和杭州胶鞋厂等企业快速发展，工业用地规模迅速扩大。钱塘江大桥南岸以东，原有的农村居民点也随着杭州高新区之江科技工业园的发展转变成江南花园、滨江花园等现代社区，形成分散式的块状居住空间。钱塘江南岸地区，原杭州轮渡渡口和南星客运码头的仓储用地和工业用地也随着交通技术手段的提升而进一步扩张。与此同时，为满足企业职工的多样化需求，钱塘江滨江两岸城市空间突破了之前的单一用地结构，餐饮、学校、购物场所和公共服务设施等生活型服务空间开始生成。

3.3 生产与生活混合型滨江城市空间生成与转型阶段

2001年，萧山撤市设区，划入杭州市。杭州市市域范围大幅度增加，为城市空间的蔓延提供了开发空间（图4，见彩图6）。同年，建设位于钱塘江北岸的钱江新城，并定位其为融行政、文化、金融和办公等为一体的中央商务区，标志着杭州城市发展重心从"西湖时代"转向"钱塘江时代"，杭州市走向跨江发展。为此，2000~2010年，杭州市新建了复兴大桥、袁浦大桥、下沙大桥、之江大桥、九堡大桥、江东大桥和钱江铁路新桥7处跨江通道，加上钱塘江大桥、钱塘江二桥和西兴大桥共10处过江通道，两岸间跨江交通体系逐渐形成，通达性大幅提高。跨江交通体系拉近了钱塘江滨江两岸的时间距离，桥梁周边成为城市开发的热点地区。在政府规划建设和财政政策的大力支持下，钱塘江滨江两岸的教育、医疗、文化娱乐、行政办公等基础设施不断完善，开始形成以西湖至钱塘江北岸为核心、以钱塘江南岸为次核心的空间格局。

(a) 杭州市建成区遥感图　　　(b) 钱塘江滨江两岸土地利用图

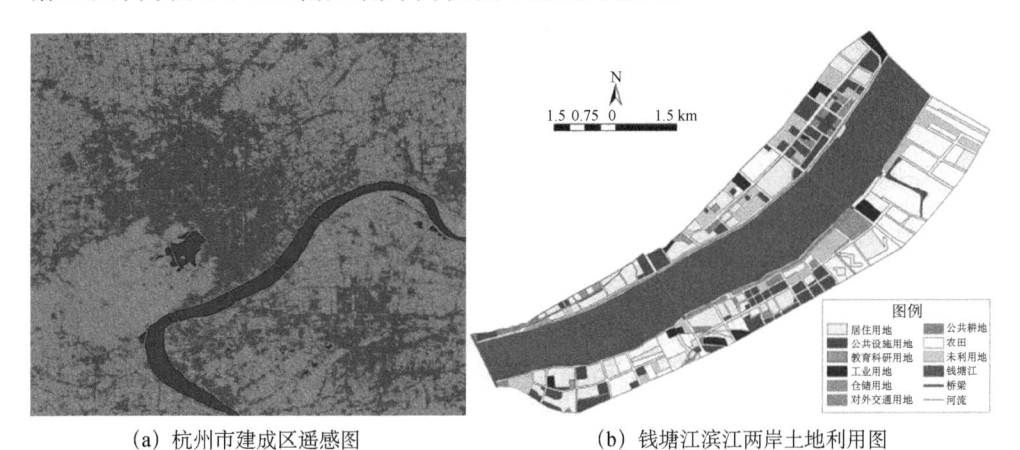

图4　2010年杭州市建成区遥感图及钱塘江滨江两岸土地利用图（彩图6）

跨江发展战略下，杭州市资源要素不断向南流动，钱塘江滨江两岸呈现填充式发展。该阶段，钱塘江滨江两岸城市空间生成与转型速度快，北岸地区农业空间完全转型为城市空间，南岸地区农业空间进一步缩小，城市空间逐渐成为主导。分析图4可知，北岸地区工业空间逐渐缩小，居民住宅用地和商务空间迅速扩大，与杭州市主城区趋于一体；南岸地区工业空间分散化，居住、商业和公共空间扩大；两岸总体上呈现出生产空间与生活空间并存的现状。随着交通体系的完善和杭州大影剧院、杭州棋院以及市民中心、国际会议中心、森林公园和世纪花园等休闲场所的修建与开发，钱塘江滨江两岸生活空间大幅扩张，以居住用地和公共用地为主要扩张形式，工业空间被挤压。根据实地调研和政府访谈，2001~2010年，钱塘江滨江两岸新建住宅楼盘63处，总占地面积超过483.8万m²。人口的大量集聚，推动了商业、教育和医疗等产业的发展，各空间类型和用地规模不断扩大，空间结构多样化。城市功能结构开始从生产功能向生活功能转变，公共服务基础设施趋于完善，居住舒适、消费便利、环境优美、交通便捷和产业发展等规划合理的生活型城市空间逐渐形成。

3.4 生活主导型滨江城市空间重构阶段

随着跨江发展战略的实施，钱塘江南岸被纳入杭州市钱江世纪城建设范围，与钱江新城拥江而立。钱塘江滨江两岸逐渐成为杭州市主城区的一部分（图5，见彩图7），城市功能深度融合。2000年起，杭州市人民政府对钱塘江两岸大堤进行整修，修建了沿江人行大道，为城市居民和游客提供亲水空间与绿色走廊。2010~2015年，庆春路过江隧道和杭州地铁1号、2号、4号线相继建成通车，跨江交通网络体系进一步完善。同时，钱江新城入驻银行、保险、证券机构等众多机构，成为杭州市新的金融中心。2017年，杭州市明确提出拥江发展战略，杭州市正式进入拥江发展阶段，城市空间不断持续扩张。至此，杭州市形成以钱江新城和钱江世纪城为主的双核心城市空间格局。

杭州市从实施跨江发展战略到目前所处的拥江发展阶段，资源要素不断向钱塘江两岸汇聚，产业结构经过多次调整，两岸空间的土地利用以居住用地和公共设施用地为主。随着经济水平的提高，城市居民的生活需求发生了从量到质的转变。居民注重良好的居住环境和体育健身、文化熏陶、休闲场所的配备。因此，两岸多以生产性服务业空间、品质优良的居住空间及完善的公共服务设施的公共开放空间为主。从图5中可以看出，钱塘江滨江两岸农业和工业空间已经完全退出，居住空间、商业空间和公共空间占据主导，完成了生产型空间向生活型空间的转型。

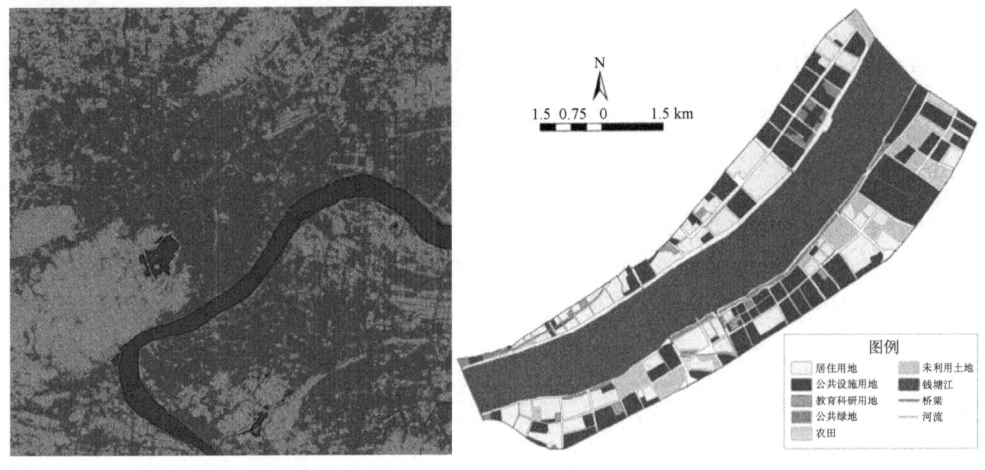

(a) 杭州市建成区遥感图　　　(b) 钱塘江滨江两岸土地利用图

图 5　2015 年杭州市建成区遥感图及钱塘江滨江两岸土地利用图（彩图 7）

4　杭州市钱塘江滨江两岸城市空间重构的特征

4.1　钱塘江滨江两岸空间产业走向新经济化

钱塘江滨江两岸城市空间逐渐从仓储码头到工业空间再到服务业空间的演化过程。在以农业空间为主导的发展阶段，南星桥附近分布有仓储工业用地，生产服务用地尚未出现。工业主导的城市空间阶段，居民住宅集聚地附近伴随有少量的生产性服务业。2000 年后，钱江新城、滨江区人民政府和滨江高新技术产业园成立，吸引政府办公、金融业、商务办公、会展、旅游、信息等一系列高端产业在此集聚。

钱江新城是杭州市计划的新的市行政中心，又是杭州市为解决单核心时代的城市拥挤问题而规划建设的新中央商务区，兴建了大批高品质和高质量的写字楼，吸引大批生产性服务业集聚。钱塘江北岸的凤凰城、水澄大厦、望江东路与之江路口，钱塘江南岸的亚科中心、彩虹城、恒生软件园，都以生产性服务业、行政办公为重点节点。节点之间连接居民区的生活性服务业，形成网络化布局。

4.2 钱塘江滨江两岸空间布局走向景观化

钱塘江滨江两岸是杭州市自然山（凤凰山）水（钱塘江）与两岸城市空间相互映衬，极具地区自然环境特色和城市人文建筑景观的滨水地区。钱塘江滨江两岸建筑景观和自然景观的轮廓线错落有致，与沿岸生态景观绿地共同构成串珠状的景观休闲空间生成布局模式。

沿江城市建筑景观层次分明、主次清晰，彼此之间相互协调、共生与优化。既有平缓的住宅，又有簇群高耸、造型多样的写字楼，形成以钱江新城和钱江世纪城为中心，以上城区沿江中心和凤凰城为次核心，以沿江居民住宅项目为串带的串珠式城市建筑景观。另外，杭州奥体博览城、市民中心、大剧院、图书馆、国际会议中心等的建立，使得整体建筑布局富有特色。钱塘江滨江两岸点状的休闲公园和带状的绿道走廊共同构成钱塘江滨江两岸休闲生态系统，主要由滨江公园、钱江新城森林公园、杭州 CBD 公园、城市阳台、滨江世纪公园等小区游园等组成。

4.3 钱塘江滨江两岸空间功能走向生活化

钱塘江滨江两岸城市空间交通便利，有复兴大道、富春路、之江大道、江南大道、钱塘江大桥、钱塘江三桥和钱塘江四桥等城市主干道和过江大桥，又有滨盛路、闻涛路等支路，构成沟通内外、四通八达的城市道路交通体系。教育、医疗等公共服务设施不断完善，休闲、娱乐空间的增多，以及亲水的自然风光，吸引大量居民在此择居。2016 年底，钱塘江滨江两岸共有 85 个居民区项目，建设时间主要在 2000 年以后，以高层建筑为主，绿化率保持在 30%以上，最高绿化率达到 55%。

5 杭州市钱塘江滨江两岸城市空间生成机制

20 世纪 90 年代以来，杭州市从西湖时代走向钱塘江时代，城市化迅速推进，城市空间不断生成与重构。钱塘江滨江两岸作为杭州市发展的重点区域之一，空间形态发生显著改变。

区域内生产要素和生活要素的流动与转移，通过生产网络和生活网络延展影响着内部城市空间结构的生成与重构。不同发展阶段，居民、企业和政府三个利益主体间的博弈，推动钱塘江滨江两岸城市空间生成与重构的驱动机制不断变化与组合，空间扩展的过程与格局也各具特质（图6）。

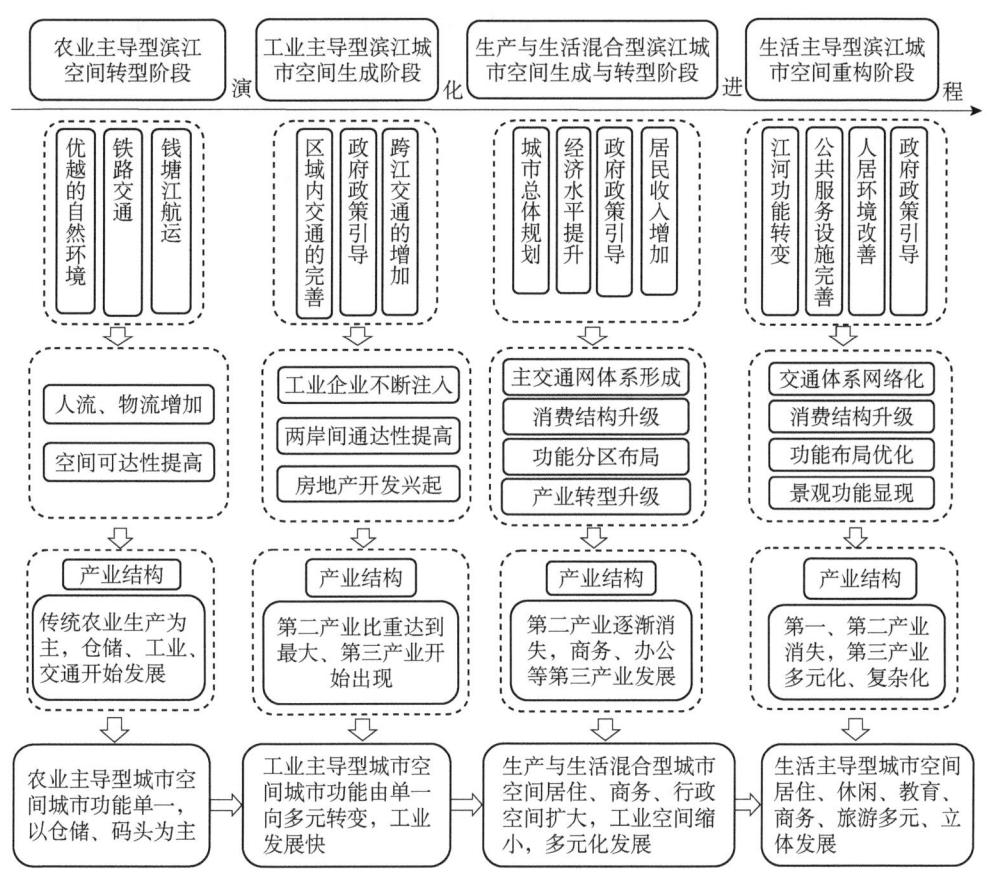

图6 杭州市钱塘江滨江两岸城市空间生成机制

1990年前，钱塘江滨江两岸优越的自然条件推动了农业的发展，钱塘江滨江两岸以农业空间为主。城市发展的重心在西湖附近区域，对滨江区域的投入较少，钱塘江南岸仍属萧山市域，杭州市尚未走上跨江发展的道路。没有政策的大力推动，内部交通不便，对外资本的吸引力不足。自身经济发展水平低，内部经济循环链条也较为薄弱。1983年《杭州市城市总体规划》提出开辟钱江新区，规划在钱塘江二堡至闸口一带开辟旅游、文教、科研和生活居住区，对杭州市城市发展方向提出了重要的指导意见。南星桥作为杭州市的重要渡口，周边的交通设施和经济发展水平较高，工业空间、对外交通空间和仓储空间率先在此生成。

1990~2000年，杭州市钱塘江滨江两岸城市空间快速生成发展。1996年，钱塘江南岸滨江区的设立使钱塘江滨江两岸空间逐渐融为一体。政府通过加大财政投资力度完善基础设施建设，并提出一系列优惠政策吸引企业迁入，激活城市内部主体的流动，为城市空间的生成和转型提供契机。清江路、江边路和近江路等城市干支道路的修建牵引工业企业向钱塘江岸边延伸，推动城市空间生成。沿江滨江大道的建设以及内部道路的细化，为滨江地区内部功能布局间的交流提供便利交通。同时，企业变迁为城市中物质流和资金流注入活力，直接影响到城市空间的布局调整。20世纪90年代后，杭州市经济发展迅速，其中第二产业比重大，住房紧张、交通拥堵、医疗资源稀缺等"城市病"问题显现。为此，杭州市调控城市内部空间布局，将占地面积大、资源消耗高的工业向外围迁移。钱塘江滨江两岸拥有江河独特的地理区位，基础设施不断完善，企业迁移成本较低，逐渐成为产业转移的重点区域。工业企业的迁入使得钱塘江滨江两岸从农业主导型走向工业主导型。

2000~2010年，在杭州市跨江发展的背景下，钱塘江滨江两岸城市空间内部各要素间流动转换加快，推动新城市空间不断生成与重构，呈现出生产空间和生活空间混合共存的状态。城市空间是人类集聚的载体，其发展与演变不仅是城市自组织发展的结果，也是他组织发展的结果。城市规划是政府通过行政手段在整体发展的前提下刚性约束局部地域的用地性质，使城市空间得到合理的发展，这是城市空间发展他组织的直接表现。《杭州市城市总体规划（2001—2020年）》确定了"一主三副"的跨江发展布局结构，将钱塘江作为重要发展轴线，这为钱塘江滨江两岸城市空间生成与重构提供了政策支持。钱塘江滨江两岸城市空间快速发展，用地性质从工业主导型开始向融入居住用地和商务用地转型。随着污染企业外迁，一批对环境要求高的生产性服务业企业入住，钱塘江滨江两岸产业类型从工业主导型转向工商混合型。

2010年以来，钱塘江滨江两岸已经形成完整的内部道路交通网，包含城市干支公路、地铁、高架和跨江隧道。"二横九纵"道路、解放路延伸段、滨盛路、之江大道和闻涛路等大量干支路在这一阶段开始建设并完工，大大增强了钱塘江滨江两岸的通达性。在市场机制的调节下，钱塘江滨江两岸完善的交通体系调动各种社会资源流动，促使城市资本的空间重构。居民住宅、高档写字楼、购物中心等城市空间沿着交通干道从跨江通道附近向两边延伸。城市主干交通构成了钱塘江滨江两岸城市空间生成轴线，引导城市空间生成。钱江新城逐渐成为杭州市新的中央商务区，经济增长带动了居民收入水平的提高，人们追求更高的生活品质，更加关注文化、健身、休闲空间的布局和居住环境。城市发展的目的就是为了给人们提供美好的生活，而城市空间的建造受不同时期人们主观意向的影响和调控。

6 结论与讨论

对杭州市 1990 年、2000 年、2010 年和 2015 年的卫星遥感影像图和钱塘江滨江两岸土地利用类型图对比分析，结合统计年鉴和走访调查数据，研究钱塘江滨江两岸空间转型过程和内在机制，本文得出以下结论。

（1）杭州市钱塘江滨江两岸空间经历了农业主导型空间、工业主导型城市空间、生产与生活混合型城市空间和生活主导型城市空间四个阶段。钱塘江航运功能的加强，吸引了相关产业的集聚，使原有的农业空间开始向城市空间转型。特别是在跨江发展背景下，大量的生产性服务业和现代居住小区入驻滨江两岸，使得滨江空间内部结构不断生成与重构，逐渐从农业、工业生产型城市空间转向生活主导型城市空间。

（2）杭州市钱塘江滨江两岸空间重构整体表现出新经济化、景观化和生活化三方面特征。经济主导力量经历了农业、农工混合、工业、商业和生产性服务型依次转变的过程。钱塘江的灌溉功能下降，航运功能继续被开发，景观功能逐渐成为主导。基础设施和配套设施的完善、交通网络体系的形成以及金融、商业、贸易、信息和中介服务机构的大量出现，使得钱塘江滨江两岸逐渐成为城市发展的新核心，两岸空间逐渐一体化。杭州市空间结构由单核心向双核心结构转变。

（3）杭州市钱塘江滨江两岸空间在各驱动因素的相互作用下进行生成与重构，主要驱动因素有自然环境、交通、政策与规划、经济发展水平四个方面。在政府、企业和居民三大主体的博弈下，四个主要驱动因素的主次不断发生转换，推动城市空间转型。在农业主导型阶段，居民是利益的直接主导者，人与环境较为和谐；在工业主导型阶段，政府和企业追求经济效益的意志成为主导，人与环境的关系较为紧张；在生产与生活混合型阶段，各主体之间相互博弈，人与环境的关系趋于和缓；在生活主导型阶段，政府、企业和居民追求良好环境的意志成为主导，人与环境的关系走向协调。钱塘江滨江两岸空间的生成与重构，反映出人们对美好城市生活的向往与追求。

参考文献

[1] Gallion A B. The Urban Pattern[M]. Van Nostrand：Van Nostrand Reinhold Company，1983：14-16.
[2] 张京祥，崔功豪. 城市空间结构增长原理[J]. 人文地理，2000，15（2）：15-18.
[3] Pringle D G. The socialist city：spatial structure and urban policy[J]. Economic Geography，2016，56（1）：82-84.
[4] Li F，Yang H W. Discussion on the model of city spatial structure from the perspective of social choice theory[C]. 4th International Conference on Sustainable Energy & Environmental Engineering，Shenzhen，2016.
[5] Desmet K，Rossi-Hansberg E. Spatial development[J]. American Economic Review，2014，104（4）：1211-1243.
[6] 王成新，窦旺胜，程钰，等. 快速城市化阶段济南城市空间扩展及驱动力研究[J]. 地理科学，2020，40（9）：1513-1521.
[7] 车通，罗云建，李成. 扬州城市建设用地扩张的时空演变特征及其驱动机制[J]. 生态学杂志，2019，38（6）：1872-1880.
[8] 张可云，裴相烨. 大城市制造业企业空间扩张模式及其对企业效率的影响——以北京市上市企业为例[J]. 地理科学进展，2021，40（10）：1613-1625.
[9] 文传浩，谭君印，胡钰苓，等. 新型基础设施建设对长江上游城市绿色转型的影响研究——基于"三生"空间视角[J]. 长江流域资源与环境，2022，31（8）：1736-1752.
[10] 魏来，田璐. 创新驱动下开发区空间转型的逻辑与策略[J]. 城市发展研究，2021，28（10）：23-28，40.
[11] 李健，郝珍珍. 基于产业影响和空间重构的低碳城市建设研究[J]. 中国人口·资源与环境，2014，24（7）：65-72.
[12] 李俊峰，陶世杰，高凌宇. 跨江发展下杭州市企业迁移空间模式及影响机制[J]. 地理科学，2018，38（1）：87-96.

Generation and Reconstruction: Spatial Transformation of Riverside Area in Hangzhou City Under the Background of Cross River Development

Li Junfeng, Bao Guangyu, Zhang Guowang

(College of Geography and Tourism, Anhui Normal University, Wuhu 241003, China)

Abstract Taking the riverside area on both sides of Qiantang River in Hangzhou as the research area and obtaining the data through field investigation and remote sensing maps, this paper explores the space generation and reconstruction process and its formation mechanism of the space on both sides of the Qiantang River in Hangzhou. The study shows that the space generation and reconstruction process have experienced four stages (agriculture-oriented space, industrial-oriented urban space, mixed space, living space). The space of riverside emerges the characteristics of new economy, landscape and life and integrated development pattern. The space of riverside gradually become a new core of urban development. Urban spatial structure presents double center from single center structure. The main driving factors are in continuing shift in a game of the government, enterprises and residents. Man-land relationship tends to be harmonious.

Keywords The trans-river development; Riverside space; Generation and reconstruction; Spatial transformation; Hangzhou city

福州港口物流与腹地经济协同发展研究

曹冰瑶　赵晨曦　林万强　叶　青

摘　要　2021年福建强省会战略中明确提出要支持福州港的建设，促进港口、产业与城市的联动发展。为进一步了解福州港口物流与腹地经济间的互动关系，本文运用有序度模型和复合系统协同度模型对2010～2019年的相关指标数据进行计算，得出港口物流与腹地经济两者之间的协同度。结果表明：在研究期内，福州港口物流与腹地经济之间的协同发展水平逐年提高，并且在时间维度上呈现出四个发展特征，即从2010年开始由低度、中度向高度发展并最终在2019年进入极度协同阶段。

关键词　港口物流；腹地经济；协同发展

1　引言

随着全球化的持续推进和中国对外开放程度的不断加深，港口成为各地交往联系的关键枢纽，港口的重要性在经济发展过程中日益提升。港口物流通过对区域的货物、信息等资源进行集散，加快腹地经济的发展进程，而腹地城市也可作为促进港口物流产业优化与升级的经济和技术支撑，增强港口物流的核心竞争力。针对港口物流与腹地经济间关系研究的必要性也随之增加，即明确港口物流与腹地经济间是否会相互作用、相互影响，才能科学保障相关政策的制定和实施，以实现港口物流与腹地经济协同发展的目标。

作者简介：曹冰瑶、赵晨曦，闽江学院地理与海洋学院本科生；林万强，闽江学院地理与海洋学院硕士研究生；叶青（通讯作者），闽江学院地理与海洋学院，讲师。

基金项目：福建省教育厅2020年福建省中青年教师教育科研项目"福建港口物流与城市经济协同发展研究"（JAT200437）。

国内外学者对港口物流与腹地经济间的研究大多采用定量分析法，如Seabrooke[1]采用回归分析的方法研究二者间的关系，最终得出了二者之间存在相关性的结论；Zhang[2]使用拟合方程分析得出港口与城市间存在明确的促进关系；朱文涛[3]利用一元线性回归模型证明了苏州港口物流对苏州市的经济增长有很高的贡献度；吕青和唐秋生[4]以重庆市为例，运用灰色关联度模型分析了重庆市港口物流和区域经济间的相互关系；沈秦伟等[5]以大连市为例，借助向量自回归模型证明了港口物流与城市经济增长间存在很强的关联性；王斌[6]运用协同度模型分析了青岛港物流与青岛市经济间的协同发展关系；温文华[7]采用港城复合系统协同度模型和Panel Data模型研究了港城发展的协同度与城市经济增长间的关系；刘佳佳[8]以广州市为例，运用主成分分析证明了港口物流与城市经济间存在协调性。由此得出，利用线性回归法、关联度分析、向量自回归模型等方法定量分析港口物流与城市经济的关系成为主流，多数学者将二者间的关系用具体的数字来衡量。但针对福州港口物流与福州市经济间协同关系的相关研究较少，本文运用复合系统协同度模型对二者间的关系进行探究，并深入分析影响协同关系变化的因素，提出相关建议。

目前，凭借优越的地理区位、发达的交通运输体系以及相关政策的扶持，福州市经济呈现迅猛发展态势，2021年福州市地区生产总值为11 324.48亿元，达到福建省第一、全国第二十的水平。同时，福州港也在不断发展，2020年福州港货物吞吐量首次突破万亿吨，并成为全国排名前二十的重要港口，福州港在全国的地位已经有了明显提升，具有一定的竞争力。在福州市经济发展势头强劲、福州港口物流飞速发展的态势下，福建强省会战略及《福州港总体规划（2035年）》等相关政策的出台均明确体现了建设福州港口的重要性，同时福州市作为21世纪海上丝绸之路的核心节点，福州港的建设也成为福州市经济发展的重要任务之一。但由于目前还不明确福州港口物流与福州市经济间的互动机制，因此相关政策的制定仍存在一定的困扰[9]。在此背景下，本文选取能够反映福州港口物流规模和福州市经济发展水平的相关指标，运用有序度模型和复合系统协同度模型对2010～2019年的指标数据进行计算，按照相关标准划分协同等级，定量、动态地分析福州港口物流与腹地经济的协同发展情况，并在此基础上提出能够促进两者协同互动的对策与建议。

2 研究区概况

2.1 腹地范围的界定

港口腹地是指港口的货物运输往来以及旅客集散等所能够辐射到的区域范围。根据港口与腹地联系密切程度的高低，可以依次将腹地界定为核心腹地、直接腹地与间接腹地等。按照地理位置划分，福州港的核心腹地为福州市，因此本文将研究区域定为福州市。

2.2 福州市经济发展现状

福州市是福建省的省会，又称榕城。福州市位于我国华东地区，是我国东南沿海的重要城市，也是我国海峡西岸经济区主要城市，同时也是21世纪海上丝绸之路的关键节点。福州市交通条件出色，航空、铁路、公路运输等均十分便利，为福州市经济发展提供了有力支持。

根据《福州统计年鉴2020》和《中国统计年鉴2020》，2019年福州市地区生产总值达9392.30亿元且其增长速度为10.29%。其中，第三产业产值最高，为5034.84亿元；第二产业产值为3830.99亿元；第一产业产值仅为第三产业产值的1/10左右。在三大产业中，第三产业产值的增长速度居首位，达到11.32%，第二产业产值的增长速度为9.50%，而第一产业产值的增长速度最慢，为6.37%，这说明近年来第二产业和第三产业在福州市的经济发展中占据主导地位。由图1可知，2010～2019年福州市地区生产总值持续增长，且与2010年相比，2019年地区生产总值增长了将近2倍；2019年福州市地区生产总值的增长速度略高于福建省和全国，但其在2010～2019年的变化趋势与福建省和全国增长速度的变化趋势基本保持一致。

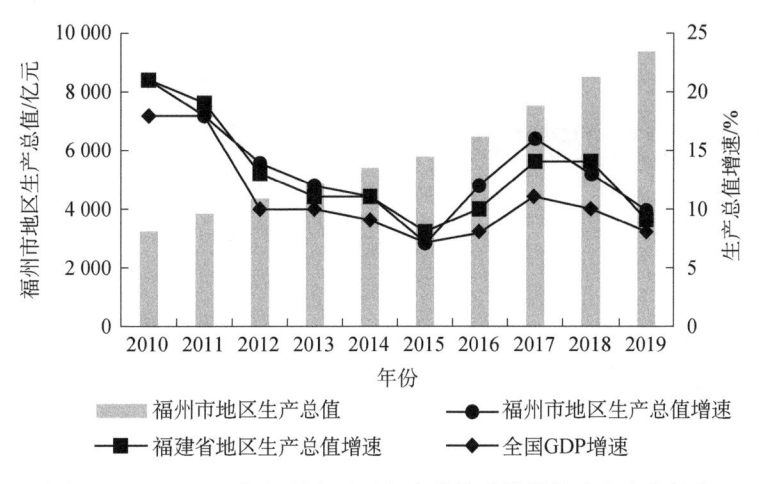

图 1　2010～2019 年福州市地区生产总值及其增长速度变化趋势

2.3　福州港发展现状

福州港是闽台贸易的主要口岸，也是我国重要的交通枢纽和主要港口。2011年，福建省对原福州港和宁德港实行一体化管理，将二者合并为新的福州港。新福州港的港区包括位于福州市域和宁德市域的港区，本文仅对福州市域港区的港口物流发展情况进行研究。

2010～2019 年福州港集装箱吞吐量逐年提高，并且 2018～2019 年福州港货物吞吐量相较于之前也有了很大的提升（图 2）。根据《中国港口年鉴 2020》，截至 2019 年，福州港完成集装箱吞吐量 340.82 万 TEU、货物吞吐量 1.7 亿 t，同比上年分别增长 5.1% 和 16.8%；在福建全省港口中，福州港货物吞吐量和集装箱吞吐量占比分别为 28.64% 和 19.75%。

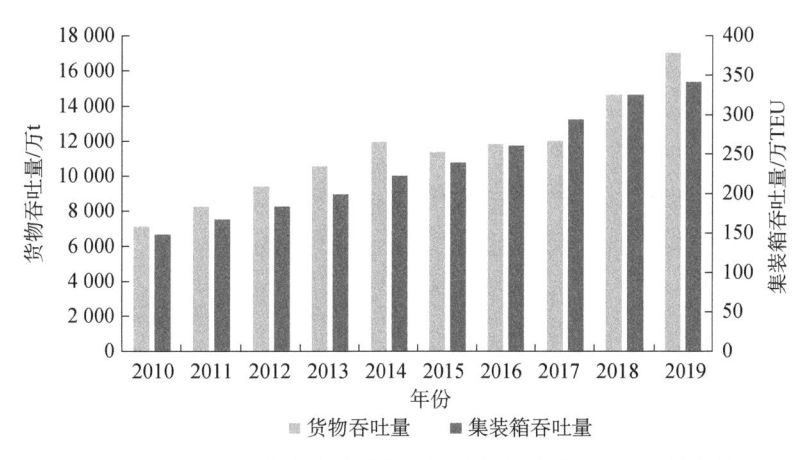

图 2　2010～2019 年福州港货物吞吐量与集装箱吞吐量变化趋势

3 研究方法及数据来源

3.1 研究方法

3.1.1 建立评价指标体系

由于本文通过建立复合系统协同度模型进行研究，因此需要对较多的相关指标进行分析。在建立协同发展评价指标体系时，要考虑港口物流与腹地经济二者各自的特点与相互的联系，尽量全面地选取相关指标，并考虑到数据的可获取性，建立合理的分析模型，最终指标体系如表1所示。

表1 港口物流与腹地经济协同发展评价指标体系

子系统	准则指标	序参量有序度	序参量
港口物流指标	投入指标	X_{11}	生产用码头泊位数（个）
	产出指标	X_{12}	货物吞吐量（万t）
		X_{13}	集装箱吞吐量（万TEU）
腹地经济指标	总量指标	X_{21}	地区生产总值（亿元）
		X_{22}	地方财政收入（亿元）
	结构指标	X_{23}	第一产业产值（亿元）
		X_{24}	第二产业产值（亿元）
		X_{25}	第三产业产值（亿元）
	贸易指标	X_{26}	进出口总额（亿元）
		X_{27}	社会消费品零售总额（万元）
	投资指标	X_{28}	实际利用外商直接投资（万美元）
		X_{29}	固定资产投资（亿元）

港口物流指标的选取要能尽可能准确地反映港口目前的发展水平。近年来，港口集装箱运输体系日趋完善，其高效率、高效益的突出优势为港口物流运输提供了极大的帮助，集装箱运输成为大多数港口物流运输的首要选择，因此将货物吞吐量与集装箱吞吐量纳入衡量港口物流发展水平的指标范畴。同时，生产用码头泊位数在一定程度上体现了港口的发展规模，因此将其作为港口物流发展指标的投入指标。

腹地经济指标的选取要能够体现腹地城市宏观经济发展水平，本文将地区生产总值与地方财政收入纳入指标体系中，因为这二者反映地区经济发展水平的权威性已经得到普遍认可，也得到了广泛运用。同时，腹地经济的三大产业结构状况也能够很好地体现腹地经济的相关特点，因此将第一、第二、第三产业产值作为腹地经济结构指标。腹地经济的贸易指标选取社会消费品零售总额进行表示，在经济全球化的背景下，本文也将进出口总额纳入贸易指标中。腹地经济的投资指标则选用实际利用外商直接投资与固定资产投资进行表示。

3.1.2 有序度模型

各序参量对其相应子系统的有序度可以用功效函数来表示，计算公式如下：

$$X_{ij} = \begin{cases} (x_{ij} - \beta_{ij})/(\alpha_{ij} - \beta_{ij}), & x_{ij}\text{具有正功效} \\ (\alpha_{ij} - x_{ij})/(\alpha_{ij} - \beta_{ij}), & x_{ij}\text{具有负功效} \end{cases} \quad (1)$$

式中，x_{ij} 为序参量，i 代表子系统的个数（$i=1, 2, \cdots, n$），j 代表序参量的个数（$j=1, 2, \cdots, m$）；X_{ij} 为序参量的有序度，$X_{ij} \in (0, 1)$；α_{ij}、β_{ij} 代表序参量的上限值和下限值，由其极值分别放大和缩小 1% 得来（$\beta_{ij} < x_{ij} < \alpha_{ij}$），目的是避免 0 和 1 的出现。

通过线性加权法可以表示各子系统对复合系统的有序度，计算公式如下：

$$X_i = \sum_{j=1}^{m} \mu_{ij} X_{ij}, \quad \sum_{j=1}^{m} \mu_{ij} = 1 \quad (2)$$

式中，X_i 为子系统对复合系统的有序度；μ_{ij} 为序参量的权重。

$$Y_{ij} = x_{ij} / \sum_{i=1}^{n} x_{ij} \quad (3)$$

$$e_j = -k \sum_{i=1}^{n} Y_{ij} \ln(Y_{ij}) \quad (4)$$

$$d_j = 1 - e_j \quad (5)$$

$$\mu_j = d_j / \sum_{j=1}^{m} d_j \quad (6)$$

式中，Y_{ij} 为各序参量的有序度在其相应子系统中所占的比重；e_j 为序参量的信息熵值，其中 $k > 0$，一般令 $k = 1/\ln(n)$；d_j 为序参量之间的差异系数；μ_j 为序参量的权重。

3.1.3 复合系统协同度模型

由于港口物流与腹地经济之间的关系处于动态变化中并且具有不确定性，因此需要以时间变化为基础来构建复合系统协同度模型：

$$Y_t = \sqrt{C \times F} \qquad (7)$$

$$C = 2\sqrt{\left(X_1^t \times X_2^t\right)/\left(X_1^t \times X_2^t\right)^2} \qquad (8)$$

$$F = \left(X_1^t + X_2^t\right)/2 \qquad (9)$$

式中，Y_t 表示处于 t 时刻的复合系统协同度，$Y_t \in (0, 1)$；C 表示处于 t 时刻的复合系统发展水平的组合协调程度；X_1^t、X_2^t 表示处于 t 时刻的两子系统对复合系统的有序度；F 表示处于 t 时刻的复合系统的综合有序水平。

3.1.4 协同度等级划分

通过参考现有文献中对协同度等级的分类标准[10]，本文将结果数据划分成四个等级（表2）。

表 2 港口物流与腹地经济协同等级划分标准

Y_t	(0, 0.5]	(0.5, 0.8]	(0.8, 0.9]	(0.9, 1)
等级	低度协同	中度协同	高度协同	极度协同

3.2 数据来源

在确定相关指标的基础上，考虑到数据的获取及所需样本的基数问题，本文将研究期定为2000～2019年，研究数据主要来源于《福州统计年鉴2020》、《福建省统计年鉴2020》、《中国统计年鉴2020》和《中国港口年鉴》（2011～2020年）。

4 结果与分析

4.1 计算结果

4.1.1 序参量权重

根据选取的指标数据并结合式（3）～式（6）计算出港口物流序参量和腹地

经济序参量的权重，结果见表 3。

表 3　福州港港口物流与腹地经济序参量的权重

港口物流序参量	权重	腹地经济序参量	权重
生产用码头泊位数	0.2936	地区生产总值	0.1335
货物吞吐量	0.3230	地方财政收入	0.0944
集装箱吞吐量	0.3834	第一产业产值	0.1078
		第二产业产值	0.1167
		第三产业产值	0.1511
		进出口总额	0.0556
		社会消费品零售总额	0.1209
		固定资产投资	0.1226
		实际利用外商直接投资	0.0974

4.1.2　序参量及子系统有序度

将表 3 得出的计算结果代入式（2），得出 2010～2019 年福州港口物流系统和腹地经济序参量有序度及两子系统有序度，结果见表 4 和表 5。

表 4　福州港口物流序参量有序度及子系统有序度

年份	序参量有序度			福州港口物流子系统有序度
	生产用码头泊位数	货物吞吐量	集装箱吞吐量	
2010	0.1206	0.0023	0.0028	0.1257
2011	0.1504	0.0370	0.0394	0.2269
2012	0.1803	0.0738	0.0713	0.3253
2013	0.0111	0.1098	0.1008	0.2217
2014	0.0310	0.1555	0.1470	0.3336
2015	0.0609	0.1370	0.1768	0.3747
2016	0.1405	0.1514	0.2223	0.5142
2017	0.2201	0.1569	0.2830	0.6599
2018	0.2400	0.2396	0.3450	0.8246
2019	0.2798	0.3176	0.3768	0.9742

表 5　福州腹地经济序参量有序度及子系统有序度

年份	序参量有序度									福州腹地经济子系统有序度
	地区生产总值	地方财政收入	第一产业产值	第二产业产值	第三产业产值	进出口总额	社会消费品零售总额	固定资产投资	实际利用外商直接投资	
2010	0.0007	0.0006	0.0010	0.0007	0.0006	0.0010	0.0006	0.0006	0.0325	0.0384
2011	0.0130	0.0183	0.0139	0.0130	0.0129	0.0429	0.0120	0.0107	0.0398	0.1764

续表

| 年份 | 序参量有序度 ||||||||| 福州腹地经济子系统有序度 |
	地区生产总值	地方财政收入	第一产业产值	第二产业产值	第三产业产值	进出口总额	社会消费品零售总额	固定资产投资	实际利用外商直接投资	
2012	0.0240	0.0334	0.0279	0.0253	0.0225	0.0277	0.0250	0.0245	0.0446	0.2550
2013	0.0350	0.0510	0.0380	0.0378	0.0324	0.0293	0.0375	0.0397	0.0519	0.3526
2014	0.0464	0.0648	0.0473	0.0494	0.0437	0.0426	0.0505	0.0537	0.0611	0.4597
2015	0.0546	0.0769	0.0486	0.0535	0.0563	0.0372	0.0649	0.0655	0.0715	0.5290
2016	0.0698	0.0863	0.0652	0.0647	0.0749	0.0302	0.0743	0.0737	0.0823	0.6212
2017	0.0913	0.0949	0.0799	0.0797	0.1029	0.0417	0.0883	0.0889	0.0958	0.7634
2018	0.1129	0.1062	0.0933	0.0989	0.1273	0.0540	0.1035	0.1061	0.0006	0.8027
2019	0.1315	0.1032	0.1057	0.1149	0.1490	0.0511	0.1191	0.1208	0.0132	0.9084

4.1.3 子系统协同度

将表4和表5得出的计算结果代入式（7）～式（9），得出2010～2019年两个子系统的综合协同度，并根据表2对协同度进行等级划分，结果见表6和表7。

表6 福州港口物流与腹地经济协同度

年份	协同度	年份	协同度
2010	0.2635	2015	0.6673
2011	0.4473	2016	0.7518
2012	0.5367	2017	0.8425
2013	0.5288	2018	0.8982
2014	0.6258	2019	0.9699

表7 福州港口物流与腹地经济协同度评价结果

年份	协同度等级	年份	协同度等级
2010	低度协同	2015	中度协同
2011	低度协同	2016	中度协同
2012	中度协同	2017	高度协同
2013	中度协同	2018	高度协同
2014	中度协同	2019	极度协同

4.1.4 有序度与协同度变化趋势图

为了能够更为直观地反映福州港口物流子系统与腹地经济子系统之间协同发展程度的变化趋势，在此根据表4～表6绘制两子系统有序度和协同度的变化趋势图,见图 3 和图 4。

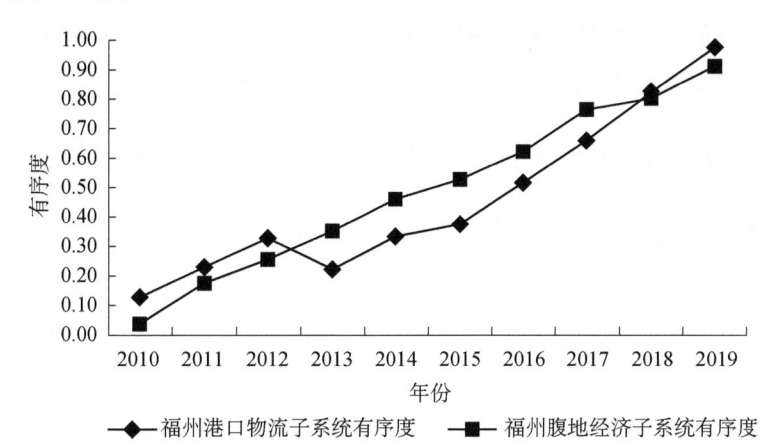

图 3 2010～2019 年福州港口物流子系统与腹地经济子系统有序度变化趋势

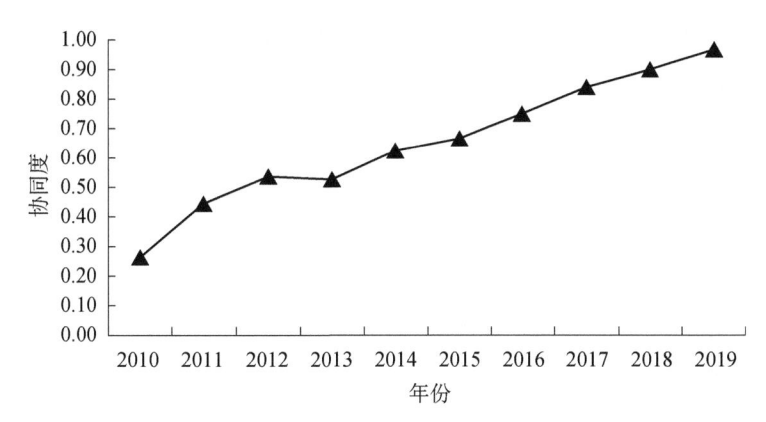

图 4 2010～2019 年福州港口物流子系统与腹地经济子系统协同度变化趋势

4.2 结果分析

4.2.1 序参量权重分析

由表 3 可知,在港口物流方面,集装箱吞吐量的权重最高,说明福州港集装箱吞吐量对福州港口物流的发展影响较大,加之集装箱运输作为当下港口物流的主要运输手段,集装箱运输体系的强化对于港口物流的发展十分关键。生产用码头泊位数的权重最低,2019 年底,福州港的通过能力为 1.33 亿 t,而在 2018 年福州港的吞吐量就已超过 1.4 亿 t,这说明福州港目前的通过能力无法与其快速增长的吞吐量相匹配。

在腹地经济方面,第三产业产值的权重位列第一,说明福州市的经济发展以第三产业为主导。固定资产投资的权重位列第三，说明对福州市而言，经济的增长与固定资产的投资水平有着很高的相关性。社会消费品零售总额的权重位列第四，表明居民消费能力的提高能够较为有效地推动福州市经济的发展。

4.2.2 港口物流子系统与腹地经济子系统有序度分析

结合表 4、表 5 和图 3 可知，2012~2013 年福州港口物流子系统有序度从 0.3253 下降到 0.2217，而福州腹地经济子系统有序度从 0.2550 上升到 0.3526，在整体上呈现为福州港口物流与腹地经济复合系统协同度的下降。这表明，只有当港口物流与腹地经济在同一时期内的发展步调相一致时，这两者间的协同度才会上升。2017~2018 年福州腹地经济子系统有序度的增长速度减缓并且 2018 年起开始低于港口物流子系统有序度，这很可能是由实际利用外商直接投资的有序度下降所导致的，因为在该时期内，福州腹地经济子系统中只有这一序参量的有序度从 0.0958 大幅下降至 0.0006。因此，要想促进福州港口物流子系统与腹地经济子系统两者间的协同发展水平，在这一阶段应该通过提高福州市外资利用水平来推动福州腹地经济子系统有序度的增长。

4.2.3 港口物流子系统与腹地经济子系统协同度分析

从图 4 可以得出，2010~2019 年福州港口物流子系统与腹地经济子系统之间的协同度在整体上表现为上升趋势。结合表 2，在时间上将这个过程划分为四个不同的发展阶段。

第一阶段为低度协同阶段（2010~2011 年）：此阶段，福州港口物流子系统与腹地经济子系统的协同度在 0~0.5。2011 年，《海峡西岸经济区发展规划》的实行加快了福州市建设海峡西岸经济区的步伐，促进了福州市经济的增长和经济结构的优化升级。较快增长的经济能够为港口物流的发展奠定坚实的基础。因此，虽然在这一阶段福州港口物流子系统与腹地经济子系统的协同发展水平不高但增长速度较快。

第二阶段为中度协同阶段（2012~2016 年）：此阶段，福州港口物流子系统与腹地经济子系统的协同度在 0.5~0.8。2014 年，福州市首条疏港铁路的开通在很大程度上提高了福州港口物流的效率，同时也拓宽了福州港口物流的辐射范围。2015 年，"一带一路"倡议明确提出加强福州等沿海城市港口建设。同年，福州新区的设立进一步推进了福州市经济的发展。在这一阶段内，福州港口物流和腹地经济因相关政策的实施而快速发展，两者间的互动联系增多，因而协同度有了明显的提升。

　　第三阶段为高度协同阶段（2017~2018年）：此阶段，福州港口物流子系统与腹地经济子系统的协同度依旧处于增长状态但速度有所减缓，两者间的协同度较高，在0.8~0.9，这也说明福州港口物流与腹地经济间的关系开始趋于稳定。2017年，福州港与马六甲海港签订协议结为友好港口，双方间的信息、技术交流、运输往来都有助于福州港口物流的进一步发展。2018年，福州市被纳入海洋经济发展示范地区，这一政策的实施有效拉动了福州市经济的增长，也增大了福州市对港口物流的需求。这一阶段，福州港口物流与腹地经济的发展都在被有条不紊地推进并且两者的发展步调趋于一致。

　　第四阶段为极度协同阶段（2019年）：此阶段，福州港口物流子系统与腹地经济子系统的协同度为0.9699，两者间的协同发展程度已达到研究期内的最高水平。2019年，福州市提出加快"三个福州"的建设，保证了福州市经济和福州港口物流的稳定发展。随着福州港口物流与腹地经济的良性互动日渐增多，两子系统的协同度达到极度协同水平。

5　结论与建议

5.1　研究结论

　　本文将福州港口物流与腹地经济划分成两个子系统并选取具有代表性的指标，结合有序度模型和协同度模型来分析福州港口物流与腹地经济间的协同度。研究结果表明，从2010~2019年的协同变化趋势来看，福州港口物流与腹地经济间的协同发展水平总体呈现上升趋势，对两者间的协同度进行划分，其结果在时间维度上可以分为四个发展阶段，即从2010年开始由低度、中度向高度发展并最终在2019年进入极度协同阶段。

　　本文通过建立评价指标体系，并由此得出相关权重及综合协同度值，由分析结果可得：福州港口物流与腹地经济间存在协同关系，二者相互促进、共同发展，主要表现在以下两个方面。

　　从腹地经济角度看，自21世纪以后，福州市的经济发展得到了显著提升，各类新兴产业逐渐成为福州市经济发展的关键，依靠产业转型升级，福州市的经济不断向高质量发展迈进。由分析的结果可以看出，在2010年以后，特别是从2015年开始，福州港口物流子系统与腹地经济子系统的协调度相比于往年上升的趋势更加明显，这是由于相关政策的实施，即在"一带一路"建设与"福州新区"的支撑下，福州市的经济发展更加迅速。随着福州市经济的持续发展，其城市首位度不断提升，城市开放度也随之提高，福州市与各地的经济贸易更趋频繁，于是便需要便利的交通枢纽。由于水路运输具有较为便利且价格较为低廉等优点，各地间的经济往来常会借助港口进行，因此港口物流的相关基础设施、服务水平和配套功能等，均会受到货物种类、运输需求等的影响而得到进一步的完善、升级，再加上港口物流与各类先进产业、新兴产业的结合，港口物流的科学发展规划得到保障和指引，港口的竞争力得到提升，并由此促进港口的发展建设。

从港口物流的角度来看，自2011年宁德港并入福州港后，福州港迎来了前所未有的发展机遇，并且在相关政策的支持下，福州港的建设尤为迅速。货物吞吐量和集装箱吞吐量是衡量一个港口发展建设的重要性指标，通过分析结果可以看出，货物吞吐量与集装箱吞吐量的权重较高，对于协同度的变化存在较大的影响。为此，在福州市的经济发展过程中，福州港的建设尤为关键。港口的不断建设在一定程度上提高了城市的物流运输能力，加快了各类生产要素的流动，再加上港口对相关上下游产业的吸引，产业集聚效应，更多技术与经验的引入优化了产业结构，同时随着港口地位的提升，腹地城市对外来资源与技术等的吸引力也不断加强，为城市经济的高效发展提供了推动力。

5.2 对策建议

5.2.1 合理规划建设港口，加快深水港建设

通过对港口物流序参量权重的分析可知，集装箱吞吐量对于港口物流的发展至关重要。集装箱吞吐量与港口的泊位存在一定的关系。虽然目前福州港拥有一定数量的泊位，但一些重要类型的泊位占比较少，尤其是一些能够容纳大型集装箱运输的深水泊位较少。集装箱运输需要更大的船舶作为基础，作为承担运输船舶停靠的港口也应向大型化方向发展，即往大型深水港的方向进行建设。若港口仍保持现状而无法适应大型化的发展变化，则将缺乏竞争优势，其枢纽地位也会随之降低，从而对城市的经济发展带来一定的影响。另外，在经济全球化的背景

下，全球对货物进出口的需求不断增加，这也使得港口物流对深水港的需求日益增大。

2021年发布的福建强省会战略及"3820"战略工程①均提到了以福州国际深水大港建设为中心，进一步加强福州港建设，提升福州港的地位。为此，福州港必须把握好发展时机，进行科学合理的规划建设，特别是加快深水港建设。深水港的建设不仅有利于福州港开设更多的国际航线，而且能在一定程度上提升福州港的港口枢纽地位，进一步增强福州港的竞争优势，从而加强福州市与世界各地的经济贸易联系，促进福州市的经济发展。

5.2.2 推动港口产业转型升级，加强创新发展

通过对腹地经济序参量权重的分析可知，三大产业对福州市的经济都存在一定的影响，尤其是第三产业。随着信息时代的不断发展，第三产业逐渐成为福州市经济发展的关键。这也迫使许多产业开始转型升级，以适应信息时代的产业发展新环境。因此，推动港口产业转型升级是目前福州港发展建设的重点。对此，相关部门可制定针对性的创新发展措施，科学调整港口产业结构，在产业与港口协同关系的基础上进一步完善临港产业区的规划建设，不断加强与国内外各地的产业交流，在增强福州港口物流与福州市的互动关系的同时，实现港口物流与腹地经济的协同发展。

特别是在"数字福州"建设与"海上福州"规划的背景下，临港产业区可将临港工业与数字电子平台相结合，促进港口物流资源的流动与利用。同时，相关产业还应增强自身产业特色，拓展不同产业类型，避免产业发展出现单一化、同一化的局面，充分利用产业集群的优势，在相关政策的扶持下，合理规划临港产业的结构与布局，从而促进港口发展，使其成为城市经济发展的新兴力量，进而提高福州港口物流与腹地经济间的协同发展。

5.2.3 提升港口优势地位，建设模范港口

根据前文的分析结果可得，福州市港口物流与腹地经济发展存在协同关系，即福州港的物流发展水平在很大程度上也会影响福州市的经济发展。在福建省内，福州港需要与厦门港、泉州港等竞争；在沿海港口中，福州港还要与周边的

---

① "3820"战略工程即《福州市20年经济社会发展战略设想》，具体参见：http://www.fuzhou.gov.cn/zwgk/gzdt/rcyw/202205/t20220519_4364544.htm。

长三角港口群、珠三角港口群等竞争，福州港在一众港口中并没有明显的优势[11]。为提升在全国的地位，福州港应明确港口发展定位，通过科学合理的建设，有效进行港口资源配置，以达到港口发展效益最大化，提升港口优势地位，打造福州港的模范形象，建设模范港口。除此之外，还应完善港口基础设施建设，吸引更多资源进入，推动港口不断优化，完善港口发展过程中的不足之处，从而提升港口的整体形象，使福州港的竞争力得到进一步提升，并通过港口的辐射带动作用来提升福州市的综合发展实力，推动福州市的经济发展。

5.2.4 加强港口数字化建设，实现"数字港口"

数字化建设已成为当前港口建设的主要方向，即"数字港口"建设。"数字港口"是将3S[①]、物联网、大数据等技术运用在港口中，从而有效提升港口流通效率。

早在2019年，福州市产业发展促进大会提出的"三个福州"理念对于港口物流的数字化发展具有重要指导意义，借助"数字福州"的建设成果，将"互联网+港口"的模式应用于福州港口物流，即将物联网、大数据、人工智能、5G等信息技术综合运用于港口物流中，提升船舶运输、港口作业等相关产业的智能化和信息化水平，改变福州港口物流的传统运行模式，提高港口抵御各种风险的能力，为实现福州港口物流与腹地经济间的协同发展提供信息技术上的支持。因此，福州港应继续加强港口数字化建设，为实现"数字港口"的目标制定科学、合理的措施，从而带动福州市的经济发展。

参考文献

[1] Seabrooke W. Forecasting cargo growth and regional role of the port of Hong Kong[J]. Journal of Transport Geography，2002（1）：51-64.

[2] Zhang W B. Economic geography and transportation conditions with endogenous time distribution amongst work，travel，and leisure[J]. Journal of Transport Geography，2007，15（6）：476-493.

[3] 朱文涛. 港口物流对经济增长的作用分析——以苏州港为例[J]. 中国商贸，2010（23）：131-132.

---

① 3S：遥感（remote sensing，RS）、全球定位系统（global position system，GPS）和地理信息系统（geographic information system，GIS）。

［4］吕青，唐秋生. 港口物流与区域经济协同发展研究[J]. 水运工程，2012（4）：67-70.

［5］沈秦伟，韩增林，郭建科. 港口物流与城市经济增长的关系研究——以大连为例[J]. 地理与地理信息科学，2013，29（1）：69-73.

［6］王斌. 青岛港物流与青岛市经济的协同发展研究[J]. 物流技术，2014，33（21）：327-330.

［7］温文华. 港口与城市协同发展机理研究[D]. 大连：大连海事大学，2016.

［8］刘佳佳. 基于主成分分析的港口物流与城市经济协调发展研究——以广州市为例[J]. 物流工程与管理，2020，42（3）：22-23，3.

［9］刘炳城. 福州港与区域经济互动发展研究[D]. 武汉：武汉理工大学，2019.

［10］曹炳汝，樊鑫. 港口物流与腹地经济协同发展研究——以太仓港为例[J]. 地理与地理信息科学，2019，35（5）：126-132.

［11］朱娜娜. 新形势下福州港发展的SWOT分析[J]. 物流工程与管理，2014，36（11）：22-24.

Study on the Coordinated Development of Fuzhou Port Logistics and Hinterland Economy

Cao Bingyao[1], Zhao Chenxi[1], Lin Wanqiang[1], Ye Qing[1]

（1. School of Geography and Oceanography，Minjiang University，Fuzhou 350108，China）

Abstract In 2021，the strategy of strengthening the provincial capital of Fujian clearly proposes to support the construction of Fuzhou Port and promote the joint development of the port，industry and the city. In order to further understand the interactive relationship between the Fuzhou port logistics and the economy of Fuzhou，this paper uses the degree of orderliness model and the composite system synergy model to calculate the relevant index data from 2010 to 2019，and obtains the degree of synergy between the port logistics and the hinterland economy. The results show that during the study period，the level of coordinated development between Fuzhou port logistics and Fuzhou's economy has increased year by year，and it has shown four development characteristics in the time dimension.

Keywords Port logistics；Hinterland economy；Collaborative development

城市舒适性视角下中国选秀歌手的空间分布及其影响因子研究

——以某选秀节目选手为例

陈燚菲　何金廖　张　旭

摘　要　音乐人才对促进城市文化创意产业发展和文化软实力建设具有重要作用。本文从城市舒适性（urban amenities）视角出发，以某选秀节目选手为研究案例，采用核密度分析、基尼系数分析、社会网络分析和负二项回归模型对中国选秀歌手的空间分布及其驱动因子进行定量分析。结果表明：①中国选秀歌手的空间分布存在明显的集聚指向，呈现从出生地、学习地到现居地集聚性逐渐增强的趋势；②东北和川渝等的偏远少数民族地区是中国选秀歌手的主要迁出地，北京、成都、武汉等大都市地区是学习迁移的主要迁入地，而北京则是居住迁移的超强核心；③城市舒适性对中国选秀歌手的空间集聚具有较强的解释力，商服舒适性（录音棚数量）、教育舒适性（市民受教育水平）和文化舒适性（文化旅游资源）是城市吸引选秀歌手集聚的核心因素；④相比于城市舒适性因子，经济机会因子对选秀歌手的影响并不显著，舒适性等城市"软"实力对区域专业人才引进的重要性逐渐增强。本文为揭示中国选秀歌手空间分布与驱动机制提供了重要参考依据。

关键词　创意产业；人才迁移；城市舒适性；选秀歌手

作者简介：陈燚菲，华东师范大学城市与区域科学学院硕士研究生；何金廖，华东师范大学中国现代城市研究中心研究员，城市发展研究院研究员，博士研究生导师；张旭，武汉理工大学资源与环境工程学院副教授。

基金项目：国家自然科学基金项目（42171214）。

1 引言

音乐人才在促进城市文化产业发展、塑造地方性音乐景观、丰富民众精神文化生活等方面具有重要作用。2015 年 12 月，国家新闻出版广电总局发布《关于大力推进我国音乐产业发展的若干意见》，标志着我国将音乐产业发展提升至国家层面。2020 年，我国音乐产业规模达到 4000 亿元，音乐产业已成为我国文化领域拉动内需、促进就业、推进国民经济增长转型升级的重要引擎之一[1]。其中，音乐选秀节目作为流行音乐传播的重要媒介，对中国音乐产业和流行音乐文化的发展起到巨大的推动作用[2]。1984 年举办的"全国青年歌手电视大奖赛"是中国音乐选秀的雏形，参赛选手以学院派的专业选手为主；2004 年"超级女声"节目开启了电视"草根"歌手选秀的先河，比赛曲目以通俗流行唱法为主，参赛选手扩展到非专业的音乐爱好者；后来，某选秀节目采用"盲选"的选拔形式，进一步强化了节目的"草根性"，将中国音乐选秀推上高峰。选秀歌手来自民间的各行各业，部分选秀歌手甚至没有经过专业的音乐培训，具有很强的"草根性"。选手的"草根"身份引起观众共鸣，赋予节目更强的大众影响力，使其成为研究大众文化的典型样本。音乐选秀一方面通过歌手不断创作音乐作品和举办现场演出为地方经济带来直接收益，另一方面借助现代数字技术平台、广告营销、综艺类节目等方式发展音乐衍生经济，间接助推粉丝经济、流量经济等新经济爆发式增长[1,2]。在此背景下，研究中国选秀歌手的空间分布对于助力城市流行音乐产业发展和人才培养具有重要的指导意义。

近年来，创意人才的地理集聚和空间流动机理已经成为国内外城市-经济地理领域研究的热点，相关成果日趋丰富[3,4]。已有研究一方面探讨了不同职业类型的创意人才在空间偏好方面存在的异质性[5,6]，指出技术型创意工作者与文化类创意工作者之间在空间偏好方面存在明显的差异，前者更倾向于选择宁静的新城环境，而后者更喜欢人流量较高的老城和旅游街区[7]。另一方面，部分研究从城市舒适性理论出发对创意人才的空间分布进行解释。不同于新古典迁移理论对经济机会的强调，城市舒适性理论更关注非经济要素的影响。其中，自然环境[8]、商服设施[9]、交通便利性[10]等自然和人工舒适性对西方国家创意阶层区位选择的作用基本得到认可。然而教育舒适性[11]、文化基础设施[4]对我国创意阶层区位选择的吸引力更为突出。

通过梳理文献，既有研究主要存在以下不足：首先，已有文献多认为经济机会是塑造中国人才分布格局的主要驱动力[12]，对比经济机会和城市舒适性对中国创意人才分布驱动力强弱的文献相对较少；其次，以往研究对创意人才的关注集中于科研工作者、高校毕业生等技术型人才，极少关注选秀歌手等文化艺术型人才。基于以上认识，本文从城市舒适性理论出发，以2012～2021年某选秀节目选手为例，构建中国选秀歌手的城市舒适性指标体系和负二项回归分析模型，从商服舒适性、文化舒适性、教育舒适性、公共服务、人居环境和经济机会6个方面对中国选秀歌手的空间分布及其影响因子进行深入剖析，试图揭示中国选秀歌手的空间偏好、动机与驱动机制，以期为中国城市音乐产业发展提供建议。

2 文献综述

2.1 创意人才空间分布研究

在知识经济时代，创意人才作为一种特殊的人力资本，通过产出新的知识、技术以及创意产品参与地区经济活动，是推动创意产业发展的核心动力和重要主体[13]。美国经济地理学家Florida最早提出了创意阶层（creative class）的概念，指出相比于普通劳动力，创意人才具有更高的生活环境要求、多样化的消费需求和高流动性等特征[9]。因此，创意人才往往集中分布在少数舒适性较高（如具有包容的文化和特色鲜明的商服设施）的城市[14,15]。基于此，Florida进一步提出了"3T"（technology，talent and tolerance）模型，强调科技、人才和包容的社会环境对创意经济发展的重要作用[9]。类似地，Clifton、Glaeser提出"3S"（skill，sun and sprawl）理论，强调地方品质（quality of place）对于创意阶层的重要意义，如阳光地带（sunbelt）是吸引创意阶层的一个重要因素[16,17]。Scott提出创意场域（creative field）的概念，认为体现集体记忆的场所、激发灵感的景观、休闲娱乐空间等6方面要素构成城市创意空间从而吸引着创意工作者[8]。

基于以上理论，国内外学者展开了围绕人才空间分布的实证研究，主要聚焦于两个方面。一是人才空间分布的影响因素及影响机理。新古典迁移理论认为迁移是个人理性计算经济成本收益的结果[11]。然而后工业化时代背景下，非经济要素对人才迁移决策的影响逐渐凸显[17]。西方学者的研究表明，人才选择居住地时，不仅关注潜在的工作机会和经济收益，也关注消费、气候、服务等地方生活质量因素[16,17]，以及城市包容性、开放性[9]和特定的地理区位[18,19]等非经济因素。国内研究则更多地强调地缘社会关系[20]、住房价格[21]、教育资源[22]、制度环境[23]等因素对人才迁移的影响，指出地方政府应充分发挥政策引导作用，从落户安居政策、地方高校建设等层面助推人才引流。二是不同类型的人才群体迁移的空间偏好分异。随着人才地理学的发展，针对不同群体的研究趋于丰富[24]，涉及古代状元[25]、女性人才[26]、企业家[27]、顶尖学术人才[11,12,20]、艺术创意人才[4-6]等群体。目前，国外对艺术创意人才的研究相对丰富。Markusen 探讨了创意部门的异质性，发现影响艺术家群体和科研工作者迁移行为的因素存在差异[5]。Hracs 等在对多伦多和哈利法克斯两个城市的比较研究中发现，草根音乐家倾向于选择生活成本更低、知识交换更便利的哈利法克斯而非经济更发达的多伦多[28]。国内创意人才流动研究则集中在科研型人才，对艺术创意人才研究较少。已有研究表明，我国艺术创意人才流动的社会环境和文化语境有别于西方发达国家的理论认知[4]。鉴于此，有必要深入了解我国艺术创意人才迁移的影响机制，为优化区域人才政策、助推城市文化产业发展提供理论支撑。

2.2 城市舒适性视角下的选秀歌手空间分布

在知识经济时代，创意人才具有更强的流动性和自主性以及更高层次的对生活品质的需求，因此在解释创意人才空间分布和影响因素时需要更加包容的研究视角。城市舒适性理论是西方发达国家进入知识经济时代后提出的一种面向需求和高品质生活的城市发展理论，自 20 世纪 50 年代首次提出以来，已经成为后工业化城市发展中分析人才迁移现象的一个重要理论框架。不同于古典经济学模型对经济机会的强调，城市舒适性理论更关注非经济要素的影响，强调城市对人的内心感受和精神需求的满足能力，如是否存在美丽的景观、著名的文化遗产、丰富的文娱活动、包容的社会氛围和宜人的气候等[4]。

从城市舒适性的概念上看，Ullman 将其定义为愉悦的生活条件，认为舒适性是造成美国各地区人口迁入率不同的主要原因[29]。从内容上看，早期的学者主要把舒适性理解为令人愉悦的自然环境，如气候、绿地等。然而仅有自然舒适性，往往只能吸引退休人群，不足以吸引更广泛的年龄群体[30]。因此，相关学者进一步对城市舒适性进行分类，以揭示不同群体和阶层对舒适性类型的偏好。Clark把城市舒适性分成4类：①自然舒适性（气温、水域、日照等）；②人工舒适性（咖啡店、食品店、歌剧院、公共交通等）；③社会构成（教育水平、居民构成等）；④居民的价值观（宽容性、是否友好等）[31]。其中，气候[8]、文娱设施[9]、交通便利性[10]等自然和人工舒适物对西方国家创意阶层区位选择的作用基本得到了认可。随着中国城市化进程的推进，国内学者开始将舒适性理论引入人才迁移研究。温婷等从理论框架上梳理舒适性的历史内涵，并将其分解为健康需求、自我发展需求、休闲需求和社会氛围需求4个方面[32]。马凌等将城市舒适性分解为自然、文化、卫生服务、商业服务、交通和社会6个方面，并指出商业舒适性和交通便利性是影响中国城市人口集聚的最重要因素[30]。其他学者基于舒适性理论对设计师[4]、毕业生[24]等创意人才迁移进行实证分析，研究结果表明中西方城市舒适性的内容呈现出部分差异，如中国人才流动看重物质消费、文化设施和交通便利程度，对自然环境和社会氛围的重视不如西方国家，此外人才类型的不同也导致了舒适性内容的差异[30, 33]。

　　基于以上认识，本文认为在特殊的自然地理环境和历史文化背景下，不同国家的人才对居住环境的需求可能存在差异，导致城市舒适性具体内容的变化，人才的不同职业属性则进一步加剧了分异。因此，有必要根据人才的职业属性对城市舒适性内容进行合理解构。

　　选秀歌手是电视媒介时代诞生的新型创意人才，属于Florida创意阶层分类中的超级创意核心（super creative core），具有如下特殊性。①高流动性。选秀歌手需要在不同场所、城市和国家开展商业演出和衍生活动，具有灵活的工作时间与工作地点，因此其空间分布可能不同于传统职业群体；②"草根性"。与成熟歌手相比，选秀歌手大多不具有专业学院背景。例如，某选秀节目节目将策划上的"平民化"作为其市场化的关键环节，注重平民选拔和大众性，通过挖掘选手的励志经历引起观众共鸣，节目选手具有很强的"草根性"。已有研究表明，城市中音乐场景（music scenes）（如录音棚、酒吧等）的性质和数量影响着"草根"歌手内部的社会融合和工作环境的质量[34]。城市音乐场景一方面作为消费空间，为"草根"歌手提供专业服务、娱乐休闲和社交场所，另一方面作为生产空间，为"草根"歌手提供展演场所和工作机会[6, 34]。因此，本文在城市舒适性理论的基础上结合选秀歌手的特殊性，认为影响选秀歌手流动的舒适性应包括商服舒适性、文化舒适性、教育舒适性、公共服务和人居环境5个方面，其中商服舒适性应考虑酒吧数量、录音棚数量等音乐场景指标。此外，本文将经济机会因子纳入指标体系，与城市舒适性因子作对比分析。

3 数据来源与研究方法

3.1 数据来源

本文选择2012~2021年某选秀节目入围选手作为研究对象。选手须经过4轮海选（区、市、省、全国），全部通过者才有机会参加电视总决赛。因此，将其节目入围选手作为中国选秀歌手群体的代表具有合理性。本文基于节目官方网站、选手社交媒体账号和百度百科对2012~2021年共584名入围选手的个人信息进行收集与整理，涉及选手姓名、性别、参赛时间、出生地、音乐学习地、现居地等。剔除部分信息不全数据，共得到393名选手的完整背景信息。

舒适性因子数据主要来源于《中国城市统计年鉴2020》和各城市统计公报。全国重点文物保护单位数量来源于国家文物局网站（ncha.gov.cn），录音棚数量和酒吧数量来源于高德地图开放平台POI数据。1月平均气温来源于国家气象信息中心。此外，回归分析时考虑到数据可得性排除了港澳台地区和自治州数据。

3.2 研究方法

3.2.1 核密度分析

核密度（kernel）估计是对样本点数据进行密度估计，用于点要素空间分布特征的可视化分析。搜索区域内离格网搜寻中心较近的点权重较高，较远的点权重较低，核密度值越大表明点数据分布越集中。其结果可以直观地反映样本点在研究区域内的集聚与分散情况[35]。本文采用核密度估计，将选秀歌手出生地、音乐学习地和现居地抽象为点要素，分析选秀歌手不同成长阶段的空间集聚特征，具体公式如下：

$$f(x) = \sum_{i=1}^{n} K\left[(x-x_i)/h\right]/(nh^d) \quad (1)$$

式中，$K\left[(x-x_i)/h\right]$ 为核密度函数；h 为搜索半径；n 为搜索半径内点数据的数量；d 为数据的维数。

3.2.2 基尼系数分析

区位基尼系数（Gini coefficient）用于衡量地理指标的空间不平等程度，若地理要素在地理空间分布上集中在一个或少数区域，则基尼系数越接近于 1，分布上越分散则越接近于 0。本文采用区位基尼系数，测度选秀歌手出生地、音乐学习地和现居地的空间集聚水平，具体公式如下：

$$G_i = \sum_t \sum_k |x_{it}/X_i - x_{ik}/X_i|/2N^2\delta \quad (2)$$

式中，x_{it} 和 x_{ik} 为处于 i 阶段的选秀歌手在城市 t 和 k 的总人数；X_i 为选秀歌手在所有城市分布人数的总和；N 为样本涉及城市的总数；δ 为处于 i 阶段的选秀歌手在各城市分布人数比例的均值。

3.2.3 社会网络分析

本文采用社会网络分析中的出度、入度指标分析选秀歌手城际迁移轨迹的特征。由于选秀歌手的城际迁移网络属于加权有向网络，城市节点 i 的入度表示所有迁往该城市的选秀歌手数量之和，出度表示所有由该城市迁往其他城市的选秀歌手数量之和[36]，具体公式如下：

$$\text{Wd}(i)_{\text{in}} = \sum_j w_{ji} \quad (3)$$

$$\text{Wd}(i)_{\text{out}} = \sum_j w_{ij} \quad (4)$$

式中，w_{ji} 为网络中由城市节点 j 指向节点 i 的人才迁移数量；w_{ij} 为网络中由城市节点 i 指向节点 j 的人才迁移数量；$\text{Wd}(i)_{\text{in}}$ 为城市节点 i 的入度；$\text{Wd}(i)_{\text{out}}$ 为城市节点 i 的出度。

3.2.4 负二项回归

为了揭示中国选秀歌手空间分布的影响因子，本文采用负二项回归模型进行分析。被解释变量为迁入各城市居住的选秀歌手数量，为非零正整数计数数据，适用于泊松回归或负二项回归。由于本文所使用的数据因变量方差和期望存在过度离散现象，因此采用负二项回归模型研究选秀歌手迁移的影响因素。模型的设定如下：

$$\ln \hat{y}_i = \ln k_i + \text{offset}_i + \beta_0 + \beta_1 x_1 + \cdots + \beta_i x_i \tag{5}$$

式中，$\hat{y}_i$ 表示 i 城市的选秀歌手数量，服从泊松分布；k_i 是过度离散的程度，服从均值为 0，方差为 α 的 Gamma 分布，当 α 趋近于 0 时，负二项回归模型退化为泊松模型；β_0 为方程的常数；offset_i 为模型中引入的抵消项；β_i 是系数；x_i 是自变量。

4 某选秀节目选手空间分布格局

4.1 空间分布特征

通过核密度分析和区位基尼系数发现某选秀节目选手的空间分布存在明显的集聚指向，集聚程度随选手空间流动逐步增强（图1，见彩图8）。出生地、音乐学习地、现居地的区位基尼系数分别为 0.47、0.65、0.71，均高于 0.4，表明选手在地理空间上呈现非均衡分布。音乐学习地和现居地的基尼系数均高于 0.6，且数值递增，表明选手的空间流动进一步加剧了地理空间的非均衡分布，最终导致居住地选择高度集中（0.71）。选手空间分布过程呈现出相对分散—相对集聚—高度集聚的特征。

首先，选手的出生地相对集中在长江流域地区（32.05%）、东北片区（10.18%）和北京片区（3.56%）。其中，长江上游地区呈现出高值集聚（12.21%），成都占比最高，为 4.58%，重庆占比为 2.54%，凉山彝族自治州占比为 1.27%；中游地区（11.70%）以武汉和长沙为核心，占比分别为 4.58%、1.78%，下游地区（8.14%）以上海为核心，占比为 2.29%。东北片区和北京片区也是重要的音乐人才来源地，东北片区中哈尔滨、沈阳、吉林、长春、延边共占比为 10.18%，北京片区中北京和天津共占 3.56%。究其缘由，由于移民文化和地方方言的影响，以川渝为核心的长江上游地区的民间音乐丰富多彩[37]。北方方言长期以来作为官话通行全国，对声乐作品传播和传统表演艺术具有不可忽视的影响[38]。

(a) 出生地分布

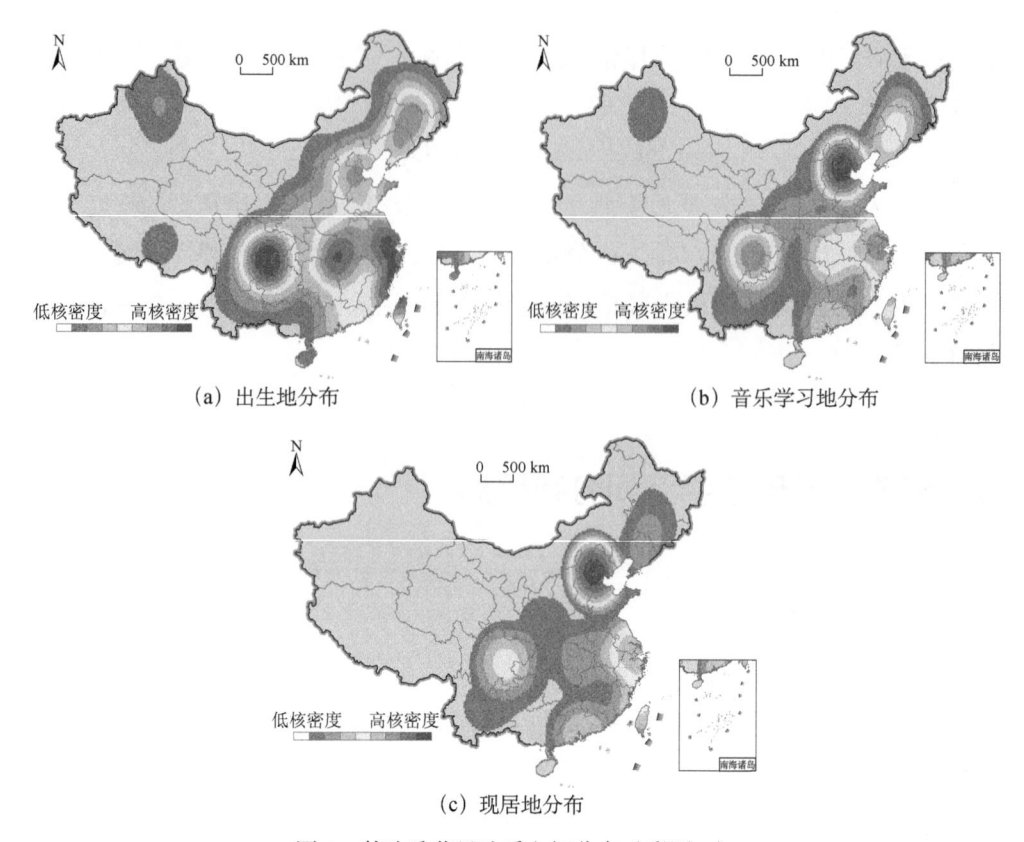

(b) 音乐学习地分布

(c) 现居地分布

图1　某选秀节目选手空间分布（彩图8）

其次，选手的音乐学习地相较于出生地有更强的集聚性。主要分布在北京（15.52%）、成都（10.18%）、武汉（6.11%）及长三角省会（10.43%）等大城市。这一方面可能与高等院校分布相关，如北京聚集了中央音乐学院、中国音乐学院等多所知名音乐专业院校，成都设有四川音乐学院，武汉设有武汉音乐学院等。另一方面也可能与城市音乐氛围和音乐场景相关，如成都集聚了中国最多的livehouse（现场音乐场所），其地方说唱音乐社团"CDC成都集团"是国内说唱音乐的代表性厂牌之一，音乐活动、歌手社群和音乐场景的存在构成了城市音乐氛围，为歌手间的社交和学习提供更多机会。

最后，选手现居地分布的集聚性最强，进一步集聚在北京。共122名选手选择居住在北京，占总数的31.04%，而列居第二、第三位的上海和成都仅占8.40%、7.12%。其原因可能与城市的舒适性、工作机会及城市经济专业化水平相关。Boren和Young的研究表明，音乐家倾向于选择高度匹配其职业需求的经济专业化城市作为居住地[6]。北京作为首都，是多家知名传媒公司所在地，聚集了华纳音乐、环球唱片等多家音乐公司总部。此外，北京、上海和成都等城市文化旅游发展水平高，休闲娱乐生活丰富，能够满足歌手多样化的审美需求，为其提供创作灵感。

4.2 城际迁移特征

图 2～图 4 分别展示了某选秀节目选手在音乐学习地与现居地的迁移分布及轨迹①。

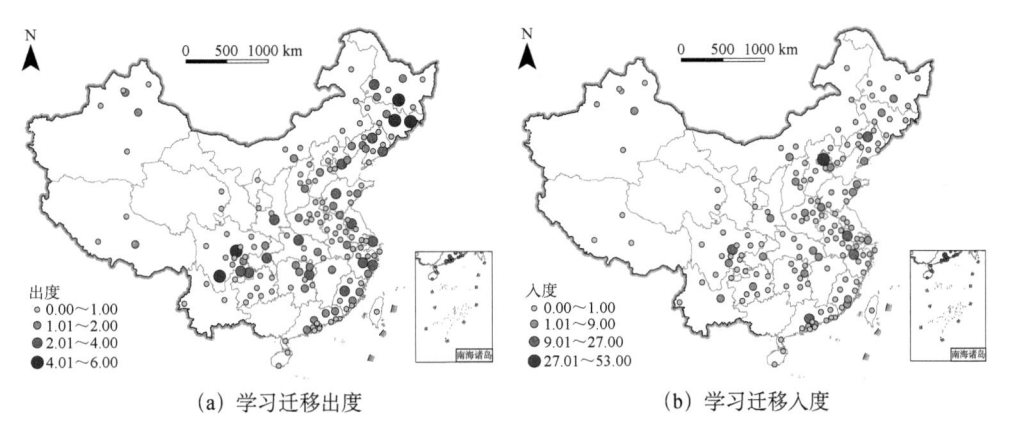

(a) 学习迁移出度　　　　　(b) 学习迁移入度

图 2　学习迁移出入度分布

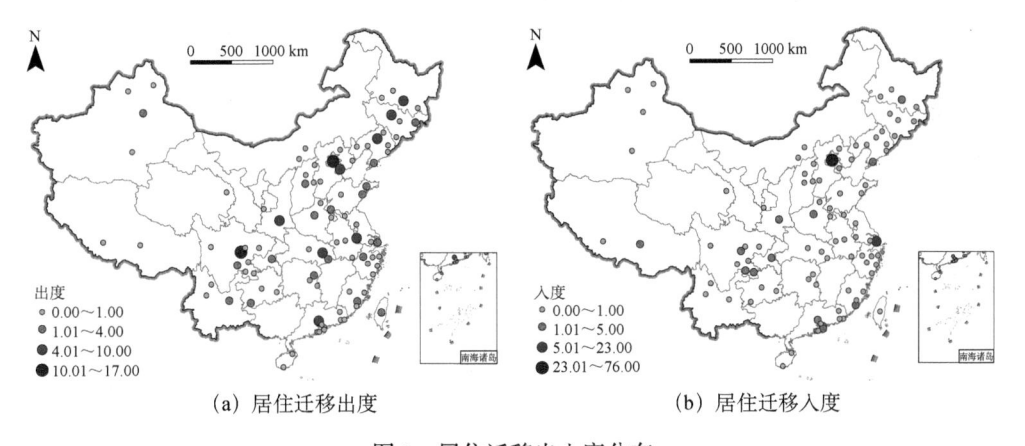

(a) 居住迁移出度　　　　　(b) 居住迁移入度

图 3　居住迁移出入度分布

---

① 选手由出生地流向音乐学习地为学习迁移，由音乐学习地流向现居地为居住迁移。

(a) 学习迁移　　　　　　　　　　(b) 居住迁移

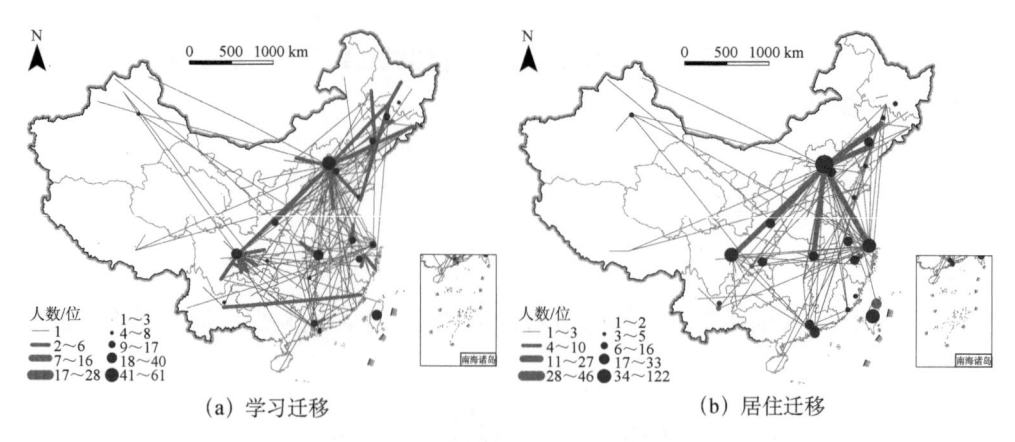

图 4　某选秀节目选手城际迁移轨迹

图中线表示选手在两地间发生了迁移，线条粗细表示迁移人数（进行迁移行为的人数）；点表示在该地进行学习（或居住）的选手总人数（迁移行为的结果）

首先，学习迁移轨迹表现出明显的由分散到集中的过程，迁出城市分布较分散，迁入城市相对集聚。其中，出度最高的城市分布在东北地区及中西部地区，包括哈尔滨、延边朝鲜族自治州、凉山彝族自治州等少数民族较为集中的地区；入度高的城市节点则分布在北京、成都等大城市地区（表1）。这一现象一方面展示中国选秀歌手的集聚流动趋势，出生于偏远地区的选秀歌手为满足其专业学习需求，从经济相对落后及音乐教育资源匮乏地区流向经济较发达的高等院校所在城市。另一方面也表明东北、川渝地区有着良好的地方音乐传统，是中国选秀歌手的主要发源地。

表 1　迁移出入度前十城市

排序	学习迁移		居住迁移	
	出度	入度	出度	入度
1	哈尔滨（6）	北京（53）	成都（17）	北京（76）
2	延边朝鲜族自治州（6）	成都（27）	北京（15）	上海（23）
3	凉山彝族自治州（5）	杭州（13）	沈阳（10）	成都（5）
4	吉林（5）	广州（12）	武汉（9）	广州（5）
5	成都（5）	南京（12）	长春（9）	深圳（5）
6	台州（4）	沈阳（11）	哈尔滨（7）	重庆（4）
7	沈阳（4）	天津（9）	南京（6）	哈尔滨（3）
8	泸州（4）	上海（8）	天津（6）	西安（3）
9	济南（4）	武汉（8）	广州（6）	厦门（3）
10	重庆（4）	长春（8）	西安（6）	大连（2）

注：括号内数字表示各城市出度和入度的具体数值

其次，居住迁移轨迹的集中趋势更为显著，其中出度高的城市主要为成都、北京、沈阳等地，这些城市往往也是多所高校所在地；入度高的城市则更加集聚在北京和上海等一线城市，且首位度非常明显，来源于成都、武汉、上海等城市的选秀歌手相当一部分都流向北京，表明北京是中国选秀歌手定居迁移的中心城市。此外，也有部分选秀歌手未发生城际居住迁移，即留在音乐学习地发展，其中北京、成都两地人才黏滞性最强，黏滞率（未迁出比率）分别为12%和6%。

最后，值得注意的是部分城市尽管是学习迁移的目的地，但很难留住选秀歌手长久定居，如南京、沈阳、武汉、天津和长春等城市，这些城市在学习迁移入度排名及居住迁移出度排名均进入前十，但居住迁移入度排名靠后（表1）。这表明，大量选秀歌手选择在该地学习音乐，但完成学业后迁出，这些拥有知名音乐专业院校的城市尽管吸引初学者前往求学，但可能受限于当地劳动力市场规模小、成熟企业少和音乐产业缺乏创新等因素，导致其对接受过音乐教育的成熟歌手吸收能力有限。

总之，无论是学习迁移还是居住迁移，选秀歌手的城际迁移轨迹都表现出明显的从偏远地区向大城市集中的趋势，其中学习迁移主要从具有良好的地方音乐传统的少数民族地区（如东北和川渝地区）向高校集中的城市集聚，而居住迁移进一步加剧了中国选秀歌手的集中趋势，以北京为中心的一线城市是中国选秀歌手定居的主要目的地。

5　某选秀节目选手现居地空间分布影响因子分析

5.1　变量选择及指标构建

城市舒适性理论认为，良好的自然条件、丰富的娱乐生活方式和社会开放包容性是吸引创新人才的重要因素[32]。城市舒适性理论将人的需求与城市发展紧密联系在一起，是一种需求导向型的城市发展理论。然而其具体影响因素在不同国别和地区、职业类型的影响机制方面存在较大差异。为了进一步分析某选秀节目选手现居地空间分布的影响因子，本文采用负二项回归方法，以迁入城市定居的某选秀节目选手总人数作为因变量，以城市舒适性及经济机会作为解释变量，构建中国选秀歌手现居地回归模型。

本文基于城市舒适性理论和选秀歌手的特异性，构建影响选秀歌手空间分布的城市舒适性指标体系，分为商服舒适性、文化舒适性、教育舒适性、公共服务和人居环境，此外将经济机会纳入指标体系作为对比（表2）。其中，商服舒适性指标包括酒吧数量和录音棚数量，酒吧和录音棚作为城市的代表性音乐场景，其数量是支撑地方音乐发展最直接的指标[28]；文化舒适性指标包括文化旅游和文化遗产，具有美感且舒适的旅游资源可以为创意人才提供灵感、满足其娱乐审美需求[39]；教育舒适性指标包括市民受教育水平和科研水平，既有研究表明高等教育和科研创新与人才集聚存在空间耦合关系[8]；公共服务指标包括普通小学数量和交通便利性，其中普通小学数量体现公共部门提供非营利性基础教育资源的能力[30]，交通便利性是城市舒适性的重要组成部分[10]；人居环境指标包括1月平均气温（北半球最低气温）和空气污染程度，良好的自然环境和气候环境被认为是吸引创意阶层集聚的重要因素[31]；经济机会指标包括地区生产总值和收入水平，地区发展水平、工资水平的提高有助于提升地区对人才的吸引力[12]。

表2 城市舒适性与经济机会指标体系

一级指标	二级指标	三级指标	描述	数据来源
城市舒适性	商服舒适性	酒吧数量	酒吧数量（个）	高德地图开放平台POI数据
		录音棚数量	录音棚数量（个）	高德地图开放平台POI数据
	文化舒适性	文化遗产	重点文物保护单位数量（处）	国家文物局网站
		文化旅游	入境游客数（万人）	《中国城市统计年鉴2020》、各城市统计公报
	教育舒适性	科研水平	专利授权量（件）	《中国城市统计年鉴2020》、各城市统计公报
		市民受教育水平	每万人在校大学生数量（人）	《中国城市统计年鉴2020》、各城市统计公报
	公共服务	普通小学数量	普通小学数量（所）	《中国城市统计年鉴2020》、各城市统计公报
		交通便利性	每万人公共汽电车拥有量（辆）	《中国城市统计年鉴2020》、各城市统计公报
	人居环境	1月平均气温	1月平均气温（℃）	国家气象信息中心
		空气污染程度	$PM_{2.5}$年均浓度（μg/m³）	《中国城市统计年鉴2020》、各城市统计公报

续表

一级指标	二级指标	三级指标	描述	数据来源
经济机会	经济机会	地区生产总值	人均地区生产总值（元）	《中国城市统计年鉴2020》、各城市统计公报
		收入水平	在岗职工平均工资（元）	《中国城市统计年鉴2020》、各城市统计公报

5.2 结果分析

考虑到数据可得性，模型不包括自治州及港澳台地区。在模型自变量共线性诊断中各解释变量的方差膨胀因子（variance inflation factor，VIF）均低于10，说明自变量之间不存在明显的共线性，回归时使用稳健标准误，排除模型中可能存在的异方差问题。描述性统计结果显示，因变量音乐学习地和现居地选秀歌手总数的变异系数均较大，再次表明选秀歌手的音乐学习地和现居地选择非常集中（表3）。自变量中录音棚数量和酒吧数量的变异系数均大于1，分别为1.43和1.10，表明我国各城市音乐场景空间分布不均，城市间商服舒适性差距大。此外，文化旅游、科研水平和交通便利性的变异系数也均大于1，说明这些指标的城际差异明显。

表3 描述性统计结果

一级指标	二级指标	三级指标	均值	最小值	最大值	变异系数
城市舒适性	商服舒适性	酒吧数量	526.00	40.00	2 103.00	1.10
		录音棚数量	11.53	0.00	103.00	1.43
	文化舒适性	文化遗产	3.46	0.00	13.00	0.92
		文化旅游	150.64	0.50	1 216.95	1.62
	教育舒适性	科研水平	26 966.84	17.00	166 609.00	1.29
		市民受教育水平	475.09	23.84	1 236.47	0.78
	公共服务	普通小学数量	530.00	62.00	2 860.00	0.96
		交通便利性	9.14	1.13	70.07	1.22
	人居环境	1月平均气温	3.98	−17.00	23.50	0.46
		空气污染程度	36.89	12.00	68.00	0.52
经济机会	经济机会	地区生产总值	94 748.16	24 382.00	203 489.00	0.61
		收入水平	92 972.00	55 701.00	173 205.00	0.58

负二项回归分析结果如表 4 所示。在选秀歌手现居地分布模型中，商服舒适性（录音棚数量）、文化舒适性（文化旅游）和教育舒适性（市民受教育水平）因子对城市定居选秀歌手数量产生显著影响，而公共服务、人居环境和经济机会相关因子并未显示出与选秀歌手数量存在显著关系。具体来说，录音棚数量在1%的置信水平下通过显著性检验，标准化系数为 3.8894，表明选秀歌手进行迁移时最关心未来音乐事业的发展空间，因此城市音乐的专业化水平变得非常重要，如北京和上海分布有最多的录音棚，同时也是多家知名音乐企业的总部所在地，因此成为选秀歌手高度集聚的城市。同时，文化旅游也在1%的置信水平下通过显著性检验，标准化系数为 2.1899，仅次于录音棚数量。这进一步印证了音乐人才的居住迁移受到市场需求的强烈影响，并形成了特殊的共生关系——音乐人才大量聚集在旅游目的地，从而塑造了独具特色的地方音乐景观（如音乐剧、节庆活动和街头艺人），进一步吸引外来的游客，而不断增加的游客为音乐人才提供了更加广阔的市场环境和创作氛围[34]。市民受教育水平在5%的置信水平下通过显著性检验，标准化系数为 0.8567，表明高素质的城市居民为音乐人才提供了庞大的需求[40]，印证了 Florida 在"3T"理论中强调的人才（talent）对于地区创意经济发展的重要作用。但其显著性水平和标准化系数均低于录音棚数量和文化旅游因子，说明其重要性不如后者。

表 4 负二项回归分析结果

一级指标	二级指标	三级指标	空间分布模型 标准化系数	标准误
城市舒适性	商服舒适性	酒吧数量	−0.5941	0.5920
		录音棚数量	3.8894***	0.9899
	文化舒适性	文化遗产	0.3315	0.4361
		文化旅游	2.1899***	0.6067
	教育舒适性	科研水平	−0.6711	1.1843
		市民受教育水平	0.8567**	0.3744
	公共服务	普通小学数量	0.0960	0.5269
		交通便利性	−0.1557	0.6996
	人居环境	1月平均气温	−0.3625	0.3986
		空气污染程度	0.6564	0.4191
经济机会	经济机会	地区生产总值	−0.4793	0.8295
		收入水平	0.7485	1.0607
		alpha	0.0772**	0.0599

、*分别表示在5%、1%的置信水平下通过显著性检验

值得注意的是，经济机会因子、城市舒适性指标中的公共服务和人居环境因子并不显著，进一步体现了不同职业类型、国别和地区创意人才间的舒适性需求差异。既有研究将地区经济发展水平、工资待遇、城市公共服务视为吸引科研型人才集聚的重要因素，认为地区生产总值、平均工资、子女教育资源、公共交通便利性等因素是影响高学历人才分布的正向驱动力[12]。然而模型显示经济机会、公共服务因子对选秀歌手集聚不具有显著影响，可能的原因是，相对于偏好稳定及高品质生活环境的科研型人才，选秀歌手具有更强的"草根性"，往往偏好更自由、"波希米亚"的生活方式[34]。此外，与国外学者的实证结论不同，本文发现人居环境因子对选秀歌手的集聚不具有显著影响，1月平均气温及空气污染程度都不影响选秀歌手的分布。

综上所述，模型的结果验证了城市舒适性理论对选秀歌手空间分布解释的有效性，商服舒适性（录音棚数量）、文化舒适性（文化旅游）和教育舒适性（市民受教育水平）是驱动选秀歌手空间集聚的核心动力。同时，选秀歌手的舒适性偏好也存在独特性，如本文发现公共服务和人居环境与选秀歌手迁移并没有显著相关关系。这与现有西方研究强调自然环境（如阳光地带）、公共服务水平对人才具有正向驱动力的研究结论有所差异[17]。值得注意的是，经济机会因子对选秀歌手并未产生显著影响，城市经济水平并非吸引艺术创意人才集聚的决定性因素。

6 结论与讨论

本文基于城市舒适性理论，通过核密度分析、社会网络分析和负二项回归模型，探析了中国选秀歌手的空间分布特征及影响因素，验证了舒适性对艺术创意人才分布的重要作用，主要结论如下。

（1）选秀歌手的空间分布具有明显的集聚指向，并呈现从出生地、音乐学习地到现居地集聚性逐渐增强的趋势。在出生地方面，东北和川渝等的少数民族地区是选秀歌手最重要的来源地。这表明，地方音乐文化氛围对孕育音乐人才具有重要影响。在音乐学习地方面，北京、成都、上海等具有多所高等院校的大城市引了大量选秀歌手。在现居地方面，选秀歌手进一步向北京、上海等大城市集聚，这些城市是知名音乐公司总部所在地，音乐产业专业化水平高，能满足音乐人才的职业发展需求,也是中国最发达的地区。部分城市(如南京、沈阳、武汉、天津和长春等)虽然对选秀歌手的学习迁移有着较强吸引力,但因为缺少消费市场和发展机会而对选秀歌手的居住迁移吸引较弱,成为选秀歌手净流出城市。

(2)负二项回归结果表明,中国选秀歌手空间分布主要受商服舒适性、教育舒适性和文化舒适性因子的驱动。其中,录音棚为选秀歌手提供专业学习的机会、音乐创作和社交的场所;高素质的城市市民为选秀歌手提供了强劲的消费需求;文化旅游资源一方面为选秀歌手提供创作灵感和素材,另一方面由于选秀歌手不断聚集在旅游热点城市,进一步丰富了城市音乐活动和音乐景观,形成了音乐-旅游共生关系。

(3)本文将城市舒适性因子与经济机会因子放入模型进行比较,发现经济机会因子对选秀歌手的影响并不显著。既往研究一般认为,经济机会是城市人才引进的关键,但从中国发展实践来看,创意人才对城市舒适性的重视程度逐渐增强。城市注重经济发展"硬"实力的同时,也应重视城市舒适性等"软"实力建设,以满足人才的舒适性需求为切入口,增强城市的人才吸引力。尤其对于经济机会相对缺乏的非一线城市而言,地方政府应立足城市自身的特点,依据城市定位分类施策,针对不同类型的人才制定人才发展政策。

综上,本文通过定量分析证明了城市舒适性理论对解释中国选秀歌手空间分布的有效性,刻画了中国选秀歌手的空间偏好,发现选秀歌手与高学历人才空间分布的影响因素存在差异。尽管如此,本文案例数据来源为某选秀节目播出选手,样本量有限,可能会影响结论的普适性,后续研究需更丰富、更具代表性的研究对象。此外,目前国内对音乐人才的研究仍然稀缺,基于不同职业类型人才空间行为差异性的研究更鲜有涉及。音乐作为一种社会文化,是蕴含经济价值的商品,也是民族文化传承发展的重要载体和文化对外输出的窗口。然而在当代西方及日韩文化工业崛起的背景下,中国音乐产品在意识形态输出方面表现出弱势。内容生产在音乐产业链中处于龙头地位,而音乐人才是音乐内容生产的主体[2]。因此,本文最后呼吁国内学者加强对相关理论的案例研究,从而为音乐人才空间流动提供理论支撑,为城市人才培养引进和音乐产业发展提供现实指导。

参考文献

[1] Markusen A. Creative cities: a 10-year research agenda[J]. Journal of Urban Affairs, 2014, 36(s2): 567-589.

[2] 蓝轩. 中国音乐产业 40 年: 回顾与展望[J]. 民族艺术研究, 2021, 34(5): 94-101.

[3] 陈倩倩, 王缉慈. 论创意产业及其集群的发展环境——以音乐产业为例[J]. 地域研究与开发, 2005, 24(5): 5-8, 37.

[4] 何金廖, 彭珏, 胡浩. 设计创意人才的空间集聚及其影响机理研究——基于城市舒适性视角[J]. 地理科学, 2021, 40(9): 1525-1535.

[5] Markusen A. Urban development and the politics of a creative class: evidence from a study of artists[J]. Environment and Planning A, 2006, 38(10): 1921-1940.

[6] Boren T, Young C. The migration dynamics of the "Creative Class": evidence from a study of artists in Stockholm, Sweden[J]. Annals of the Association of American Geographers, 2013, 103(1): 195-210.

[7] He J, Huang X. Agglomeration, differentiation and creative milieux: a socioeconomic analysis of location behaviour of creative enterprises in Shanghai[J]. Urban Policy and Research, 2018, 36(1): 79-96.

[8] Scott A J. Cultural economy and the creative field of the city[J]. Geografiska Annaler Series B-Human Geography, 2010, 92(2): 115-130.

[9] Florida R L. The Rise of the Creative Class—Revisited[M]. New York: Basic Books, 2012: 6-22.

[10] Glaeser E L, Kolko J, Saiz A. Consumer city[J]. Journal of Economic Geography, 2001, 1(1): 27-50.

[11] 齐宏纲, 赵美风, 刘盛和, 等. 2000—2015 年中国高学历人才省际迁移的演化格局及影响机理[J]. 地理研究, 2022, 41(2): 456-479.

[12] 古恒宇, 沈体雁. 中国高学历人才的空间演化特征及驱动因素[J]. 地理学报, 2021, 76(2): 326-340.

[13] 武荣伟, 王若宇, 刘晔, 等. 2000—2015 年中国高学历人才分布格局及其影响机制[J]. 地理科学, 2020, 40(11): 1822-1830.

[14] Verdich M. Creative migration? The attraction and retention of the 'creative class' in Launceston, Tasmania[J]. Australian Geographer, 2010, 41(1): 129-140.

[15] Wojan T R, Lambert D M, Mcgranahan D A. Emoting with their feet: bohemian attraction to creative milieu[J]. Journal of Economic Geography, 2007, 7(6): 711-736.

[16] Clifton N. The "creative class" in the UK: an initial analysis[J]. Geografiska Annaler Series B-Human Geography, 2008, 90(1): 63-82.

[17] Glaeser E. Review of Richard Florida's the rise of the creative class[J]. Regional Science and Urban Economics, 2005, 35(5): 593-596.

[18] Lorenzen M, Andersen K V. Centrality and creativity: does Richard Florida's creative class offer new insights into urban hierarchy? [J]. Economic Geography, 2009, 85（4）: 363-390.

[19] Vossen D, Sternberg R, Alfken C. Internal migration of the 'creative class' in Germany[J]. Regional Studies, 2019, 53（10）: 1359-1370.

[20] 马海涛. 基于人才流动的城市网络关系构建[J]. 地理研究, 2017, 36（1）: 161-170.

[21] 王秀梅, 黄春晓, 蒋宇阳. 大城市人才保障房居住空间与人才需求偏好的适配性分析——以南京市为例[J]. 现代城市研究, 2020（5）: 46-53.

[22] 侯纯光, 杜德斌, 刘承良, 等. 全球留学生留学网络时空演化及其影响因素[J]. 地理学报, 2020, 75（4）: 681-694.

[23] 王一凡, 崔璨, 王强, 等. "人才争夺战"背景下人才流动的空间特征及影响因素——以中国"一流大学"毕业生为例[J]. 地理研究, 2021, 40（3）: 743-761.

[24] 胡兆量, 王恩涌, 韩茂莉. 中国人才地理特征[J]. 经济地理, 1998, 18（1）: 8-14.

[25] 韩茂莉, 胡兆量. 中国古代状元分布的文化背景[J]. 地理学报, 1998, 53（6）: 50-58.

[26] 任泉香, 朱竑, 李鹏. 近现代中国女性人才的地理分布和区域分异[J]. 地理学报, 2007, 62（2）: 211-220.

[27] 段德忠, 杜德斌, 桂钦昌, 等. 中国企业家成长路径的地理学研究[J]. 人文地理, 2018, 33（4）: 102-112.

[28] Hracs B J, Grant J L, Haggett J, et al. A tale of two scenes: civic capital and retaining musical talent in Toronto and Halifax[J]. The Canadian Geographer, 2011, 55（3）: 365-382.

[29] Ullman E L. Amenities as a factor in regional growth[J]. Geographical Review, 1954, 44（1）: 119-132.

[30] 马凌, 李丽梅, 朱竑. 中国城市舒适物评价指标体系构建与实证[J]. 地理学报, 2018, 73（4）: 755-770.

[31] Clark T N. Urban amenities: lakes, opera, and juice bars: do they drive development? [J]. Research in Urban Policy, 2003, 9: 103-140.

[32] 温婷, 蔡建明, 杨振山, 等. 国外城市舒适性研究综述与启示[J]. 地理科学进展, 2014, 33（2）: 249-258.

[33] 喻忠磊, 唐于渝, 张华, 等. 中国城市舒适性的空间格局与影响因素[J]. 地理研究, 2016, 35（9）: 1783-1798.

[34] Hracs B J, Seman M, Virani T E, et al. The Production and Consumption of Music in the Digital Age[M]. London: Routledge, 2016: 5-28.

[35] Berke O. Exploratory disease mapping: kriging the spatial risk function from regional count data[J]. International Journal of Health Geographics, 2004, 3（1）: 18.

[36] Blondel V D, Guillaume J L, Lambiotte R, et al. Fast unfolding of communities in large networks[J]. Journal of Statistical Mechanics-Theory and Experiment, 2008（10）: 12.

[37] 蒲亨强. 西南旋律体系及其文化内涵[J]. 音乐艺术. 上海音乐学院学报, 2005（3）: 89-96, 5.

[38] 蔡际洲. 文化地理学视野中的中国音乐家研究[J]. 中国音乐学，2005（2）：105-112.

[39] Green G P, Deller S C, Marcouiller D W. Amenities and Rural Development: Theory, Methods, and Public Policy[M]. Northampton, MA: Edward Elgar, 2005: 95-112.

[40] Alfken C, Broekel T, Sternberg R. Factors explaining the spatial agglomeration of the creative class: empirical evidence for German artists[J]. European Planning Studies, 2015, 23（12）: 2438-2463.

Research on the Spatial Distribution of Chinese Talented Singers and Its Driving Factors from the Perspective of Urban Amenities: A Case Study

Chen Yifei[1,2], He Jinliao[1,3], Zhang Xu[4]

(1. The Center for Modern Chinese City Studies, East China Normal University, Shanghai 200062, China; 2. School of Urban and Regional Science, East China Normal University, Shanghai 200241, China; 3. Institute of Urban Development, East China Normal University, Shanghai 200062, China; 4. School of Resources and Environmental Engineering, Wuhan University of Technology, Wuhan 430000, China.)

Abstract Music talents play an important role in promoting the development of urban creative economy and culture construction. From the perspective of urban amenities, this paper uses the data of trainees in a talent show as an example, and uses kernel density analysis, Gini coefficient analysis, social network analysis and negative binomial regression model to quantitatively analyze the spatial distribution and driving factors of Chinese talented singers. The results indicates the following aspects. ①There is an evident tendency of clustering in the migration of Chinese talented singers, from birth, education and residence. ②Remote areas such as Northeast China and Sichuan and Chongqing are the main places for Chinese talented singers to move out. Metropolitan areas such as Beijing, Chengdu and Wuhan are the main places for study immigration, while Beijing is the super core of residential migration. ③Urban amenities bear strong explanatory power for the inter-city migration of Chinese talented singers, among which commercial amenities (e.g., music Studio), educational amenities (e.g., citizens' education level) and cultural amenities (e.g., cultural tourism resources) are the core factors for cities to attract talented singers. ④Compared with urban amenities, the impact of the economic opportunity factors on the Chinese talented singers is not significant, and the importance of the "soft" power such as amenities of the city to the introduction of urban talents is gradually increasing. This study provides an important reference for revealing the spatial distribution and driving mechanism of Chinese talented singers.

Keywords Creative industries; Talent migration; Urban amenities; Talented singers

居住空间视角下的移民社会融合

孙雨蕾 古茳欢 吴瑞君

摘 要 中国在快速城镇化和住房市场化改革的背景下,居住空间分异和社会各阶层分化问题日益加剧,深刻影响了城市社会的良性均衡发展以及不同人群的社会融合。然而,目前国内学界基于居住空间视角的移民社会融合研究尚未发展出成熟完备的理论体系,以至于无法有效指导实证研究的深入开展。本文回顾了近年来国内外有关城市居住空间与移民社会融合的理论与实证研究,梳理了影响移民社会融合的邻里效应机制,并对相关研究进行述评。尝试从邻里、住房等多重空间尺度构建影响移民社会融合的居住空间研究范式,为将来进一步的研究提供经验参考,为促进城市内部均衡发展、加强和创新城市治理提供科学依据和指导。

关键词 居住空间;邻里效应;社会融合;流动人口

一、引言

移民的社会融合是衡量城市化发展状况的重要指标。社会融合在时间维度上是一个进入、适应、接纳的漫长阶段,在空间维度上体现为从排斥、分化到融合的演变过程。从西方国家城市化进程来看,移民的大量涌入带来了种族多样性和

作者简介:孙雨蕾,西北师范大学马克思主义学院讲师,华东师范大学中国现代城市研究中心暨社会发展学院博士研究生,主要研究方向为人口迁移与城市化;古茳欢,华东师范大学城市与区域科学学院博士后,上海社会科学院城市与人口发展研究所助理研究员,主要研究方向为人口迁移与城市化;吴瑞君,华东师范大学中国现代城市研究中心暨社会发展学院,教授,博士生导师,主要研究方向为区域人口与公共政策、国际迁移与侨务政策。

基金项目:教育部人文社会科学青年基金项目"邻里视角下中国大城市居住隔离研究:以上海市为例"(21YJCZH033)。

文化多元性，同时也造成了贫富分化、社会不平等以及居住分异等社会现象，引发了学界关于居住空间与移民社会关系的思考。中国在改革开放后短短 40 多年的时间里走过了发达国家上百年的城市化道路，实现了经济社会的快速发展和急剧的社会转型。社会形态由原来的单一、稳定和封闭的状态走向多元、流动和开放的形态，城市社会出现阶层化趋向，城市空间呈现出复杂化、碎片化的特征。截至 2020 年底，中国常住人口城镇化率已达 63.89%，但户籍人口城镇化率仅为 45.4%，二者之间存在较大差距，流动人口在城市的边缘化地位尚未得到明显改善。流动人口为城市经济社会发展做出巨大贡献的同时也面临着如何融入城市生活的问题，其中居住问题成为首要难题。新型城镇化提出加快推动流动人口市民化，保障其在城市"安居"，突出强调"以人为本"的城市发展内核。在以上背景下，从居住空间角度出发探讨移民社会融合的表现及其影响机制将成为未来城市研究需要予以重点关注的方向和领域。

随着中国城市化的快速推进，政府和市场主导下的空间重组浪潮正在迅速改变着城市空间结构，并催生着城市中不同人群的社会分化[1]。首先，旧城改造、新城建设等系列活动导致人口和经济活动从城市中心向外围空间扩散，大量流动人口和城市低收入群体被迫迁移、居住不稳定性增加。不同人群重新划分并定位其社会空间角色，城市居住空间形态由以往的单一同质性变得日益复杂、多样化[2]；其次，在住房市场自由选择和户籍制度制约的双重作用下，城市内部形成了高档住宅区、门禁社区以及低收入群体聚居区等城市空间极化现象，城市社会中邻里意识淡漠、人际关系疏远，由于生活习惯和思维方式的差异，本地人和外地人之间的社会隔阂和冲突现象屡见不鲜。这些发生在城市空间层面的变动深刻影响着城市社会关系以及流动人口的社会融合，成为城市社会治理亟待解决的难题。

然而，国内学界对于城市居住空间与流动人口社会融合的关系，以及居住环境如何影响流动人口社会融合的过程机制尚未形成系统的理论框架，以至于无法有效指导实证研究的深入开展以及实践层面的治理探索。为了进一步深化居住空间视角下流动人口社会融合的相关研究，加强对社会融合空间机制的理解，本文在对国内外已有研究梳理和总结的基础上，概括并归纳了邻里、住房等多重空间尺度下流动人口社会融合的表现、特征及其形成机制，并对其背后的影响因素进行综合分析。通过对国外成熟理论和前沿研究方法的介绍，推动国内学界关于流动人口社会融合与城市居住空间交叉领域的继续深入探索。

二、移民的社会融合

（一）社会融合的概念、维度及理论流派

西方国家对移民社会融合的研究，源于对少数族裔在迁入地生存和发展状况的关注。20世纪初，芝加哥学派学者帕克（Park）指出，社会融合是"个体或群体通过共享的历史和经验，相互获得对方的记忆、情感、态度并最终汇聚于一个共同的文化生活之中"[3]。移民在迁入地会经历接触、冲突、适应和同化四个阶段，最终逐步摆脱原始特征而被主流社会所同化[4]，这被称为经典同化论。然而，与之相反的多元文化论认为，移民由于自身特征、文化背景以及社会经济地位的差别，融入新环境的途径和模式也有所不同。一些移民倾向于维持原有的文化传统和习俗，在新居地重塑其身份认同、价值观念，从而形成多元的社会经济秩序[5]。融合并非必然的结果和单一的线性过程，而是动态的、多样化和非线性的。社会融合会随着时间不断发展演变，不同代际、种族和社会地位的移民融入模式存在较大差异。大部分移民由于种种原因无法实现融合，被主流社会边缘化，移民内部和代际会出现向上和向下流动的不同模式，这导致出现了分段同化、区隔融合等理论观点[6,7]。

社会融合的内涵和影响因素具有多维性。戈登（Gordon）在同化论的基础上提出移民融合的"结构-文化二维模型"，认为移民首先是在制度组织和社会经济层面立足和适应，其次是在文化上接纳主流社会的价值观和生活习俗[8]。杨格-塔斯（Junger-Tas）指出政治融入的重要性，得出移民融合的"结构、文化与政治三维模型"[9]；恩泽格尔（Entzinger）和比泽韦尔德（Biezeveld）在此基础上加入了主流社会对待移民接纳和拒斥的态度作为第四维度[10]。国内学界对社会融合的内涵和定义做了更加细致的探索，张文宏和雷开春通过因子分析法将社会融合归纳为文化、心理、身份和经济四个维度[11]。杨菊华指出流动人口融入模式的先后顺序，通常是经济整合发生在先，其次是文化接纳，再次是行为适应，最后是身份认同[12]。经济适应是基础，文化融合是重要因素，社会交往对社会融合产生间接作用[13]。社会融合也受到多种因素的影响，包括微观的个人家庭特征[14-16]以及宏观的制度结构性因素，如户籍制度[17]、公民身份[18]、社会保

障和福利政策[19]等，社会资本和社会关系网络为移民融入新社会提供了桥梁和途径[20]。

（二）居住空间视角下的移民社会融合

20世纪初，洛博（Lobao）和胡克斯（Hooks）提出"空间不平等"的社会学，尝试将空间环境与社会生活两个领域连接起来，关注空间要素对社会生活的影响[21]。到70年代，以列斐伏尔、卡斯特以及哈维为代表的新城市社会学派提出社会空间理论，正式开启了社会学研究的"空间转向"[22]，并发展出了"空间—社会"的研究范式。在这一范式下，空间不再仅仅是客观的物质对象，更蕴含着深层的社会意义。对于城市移民来说，他们融入城市最初是从其进入城市的定居地开始的。住房和社区是移民接触城市社会的基础单元，一方面为移民提供了生存所必需的物质条件和空间场所；另一方面也为其融入城市社会提供了基础平台和重要资源，决定着移民的生活环境和社会交往空间，是移民融入主流社会的有效途径[23]。

由于种族、阶级、宗教和文化的差异，西方国家在城市化过程中出现了邻里"马赛克"式的居住空间现象[24]，这种空间形态随着时间不断演变，最终形成了种族间的居住分异和社会隔离。少数族裔和贫困人群在特定城市空间的聚集导致社会问题的累积以及移民对主流社会接触和认同感的减弱，给社会治理埋下隐患，不利于社会稳定，被欧美国家的政府视为巨大的社会风险。在社区治理的实践层面，西方国家普遍采取"混合居住"和"邻里重建"等政策措施以增加不同种族间的居住融合[25]。在实证研究中，邻里也常常被作为评估居住分异的基本空间尺度[26]。通过对不同邻里状态下居民个人和社会特征的考察，可以了解不同群体之间以及群体内部社会融合的差异，而邻里效应会持续生产并强化已有的社会分割与空间隔离，促进或抑制移民向上和向下的社会流动，最终形成多样化的移民社会生态[27]。

住房是表征邻里差异的重要指标，邻里状况的差异内含着不同人群住房机会和住房选择的差异。住房问题作为社会科学的核心议题之一，在中西方社会均得到了广泛的研究。在西方国家，社会经济地位、种族歧视、个人偏好和城市经济结构在内的一系列因素促成了城市人群的居住分异[28]。在中国城市中，住房受到结构性和非结构性因素的制约和影响，如户籍制度收入和职业等[29]。不同的住房类型和居住选择最终形成了差异化的邻里形态和城市居住空间景观。已有研究发现，住房价格、住房拥有情况以及住房的物质条件，如住房区位、类型及面积大小会显著影响移民的城市生活满意度及定居意愿[30]。除了对日常生活的影响之外，住房也会对移民的地方认同和归属感产生深刻影响，从而影响移民的城市融入度[31]。因此，从住房模式及其形成机制入手，是理解移民社会融合空间机制的重要切入点。

综上可知，现有研究对中西方不同社会情境下移民社会融合的表现及其影响因素已经得出了丰富的理论成果和经验认知。对于移民的社会融合，西方学界从社会融合的时间阶段性和空间差异性等不同方面发展出了较为成熟的理论和实证研究体系，而国内现有研究更加关注社会融合在时间维度上的发展阶段性以及影响社会融合的制度性、社会性和个人家庭层面的因素，对移民社会融合的空间表现、特征及其影响机制关注较少。随着城市移民现象的日益复杂，移民引发的社会问题更加多样化，其中比较突出的就是不同人群的空间聚集与隔离导致的居住分异以及由此引发的移民融合障碍。空间融合既是移民社会融合的体现，也是移民能否顺利融入新社会的关键要素。因此，关注移民社会融合的空间维度将有助于完善社会融合的已有理论与发现。

三、城市居住空间与移民社会融合的关系

（一）西方的居住空间分异与移民融合

过去一个多世纪，西方以种族隔离为代表的居住空间分异以及外来移民如何实现与主流社会的融合一直是城市研究中经久不衰的重要命题。20世纪初，芝加哥学派在城市生态学视角下将移民的社会融合与其居住空间模式的演变联系起来，认为居住空间是衡量移民同化或整合状况的一个重要维度[32]。移民从起初的少数族裔聚居地到后来逐步进入主流社区、适应当地社会，是一个实现空间同化的过程[33]。没有居住融合，其他结构性同化和融合也无法顺利实现[34]。然而，第二次世界大战以后，外来移民的大量涌入加剧了城市中的种族多样性以及族群间隔离程度，导致居住空间类型的多元化。有研究发现，美国社会由种族原因导致的居住分异具有很强的稳固性[35]，各种族间的居住融合经过漫长的时期表现得并不乐观，其中非洲裔的隔离程度最高，亚裔和拉丁裔的隔离程度相对较

低[36]。随着时间的推移，不同种族居住融合的变化情况也不一致[37]。原有的空间同化论已经不能完全涵盖和解释日趋多样化的移民居住空间形态及其变化趋势，这引发了关于移民居住融合差异及其原因的广泛讨论。

西方学界在对移民居住融合差异的讨论中形成了以下三种比较主流的理论观点。其一，个人偏好理论认为，来自不同文化背景和社会阶层人群的个人偏好是造成居住空间分异的主要原因[38]。外来移民倾向于聚族而居，目的是获得更多的社会支持和工作机会以便更好地融入当地社会[39]，而白人更喜欢与白人住在一起[40]。其二，空间同化论指出，社会经济地位的差别是种族间居住分异的主要原因[41]。随着居住时间的延长和社会经济地位的提高，移民会主动搬离原来的聚居地而进入主流社区，以获得高质量的住房、社区环境和配套设施，进而实现空间同化和融合。其三，地方分层理论指出，移民的居住融合并非单向和自愿选择的过程，而是受到结构性和制度性因素的制约。处于有利地位的社会阶层会通过各种做法约束和限制移民的居住选择[42]，如房地产中介、社区、银行中的种族歧视以及种族主义制度会拉大不同种族居住机会的差距[43]。上述理论从移民的个人偏好、社会经济地位、制度结构三种机制，阐释了西方城市居住空间分异以及移民融合结果差异产生并持续存在的原因，最近的研究更强调以上多种因素的综合作用[44]。

上述理论观点和分析框架对理解当下中国快速城市化过程中，流动人口居住空间与社会融合的关系及其形成机制具有一定的启发意义。一方面，就研究对象而言，中国国内来自不同省份的流动人口与城市本地居民的文化习俗和语言差异以及在城市遭受的歧视和排斥与西方少数族裔移民有相似的遭遇和经历；另一方面，中国城市正在经历的郊区化和碎片化等城市空间现象也曾经出现在西方国家的城市空间演变之中[45]。西方理论可以为中国本土研究提供指导思路和认知框架，但由于社会政治经济背景以及制度文化的差异，中西方国家在城市空间及移民社会性质上存在巨大差异，实际研究过程中并不能完全照搬西方的理论和研究模式。这同时也意味着，在中国本土语境下，城市居住空间与移民社会融合的研究还有广阔的理论探索空间。

（二）国内居住空间分异与流动人口的社会融合

国内社会科学界从 20 世纪 90 年代开始关注居住空间分异及其带来的社会影

响。由于城市发展阶段和社会体制的差异，中国城市居住空间分异的表现及影响机制明显有别于西方国家。在中国，户籍制度、住房政策以及市场化因素在塑造城市居住空间形态以及流动人口的社会融合中发挥了关键作用，流动人口融入城市的过程比西方的移民融合更加复杂。中国城市在转型过程中，城市空间形态和社会关系发生了较大的变动。转型前的中国城市社会空间结构是以单位社区为原子组合而成的，具有均质性和标准化的特点，社会空间分异不显著。在全球化和市场化力量的影响下，转型期的中国城市出现阶层化、多元化和异质化的趋向[46]。在单位福利分房制取消和住房私有化以后，各类居住区形成了以封闭形式为主的社区，社会空间经历了重构，出现了流动人口和本地居民相互区隔的"二元社区"[47]，社区之间以及社区内部也出现了分化[48]。

　　从产生机制来看，住房获取制度的变化是导致城市居住空间变动以及社会阶层分化的主要原因。首先，改革开放以来，城市土地市场化改革推动了以地价为基础的城市土地功能分工，使得居住、商业、工业等不同性质的用地相互分离，中心城区的商业开发和新城建设导致地价大幅上涨，许多原本在中心城区居住的流动人口被迫外迁至城市外围房价较低的区域，在城市外围形成了大量流动人口聚居区。这些区域往往居住环境欠佳、基础设施落后、社会治安较差，在居住空间上呈现出边缘化的特征[49]。其次，住房的商品化和市场化增强了人们的居住流动性和择居自由度，使得居住选择更加多元化，原本相对单一、均质的城市空间结构，逐渐演变成多种多样、不断分化的居住空间形态[50, 51]。具有较高社会经济地位的人群住房选择范围更广，购买住房的能力较强，因此选择靠近城市中心地区，但大多数流动人口由于政策制度限制以及经济能力有限，无法获得商品房也无权获得城市公共住房和单位房，通常选择租房居住，居住的不稳定性增强。

　　居住空间的边缘化导致了社会生活的边缘化。许多研究发现，居住空间分异加强了城市中的社会隔离与排斥，阻碍了流动人口的社会融合[46, 52, 53]。在不同空间尺度上，空间生产所塑造的社会关系也发生着新的变化。以住房、社区类型和居住区位为依据重新定义和划分社会阶层的现象开始出现，社会阶层分异的"空间化"和"具象化"趋势逐渐显现。中国在从福利住房分配制度向市场机制过渡的过程中，在先前制度中受到优待的人群继续保持优势地位[54]，而流动人口由于身份、经济和制度等多方面的弱势地位，在流入地的住房获得方面常常面临被排斥和边缘化的处境，居住空间排斥和社会分割常常引发社会矛盾和冲突，不利于流动人口的社会融合及市民化转型。

四、居住空间的多重尺度与社会融合

（一）住房与移民社会融合的关系

住房是人们在城市生存所必需的物质资料，也是个人和家庭社会经济地位的象征和体现。在中国快速城市化的过程中，流动人口涌入城市催生了大量的住房需求，同时也推动了城市房价的快速上涨[55]。由于受到户籍、社会保障制度等结构性因素以及房价高涨等现实因素的影响，流动人口在城市的住房拥有率较低，住房保障不足。近年来，越来越多的研究开始关注流动人口在城市的住房困境，以及住房对流动人口社会融合的影响作用[49,56-59]。从已有研究来看，住房对流动人口社会融合的影响主要体现在两个方面：一方面是住房的客观物质条件，如住房拥有情况、房价和住房条件及质量等对流动人口在城市的生活感受及心理状态（如身份认同、定居及回流意愿）的影响；另一方面很多研究开始关注住房的社会效应，即住房对城市本地居民、外来流动人口以及流动人口内部产生的社会阶层分异作用。

1. 住房条件对移民社会融合的影响

住房条件对移民社会融合的影响一方面体现在住房的客观物质条件带来的直接影响，另一方面还会从社会资本、人力资本以及心理状态等多方面产生间接影响。已有研究发现，高房价和高房租提高了流动人口的购房难度和居住成本，阻碍了其在流入地的经济和社会融入[30]，提高流动人口的住房负担能力可以有效促进他们在流入地的融合。住房过度拥挤、环境恶劣不利于流动人口积累人力资本和社会资本，影响其获取信息和机会，进而影响其融入城市主流生活[23]。住房类型和住房拥有情况也会显著影响流动人口社会融合的各个方面。从社会融合的不同维度来看，拥有住房的流动人口社会经济融合水平高于租房者，居住在就业地点的流动人口经济融合程度较低，合租私人住房的流动人口社会文化融合程度较低，由单位或雇主提供住房的流动人口的心理融合程度较低[60]。住房差距使得流动人口的主观社会地位认知产生分化，进而导致其身份和阶层认同的差异[61]。住房条件较好的流动人口容易产生优势心理，主观上感觉自己已经融入城市主流群体,而住房条件较差的流动人口则容易产生疏离感,减弱其在城市的长期定居意愿[62]。

2. 住房的社会排斥与分层效应

近年来,住房的社会效应引发了学界较为广泛的关注。大部分研究集中在住房改革带来的社会空间影响以及转型期城市居民的住房选择行为、住房不平等和居住隔离等方面[63]。许多研究指出,在当前中国城市社会,住房已经由原来较为单一的居住功能转变成为社会分化和空间分层的重要机制[56,64]。住房改革改变了住房供给结构,也产生了新的不平等和社会分化。在户籍制和单位制作用逐渐消解的情况下,城市中基于住房的社会排斥机制已经形成,一方面表现为流动人口在城市住房资源和公共服务获取过程中遭遇歧视,处于弱势地位;另一方面,基于住房的经济形态的社会排斥与移民身份相重叠,影响移民的社会流动,不利于其融入主流社会[56]。住房选择和住房结果的多元化使得城市社会阶层呈现出更加细化和碎片化的特征[29],因而也造成了流动人口内部社会融合状况的多样化和差异化。

由上述研究可知,目前国内对流动人口住房与社会融合的相关议题进行了较为广泛的研究和探索,但大部分研究仍然只是将住房作为影响流动人口社会融合的经济障碍或某一方面的影响因素,并没有从系统性的角度分析住房对流动人口社会融合产生影响的内在机制及社会过程。对住房影响流动人口社会融合的时间(历史)和空间(地理)维度的变化过程及相关的比较性研究较为缺乏。随着城市化进程的加快,由住房产生的空间不平等及流动人口的社会融合将会成为越来越凸显的社会问题。在新型城镇化背景下,住房已经成为流动人口社会融合的关键机制,未来的研究应该更加注重理论层面的探讨,并结合实际情况的变化提出更具针对性的政策建议。

(二)邻里尺度下的移民社会融合

1. 邻里和邻里效应

住房的多元化选择使得不同收入和阶层的人群选择不同的居住区域或同一区域不同档次的住房,同质人群在居住空间上的邻近形成了各具特色的邻里。就概念而言,邻里是建立在居住基础上,相似群体空间接近的聚居区域和最小单元[63]。邻里一方面表明了住所和空间位置的邻近性，另一方面也隐含着一种特殊的社会关系，即由于居住邻近和成员间的接触而发生的邻里交往关系[65]。邻里效应是指邻里特征对个人社会经济结果及行为态度的影响[66]。不同邻里在工作机会、教育资源、政策制度等方面的差异构成了"空间情境效应"和"空间机会结构"，影响个体对各种资源的获取[67]。人们对邻里差异的反应形成的社会机制和实践反过来塑造人们对邻里的感知、关系和行为，二者相互作用，共同决定着城市的社会结构[68]。邻里效应为分析居住空间分异情况下移民的社会融合提供了一种有效的解释机制和研究视角。

2. 影响移民社会融合的邻里效应机制

邻里效应对移民社会融合的作用机制主要通过邻里的社会关系、环境质量、地理位置以及制度资源等几类因素表现出来[27]。国内学者罗力群从方法论高度将复杂多样的邻里效应机制划分为个体主义和整体主义两大类。整体主义突出邻里的宏观结构性效应，如社区类型、环境以及所在区位带来的影响，个体主义指微观的邻里构成和邻里互动对生活于其中的居民产生的影响[66]。国外对邻里效应及其影响机制的研究自威尔逊对美国内城区集中贫困现象的研究以来已经进行了较为全面、深入的讨论。相比较而言，国内学界对流动人口社区邻里效应的关注度比较低，相关实证研究也不多见，在流动人口社会融合的研究中运用邻里效应的视角并不多见。

国内对宏观层面邻里效应机制的研究主要基于对不同类型社区或流动人口聚居区的实地考察和研究，分析邻里的社会经济特征、机构资源特征等要素对流动人口日常生活及社会经济结果的影响。大多数研究基于"城中村"或商品房社区等不同社区类型的实证研究和对比，发现流动人口集中的空间场所往往设施陈旧、条件简陋，居住于此类社区中的流动人口往往邻里依恋程度低，社会凝聚力低[69]。与居住在非正规社区的移民相比，生活在正规社区的移民表现出更高的整体融合水平。其中，居住在商业社区的移民经济融合程度较高，经济适用房和单位住房社区的移民文化融合程度较高[70]。也有部分研究发现，流动人口基于血缘、地缘等社会关系纽带在微观地域上形成乡缘社区。该类社区在流动人口进入城市的初期阶段，对促进其市民化起到了一定的积极作用[71, 72]。

微观层面的邻里效应反映了宏观邻里机制影响下的邻里社会特征对居民日常生活的影响。邻里的社会特征包括居民的社会经济地位、邻居构成和邻里关系，会导致社会凝聚力的差异[73]。研究发现，邻里层面的社会互动是边缘群体获得社交网络和安全感、归属感的重要手段[74]。邻里互动通常包括邻里间的日常见面问候、相互交流以及邻里互助等。邻里间交往互动频繁会增强流动人口的社区依恋[75]，与市民为邻会显著促进农民工的城市融入[76]。如果所在社区流动人口规模较大，则会阻碍良好群体关系的形成，进而不利于社会融合[77]。然而，也有很多基于外来移民聚居区的研究表明，移民聚居并不会阻碍反而会促进其社会融合，移民间的同质性社会网络会产生强大的社会凝聚力，并为其融入新社会提供资源和平台。由于不同人群在价值观、生活方式和习性上存在差异，居住在混合社区反而可能会增加邻里间的冲突和紧张[72]。

由上述研究可见，目前学界对于影响移民融合的邻里效应仍然存在较多争议。在理论上表现为社会融合的同化论与多元文化论以及空间同化和地方分层的争论，国内的研究结论支持不同的理论流派及观点，至今尚未达成统一的认识。这也说明在中国城市中流动人口居住空间模式与社会关系的复杂性及其背后影响机制的多元性，西方理论在中国情境下的适用性还有待进一步检验和发展。除此之外，目前国内学界对影响流动人口社会融合的邻里效应机制没有很好地区分邻里效应对不同类型流动人口影响程度的大小及其差异，当前中国城市社会中，流动人口群体内部已经产生了明显的分化。由于研究对象不同，邻里效应的作用机制可能也会存在一定的差异。因此，对邻里效应的影响不能一概而论，而应该向更加细化、具体化的方向发展。

五、总结与思考

社会融合是一个包含多重结构、经历多个时空过程的产物。社会融合既取决于微观层面的移民个人和社会经济特征，也受到宏观层面的政治制度环境及文化结构因素的制约，并且嵌入不断变化的社会和空间结构中。对移民社会融合的认识经历了从早期的社会和空间同化模式到多元文化和地方分层理论的演变和发展，空间视角的加入为移民融合研究开辟了新的认知框架和研究范式，并推动了移民融合研究从社会层面向空间层面的深入拓展。在新型城镇化背景下，未来中国城市从居住空间分异走向社会融合是必然的趋势[58]。邻里作为基础的城市空间尺度和社会单元，集中体现了物质资源和生活机会的差异，作为消除不平等、促进融合政策落实的关键载体被越来越多的国家和政府所重视。

20世纪末，促进社会融合被很多西方国家视为住房政策和城市规划的重要内容。许多国家和政府采取"居住混合"和"混合社区"的方式来解决贫困和社会排斥、增强社区凝聚力。例如，美国的住房分散政策鼓励非裔美国家庭从非裔社区搬迁到收入和种族构成更多元的社区，但这种做法并没有使得非裔家庭与白人和其他社会阶层的人建立更多的社会联系。一些欧洲国家的混合居住政策也没有达到预期的效果，原因在于空间上的邻近并没有促进邻里间的互动交流，因而无益于移民的融合[78]。通过混合居住来实现社会融合的做法不能仅仅考虑空间的邻近性，还需要建立与调整与之相应的社会关系。因此，从空间性和社会性两个角度来观察和理解移民社会融合的空间机制将是未来实证研究和政策实践中不可或缺的重要内容。

随着中国城市化的快速推进，流动人口进城是不可阻挡的趋势，他们能否顺利安居并实现与城市社会的融合将成为未来城市化平稳有序发展的关键挑战。新型城镇化提出构建具有包容性的城市治理体系，由低成本快速扩张的发展模式向高质量内涵提升转型，"以人为本"的发展理念受到高度重视。但在具体的城市规划和建设过程中，由于缺乏系统的理论指导和有效的制度设计，往往造成很多负面影响。妥善处理城市居住空间与多元复杂的居民社会关系，加强群体间的社会融合不能照搬西方的理论和经验做法，还需要对中国本土的空间结构与社会关系进行大量的经验研究和深入挖掘。未来的研究可以从以下几个方面进一步深入。

首先，西方国家对城市居住空间与移民社会融合领域的研究较为成熟，形成了比较完善的理论体系。但遗憾的是，对于居住空间分异与移民社会融合这个极具现实意义的社会现象，中国国内还缺乏系统而深入的研究，对于二者之间内在关系的探讨比较有限。中国城市不断变化的社会空间结构对流动人口的社会融合提出了巨大挑战，由于个人特征及流动经历的差异，流动人口内部已经出现了较为明显的分化，在研究中应该更加重视群体异质性的分析。此外，目前大多数研究往往基于单一的空间尺度，忽略了城市空间的多层次性，邻里及住房形成相互嵌套、相互作用的社会空间关系。对于城市内部不同区域、不同邻里以及邻里内部不同住房类型下的社会融合差异还需要分别测度，在制定住房政策的实践过程中也应该融入对邻里作用的研究，明确二者的内在关系。

其次，由于移民社会融合在时间维度上的阶段性以及空间维度的多尺度特征，研究中对其时空动态性的把握十分重要。目前大部分研究都是建立在截面数据基础上的，这导致对移民融合过程性的把握和因果关系的测量存在缺陷，收集和使用详细的纵向数据可以弥补这一缺陷。在研究方法上,定量与定性研究的结合已经成为新的趋势。居住环境的累积性影响通常会持续很长时间甚至是几代家庭,将生命历程视角与居住空间变动结合起来,有助于深入理解邻里效应产生的社会机制及其带来的影响。此外,邻里的影响经常因为内生性和自选择性问题遭到质疑,对于邻里效应的评估,除了讲究研究方法的科学性之外,还需要借助多种数据来源,如全球定位系统(GPS)、手机和环境传感器数据[79],帮助识别人们的时空轨迹及居住环境特征,进而得出更准确的研究结论。

最后,未来的研究还需加强中西方不同城市之间的比较性研究。中国城市与欧美国家差异很大,中国城市中邻里和住房等居住空间的性质也与西方有所不同,国外理论往往不能直接移植运用于国内研究中。欧美国家中种族、阶级以及福利制度等因素对居住空间及移民社会融合具有重要影响。中国国内没有西方的种族多样性背景,但户籍制度、住房政策等影响下的城市内部"新二元性"在塑造城市社会空间形态中发挥了重要作用。因此,在借鉴学习西方理论成果和研究方法的同时,需要结合中国的现实情况,探讨居住空间与移民社会融合研究的新路径,发掘中国城市居住空间与移民社会关系的新表现、新特征,不断加深对移民社会融合空间机制的理解和认识,推动中国本土城市理论的创新。

参考文献

[1] 吴宗友,丁京. 从区隔到融合:空间视角下城市"混合社区"的多元治理[J]. 云南社会科学,2021(4):131-138,187-188.

[2] 李志刚. 中国城市的居住分异[J]. 国际城市规划,2008(4):12-18.

[3] Park R E,Burgess E W. Introduction to the Science of Sociology[M]. Chicago:University of Chicago Press,1921:735.

[4] Park R E. Race and Culture[M]. New York:Free Press,1950:150.

[5] Portes A,Parker R N,Cobas J A. Assimilation or consciousness:perceptions of U.S. society among recent Latin American immigrants to the United States[J]. Social Forces,1980,59(1):200.

[6] Portes A,Zhou M. The new second generation:segmented assimilation and its variants[J]. The Annals of the American Academy of Political and Social Science,1993,530(1):74-96.

[7] Zhou M. Assimilation and Its Discontents[A]//Scott R,Kosslyn S. eds. Emerging Trends in the Social and Behavioral Sciences. New York:John Wiley & Sons,Ltd,2015.

[8] Gordon M M. Assimilation in American Life:The Role of Race,Religion,and National

Origins[M]. Oxford University Press on Demand, 1964.

[9] Junger-Tas J. Ethnic minorities, social integration and crime[J]. European Journal on Criminal Policy and Research, 2001, 9（1）：5-29.

[10] Entzinger H, Biezeveld R. Benchmarking in immigrant integration[J/OL]. https://www.semanticscholar.org/paper/Benchmarking-in-Immigrant-Integration-Entzinger-Biezeveld/f2458351c39ce2ad2197782a50bd04b3a0044dac[2023-07-20].

[11] 张文宏, 雷开春. 城市新移民社会认同的结构模型[J]. 社会学研究, 2009, 24（4）：61-87, 243-244.

[12] 杨菊华. 从隔离、选择融入到融合：流动人口社会融入问题的理论思考[J]. 人口研究, 2009（1）：17-29.

[13] 陆淑珍, 魏万青. 城市外来人口社会融合的结构方程模型——基于珠三角地区的调查[J]. 人口与经济, 2011（5）：17-23.

[14] 刘建娥. 农民工融入城市的影响因素及对策分析——基于五大城市调查的实证研究[J]. 云南大学学报：社会科学版, 2011, 10（4）：64-71.

[15] 宋月萍. 社会融合中的性别差异：流动人口工作搜寻时间的实证分析[J]. 人口研究, 2010, 34（6）：10-18.

[16] 杨菊华, 张娇娇. 人力资本与流动人口的社会融入[J]. 人口研究, 2016, 40（4）：3-20.

[17] 杨菊华. 新型城镇化背景下户籍制度的"双二属性"与流动人口的社会融合[J]. 中国人民大学学报, 2017, 31（4）：119-128.

[18] Dronkers J, Vink M P. Explaining access to citizenship in Europe: how citizenship policies affect naturalization rates[J]. European Union Politics, 2012, 13（3）：390-412.

[19] 任远, 邬民乐. 城市流动人口的社会融合：文献述评[J]. 人口研究, 2006（3）：87-94.

[20] 悦中山, 李树茁, 靳小怡, 等. 从"先赋"到"后致"：农民工的社会网络与社会融合[J]. 社会, 2011, 31（6）：130-152.

[21] Lobao L M, Hooks G, Tickamyer A R. The Sociology of Spatial Inequality[M]. New York：SUNY Press, 2007.

[22] 何瑞, 吴旭红. 从商品空间到权利空间：制度化社区空间的再生产——基于湖畔社区"车位之争"的案例分析[J]. 甘肃行政学院学报, 2021（5）：92-104, 127-128.

[23] 郑思齐, 曹洋. 农民工的住房问题：从经济增长与社会融合角度的研究[J]. 广东社会科学, 2009（5）：34-41.

[24] 马克·戈特迪纳, 雷·哈奇森. 新城市社会学[M]. 黄怡译. 上海：上海译文出版社, 2011.

[25] 徐琴. 论住房政策与社会融合——国外的经验与启示[J]. 江淮论坛, 2008（5）：90-94.

[26] He S, Wu F. Socio-spatial impacts of property-led redevelopment on China's urban neighbourhoods[J]. Cities, 2007, 24（3）：194-208.

[27] Galster G C. The Mechanism（s）of Neighbourhood Effects：Theory, Evidence, and Policy Implications[A]//van Ham M, Manley D, Bailey N, et al. eds. Neighbourhood Effects

Research：New Perspectives. Dordrecht：Springer，2011.

［28］Huang Y. From work-unit compounds to gated communities[J]. Restructuring the Chinese city：changing society，economy and space，2004：172-201.

［29］曹吉阳，龚岳. 中国流动人口住房阶层研究[J]. 北京大学学报（自然科学版），2021，57（6）：1172-1182.

［30］张耀军，陈芸. 留城或返乡：城市住房对流动人口回流的影响[J]. 人口研究，2022，46（2）：75-88.

［31］赵向光，李志刚. 中国大城市新移民的地方认同与融入[J]. 城市规划，2013，37（12）：22-29.

［32］Wu W. Migrant residential distribution and metropolitan spatial development in Shanghai[J]. Restructuring the Chinese City：Changing Society，Economy and Space，2005：222-242.

［33］Anonymous. International Handbook of Migration and Population Distribution[A]//White M J. ed. Dordrecht：Springer Netherlands，2016.

［34］Massey D S，Mullan B P. Processes of hispanic and black spatial assimilation[J]. American Journal of Sociology，1984，89（4）：836-873.

［35］Logan J R，Shin H J. Birds of a feather：social bases of neighborhood formation in Newark，New Jersey，1880[J]. Demography，2016，53（4）：1085-1108.

［36］Intrator J，Tannen J，Massey D S. Segregation by race and income in the United States 1970-2010[J]. Social Science Research，2016，60：45-60.

［37］Iceland J. Beyond Black and White：Metropolitan residential segregation in multi-ethnic America[J/OL]. Social Science Research，2004，33（2）：248-271.

［38］Clark W A. Residential preferences and residential choices in a multiethnic context[J]. Demography，1992，29（3）：451-466.

［39］Glikman A，Semyonov M. Ethnic origin and residential attainment of immigrants in European countries[J]. City & Community，2012，11（2）：198-219.

［40］Krysan M，Couper M P，Farley R，et al. Does race matter in neighborhood preferences? Results from a video experiment[J]. American Journal of Sociology，2009，115（2）：527-559.

［41］Massey D S，Rothwell J，Domina T. The changing bases of segregation in the United States[J]. The Annals of the American Academy of Political and Social Science，2009，626（1）：74-90.

［42］Alba R D，Nee V. Remaking the American Mainstream：Assimilation and Contemporary Immigration[M]. Cambridge：Harvard University Press，2003.

［43］South S J，Crowder K D. Housing discrimination and residential mobility：impacts for blacks and whites[J]. Population Research and Policy Review，1998，17（4）：369-387.

［44］Hwang J，McDaniel T W. Racialized Reshuffling：Urban Change and the Persistence of Segregation in the Twenty-First Century[J]. Annual Review of Sociology，2022，48（1）：397-419.

[45] 冯健, 叶宝源. 西方社会空间视角下的郊区化研究及其启示[J]. 人文地理, 2013, 28（3）: 20-26.

[46] Wu F, Logan J. Do rural migrants 'float' in urban China? Neighbouring and neighbourhood sentiment in Beijing[J]. Urban Studies, 2016, 53（14）: 2973-2990.

[47] 周大鸣. 外来工与"二元社区"——珠江三角洲的考察[J]. 中山大学学报（社会科学版）, 2000, 40（2）: 108-113.

[48] 肖林.《"社区"研究》与"社区研究"——近年来我国城市社区研究述评[J]. 社会学研究, 2011（4）: 185-208.

[49] 胡书芝, 刘桂生. 住房获得与乡城移民家庭的城市融入[J]. 经济地理, 2012, 32（4）: 72-76.

[50] 柴彦威, 张艳, 刘志林. 职住分离的空间差异性及其影响因素研究[J]. 地理学报, 2011, 66（2）: 157-166.

[51] Zhu P. Residential segregation and employment outcomes of rural migrant workers in China[J]. Urban Studies, 2016, 53（8）: 1635-1656.

[52] Liu L, Huang Y, Zhang W. Residential segregation and perceptions of social integration in Shanghai, China[J]. Urban Studies, 2018, 55（7）: 1484-1503.

[53] 李强, 李洋. 居住分异与社会距离[J]. 北京社会科学, 2010（1）: 4-11.

[54] 罗国芬, 陈映芳. 近年国内城市社会结构研究述评[J]. 中国城市研究, 2011: 203-238.

[55] 陆铭, 欧海军, 陈斌开. 理性还是泡沫: 对城市化、移民和房价的经验研究[J]. 世界经济, 2014, 37（1）: 30-54.

[56] 方长春. 中国城市移民的住房——基于社会排斥的视角[J]. 社会学研究, 2020（4）: 58-80.

[57] 张文宏, 刘琳. 城市移民与本地居民的居住隔离及其对社会融合度评价的影响[J]. 江海学刊, 2015（6）: 114-122.

[58] 吴缚龙, 李志刚. 转型中国城市中的社会融合问题[J]. 中国城市研究, 2013: 27-38.

[59] 陈宏胜, 李志刚. 中国大城市保障房社区的社会融合研究——以广州为例[J]. 城市规划, 2015, 39（9）: 33-39.

[60] Zou J, Deng X. Housing tenure choice and socio-economic integration of migrants in rising cities of China[J]. China Economic Review, 2022, 74: 101830.

[61] 赵晔琴, 梁翠玲. 融入与区隔: 农民工的住房消费与阶层认同——基于CGSS 2010的数据分析[J]. 人口与发展, 2014, 20（2）: 23-32.

[62] 祝仲坤, 冷晨昕. 住房状况、社会地位与农民工的城市身份认同——基于社会融合调查数据的实证分析[J]. 中国农村观察, 2018（1）: 96-110.

[63] Liu W. Tenure-based housing spatial patterns and residential segregation in Guangzhou under the background of housing market reform[J]. Sustainability, 2022, 14（8）: 4567.

[64] 张广利, 濮敏雅, 赵云亭. 从职业到住房: 社会分层载体的具象化[J]. 浙江社会科学, 2020（3）: 73-79, 158-159.

[65] Sharkey P, Faber J W. Where, when, why, and for whom do residential contexts matter?

Moving away from the dichotomous understanding of neighborhood effects[J]. Annual Review of Sociology, 2014, 40(1): 559-579.

[66] 罗力群. 对美欧学者关于邻里效应研究的述评[J]. 社会, 2007, 27(4): 13.

[67] George G, Patrick S. Spatial foundations of inequality: a conceptual model and empirical overview[J]. RSF: The Russell Sage Foundation Journal of the Social Sciences, 2017, 3(2): 1.

[68] Sampson R J. Great American City[M]. Chicago: University of Chicago Press, 2012.

[69] 李志刚, 吴缚龙, 肖扬. 基于全国第六次人口普查数据的广州新移民居住分异研究[J]. 地理研究, 2014, 33(11): 2056-2068.

[70] Zou J, Chen Y, Chen J. The complex relationship between neighbourhood types and migrants' socio-economic integration: the case of urban China[J]. Journal of Housing and the Built Environment, 2020, 35(1): 65-92.

[71] 李志刚, 刘晔, 陈宏胜. 中国城市新移民的"乡缘社区": 特征、机制与空间性——以广州"湖北村"为例[J]. 地理研究, 2011, 30(10): 1910-1920.

[72] 吴缚龙, 约翰·罗根, 唐磊, 等. 农村移民的城市归属感: 基于北京市社区邻里关系的研究[J]. 国外社会科学, 2017, 4(1): 154-156.

[73] Lin S, Wu F, Li Z. Social integration of migrants across Chinese neighbourhoods[J]. Geoforum, 2020, 112: 118-128.

[74] Wang Z, Zhang F, Wu F. Intergroup neighbouring in urban China: implications for the social integration of migrants[J]. Urban Studies, 2016, 53(4): 651-668.

[75] Liu Z. Supporting or dragging? Effects of neighbourhood social ties on social integration of rural-to-urban migrants in China[J]. Housing Studies, 2019, 34(9): 1404-1421.

[76] 戚迪明, 江金启, 张广胜. 农民工城市居住选择影响其城市融入吗?——以邻里效应作为中介变量的实证考察[J]. 中南财经政法大学学报, 2016(4): 141-148.

[77] Xu M, Wu F, Li Z. Understanding the intergroup relations of migrants in China[J]. Population, Space and Place, 2022, 28(2): e2540.

[78] Bolt G, Özüekren A S, Phillips D. Linking integration and residential segregation[J]. Journal of Ethnic and Migration Studies, 2010, 36(2): 169-186.

[79] Wang J, Kwan M-P, Chai Y. An innovative context-based crystal-growth activity space method for environmental exposure assessment: a study using GIS and GPS trajectory data collected in Chicago[J]. International Journal of Environmental Research and Public Health, 2018, 15(4): 703.

Social Integration of Immigrants in the Perspective of Residential Space

Sun Yulei[1,3], Gu Honghuan[2], Wu Ruijun[3]

(1. School of Marxism, Northwest Normal University, Lanzhou 730070, China; 2. Institute of Urban and Demographic Studies, Shanghai Academy of Social Sciences Shanghai 200020, China; 3. School of Urban and Regional Science, East China Normal University, Shanghai 200241, China)

Abstract In the context of rapid urbanization and housing market reform in China, the problems of spatial differentiation and social stratification have intensified, which have profoundly affected the healthy and balanced development of urban society and the social integration of different groups of people. However, the research on social integration of immigrants based on the perspective of living space has not yet developed a mature and complete theoretical system in domestic academic circles, so that it cannot effectively guide the in-depth empirical research. This paper reviews the theoretical and empirical studies on urban living space and immigrants' social integration at home and abroad in recent years, sorts out the mechanisms of neighborhood effects that affect immigrants' social integration, and reviews the related studies. It attempts to construct a research paradigm of living space affecting immigrants' social integration from multiple spatial scales, such as neighborhood and housing, to provide empirical references for further research in the future and to provide scientific basis and guidance for promoting balanced development within cities and strengthening and innovating urban governance.

Keywords Living space; Neighborhood effect; Social integration; Mobile population

非安居无以乐城：上海市高学历青年人才的住房满意度及留沪意愿研究

宋艳姣　刘中华　罗　峰

摘　要　面对日益高涨的城市房价，如何实现"居有所安"成为青年人才关注的迫切问题。本文基于2017年上海市高学历青年人才的住房满意度调查数据，对高学历青年人才的居住现状及其留居意愿进行了数据统计。通过高频词比较分析法，研究发现高学历青年人才对住房关注的高频词主要集中在居住成本过高、多建公租房/人才公寓、完善公寓配套措施等方面。面对高房价和房格尔系数超过合理范围警戒线的现状，高学历青年人才可支付能力却有限。本文进一步采用二元 Logit 模型对居住满意度和高学历青年人才留沪意愿进行了实证分析，结果显示，高学历青年人才对居住成本越满意，越有可能未来留城工作。

关键词　高学历青年人才；住房满意度；留沪意愿

1　问题缘起

"致天下之治者在人才"。"十四五"规划文件中强调，坚持创新驱动发展，激发人才创新活力。在经济发展方式由高速度向高质量转变的关键期，如何培育、吸引和留住青年人才，成为国家和各级地方政府关注的重点[1,2]。对于具体城市而言，其创新发展的重要优势在于人才的集聚[3]，而稳定的居住环境则是

作者简介：宋艳姣，华东师范大学中国现代城市研究中心/城市发展研究院副研究员，研究方向为劳动经济学、城市经济学；刘中华，中华全国总工会研究所劳动经济研究室助理研究员，研究方向为劳动经济学；罗峰（通讯作者），复旦大学中国研究院助理研究员，研究方向为政治社会学、城市社会学。

基金项目：上海市人文社会科学研究青年基金项目（2018EJB010）。

青年人才实现自由流动和有效配置,进而投入城市创新活动的必要保障[4]。然而,日益高企的房价带来的居住成本,可能通过产业结构效应阻碍人才的合理流动[5],甚至会对我国的城市创新与长远发展产生十分不利的影响。因此,近年来我国各级城市在"抢人大战"中,纷纷将住房优惠政策(包括但不限于购房资格、购房折扣、现金补贴等)作为吸引人才的重要筹码。

住房问题之所以成为影响青年人才定居城市决策的重要原因,甚至是决定性因素,这和当前我国城市所面临的高房价和高度市场化的房地产现状密不可分。进入21世纪以来,我国一线城市的居住成本高速上涨,根据国家统计局公布数据测算,1998~2019年,全国商品房平均销售价格上涨约4.2倍,2020年北京、深圳、上海等一线城市房价收入比均超过35;据世界最大商业房地产公司世邦魏理仕(CBRE)公布的《2020全球生活报告》,在全球房价最高的10个城市中,中国占据4个,分别为香港(第1名)、上海(第4名)、深圳(第5名)和北京(第6名)。于是,住房依托其属性的嬗变和丰富成为城市居民经济地位的最佳象征物[6]。

当然,青年群体所处的人生阶段也使得其对住房有着旺盛的诉求。作为从学生转向社会人的特殊阶段,无论从文化传统还是个体发展的角度而言[7],组建家庭和稳定就业均是其实现这一转变的必要条件,而住房则从中发挥了举足轻重的基础性作用[8]。因此,本文试图探索城市高房价背景下,高学历青年人才的住房现状及其对城市留居意愿的影响,并以此为契机,进一步思考在现行的住房分配体系下,高学历青年人才住房权益的保障问题。

2 文献回顾:城市劳动力的居住状况及其留居意愿

2.1 住房所承载的社会意义

对于青年而言,住房承载着诸多社会意义,对此学术界已经进行了丰富的探讨。从住房获得的方式看,由于家庭支持等"先赋因素"的贡献度远超青年个体收入等"后致因素",住房从根源上就成为青年阶层分化的导火索[9]。作为个人及家庭资产的重要组成部分,住房除了对青年群体的社会经济地位及其认同产生重要影响以外,还在青年这一生命周期的特殊阶段,展现出对相应青年议题的鲜明价值[10,11]。例如，住房不仅是决定青年婚姻市场地位和婚姻决策的重要客观因素[12]，而且在住房消费的过程中，践行了青年追求独立私人空间、实现家庭代际关系变化等个体化实践[13]。而在青年生命周期的另一个侧重点——工作方面，住房的稳定性则对青年收入水平具有显著的积极作用，实证研究结果显示，相较于非自有产权住房青年，自有产权住房青年收入高出9%[14]。此外，作为典型的住房刚需群体，青年又是典型的住房资源劣势群体，因此住房状况还能对青年的主观感受产生重要影响。住房状况（包括产权、消费及条件等）能通过其地位认知，对青年群体的主观幸福感产生重要影响。无房经历可能导致青年群体产生焦虑、抑郁及对社会的仇视，甚至有成为报复社会的"房怒族"的风险[15]。上述研究共同说明，住房已然成为全方位影响当代中国青年日常生活的重要因素。

2.2 住房如何影响青年人才的城市留居意愿

城市的住房状况（包括房价和居住条件等）与居民留居意愿之间的关系一直是城市社会学关注的重点之一[16]。国外学者Potepan较早地将房价纳入城市人口流动的影响因素，并验证了过高的房价会对该区域人口的迁移意愿形成负面影响[17]。当然，我国近年来的情况却明显更为复杂。一方面，既有研究得出了与西方相似的结论，城市房价（包括房价收入比）的上升会显著地抑制人口净流入[18]。另一方面，客观现实和既有研究表明，尽管我国城市的高房价收入比从居住与消费两方面增加了移民者的生活成本，但是并没有阻碍特定城市劳动力的持续流入[19]。究其原因，主要在于就业机遇在很大程度上掩盖了住房成本对留居意愿的影响。高房价附带的城市集聚效应有利于提高劳动力就业概率和实际工资水平，从而导致劳动力选择向高房价大城市流动的同时，也造成了劳动力内部的分化[20,21]。高技能无房劳动力的城市留居决策取决于房价、工资水平和外部环境的均衡，而低技能劳动力更注重工资水平，对高房价不敏感，在这之中，租售比的相对偏低也在一定程度上降低了房价对留居意愿的抑制作用[22,23]。

回到本文的研究对象——高学历青年人才，既有研究发现，我国985高校毕业生仅有21%的群体拥有自己的私有住房，租住商品房的群体占62%[24]。该群体在居住状况上，总体表现出居住成本高、住房需求不足、购房能力差、社区融入程度低以及主观评价满意度中等水平的特征[25,26]。然而由于我国住房保障体系建设起步较晚，存在保障水平较低、保障对象定位模糊、覆盖面狭窄等方面的问题[27]，因此青年人才不仅被大量排除在保障体系之外，也无法从保障体系中获得满足自身需求的住房，从而成为市场和住房政策制度忽略的"夹心层"。考虑到青年人才的汇集是城市产业升级与技术创新的重要原动力，也是青年人才实现自身价值的必经之路，解决该部分群体的住房问题不仅有利于城市人口红利的形成与实现[28]，更是践行社会主义公平正义的现实诉求。因此，本文在既有研究的基础上，展开实地调研，分析当代城市高学历青年人才的住房现状及其核心诉求，从而进一步对高学历青年人才城市留居意愿及相关问题的解决之道加以探析。

3 数据来源及描述性统计

3.1 数据来源

本文采用的是由华东师范大学城市发展研究院收集的2017年上海市青年人才的住房满意度调查数据。本文在各级政府文件对于人才的定义（具有创新意识并在实践中发挥重要作用或贡献的群体）基础上对研究对象进行了聚焦：第一，行业方面主要覆盖上海市建设国际经济中心、国际金融中心、国际贸易中心和国际航运中心四个中心专业人才的需求，以及《上海市工业区转型升级"十三五"规划》中的重点发展行业，具体涉及金融业、生物医疗及化工、信息传输和信息技术服务、水利、环境和公共设施管理、教育和科研机构、专业服务与咨询、餐饮及生活服务业等。第二，年龄方面主要界定为20~35岁、大学本科及以上学历的毕业生。调查问卷通过网络平台进行发放，问题涉及两部分，一是针对目前的住房现状、可支付能力以及住房满意度进行数据调研；二是开放式问答，针对未来住房条件的提升有哪些建议。调研共计发放调查问卷450份，经过筛选最终回收符合研究要求的样本406个。

3.2 问卷信度和效度分析

信度和效度分析是检验设计调查问卷的基础，为了检验调查问卷的可靠性，本文对调查问卷进行了信度分析和效度分析。关于信度分析，目前最常用的是

Alpha 信度系数。一般信度系数在 0~1，若量表的信度系数在 0.9 以上，表示量表的信度非常好；如果量表的信度系数在 0.8~0.9，表示量表的信度很好；如果量表的信度系数在 0.7~0.8，表示量表的信度可以接受[29]。根据调查问卷问题的设置，将变量设置为三个维度。其中，维度一：住房可支付能力；维度二：住房特征；维度三：住房满意度。利用 Stata 15 计量软件，通过分析各个维度和总量的有效性（表 1），得出每个维度和总量表的 Alpha 信度系数均大于 0.7，说明该量表信度较好，符合问卷调查的设置要求。

表 1 调查问卷的信度分析

项目	维度一	维度二	维度三	总量表
Cronbach's Alpha	0.7756	0.7139	0.8802	0.7757

关于效度分析，一般可分为单项与综合相关效度分析、准则效度分析和结构效度分析等几种主要分析方法。其中，学者普遍认为效度分析最理想的方法是利用因子分析测量量表或整个调查问卷的结构效度。利用 Stata 15 计量软件对调查问卷中的变量进行因子分析和 Kaiser-Meyer-Olkin（KMO）检验（表 2），得出 KMO 值显著大于 0.8，说明本文采用的调查问卷结构效度很好[30]。

表 2 调查问卷的 KMO 检验

KMO 值	0.8181
卡方检验	1821.69
显著性	0.0000**

**该结果表示 KMO 值在 1%的水平上显著

3.3 描述性统计

从调研群体的个人基本特征来看，高学历青年人才的男女比例基本平衡，平均年龄为 28.52 岁。考虑到该群体的高学历背景（受教育年限较长），说明其大多还处于刚进入劳动力市场就业的阶段，在沪工作的平均时间为 3.88 年（表 3）。从户籍状况来看，有近 1/4 的群体既不拥有上海市户口，也不持有上海市居住证，而是保留了家乡的户籍。然而在上海市等一线城市，本地户籍往往意味着相应的更高水平的城市基本服务（如 2015 年之前公租房政策的享受对象就局限于本地户籍的人口，直到 2015 年底才明确表示将非户籍人口纳入公租房的申请对象中），这种户籍上的劣势可能成为其通过社会保障体系提升住房状况的一种阻碍。

表 3　上海市高学历青年人才基本情况的描述性统计

项目	变量	变量解释	比例/%	平均值
个人基本特征	性别	男	50.44	
		女	49.56	
	年龄			28.52 岁
	婚姻状况	未婚	57.82	
		已婚	41.59	
		离婚	0.59	
	受教育水平	本科	48.97	
		硕士	36.58	
		博士	14.45	
	在沪工作年限			3.88 年
	工作单位性质	国有企业/国有机关/事业单位	24.19	
		外资企业/中外合资企业	18.58	
		私营企业	18.88	
		其他（自主创业、合伙人和个体经营等）	38.35	
住房状况	住房性质	市场租赁住房	45.13	
		政府/单位提供的保障性住房	8.26	
		自购商品房	40.41	
		其他	6.20	
	住房模式	与家人同住	53.69	
		与人合租	26.25	
		独居	18.29	
		其他	1.77	
	租期	<3 个月	11.76	
		3~6 个月	4.08	
		7 个月~1 年（含 1 年）	52.04	
		1~2 年（含 2 年）	22.17	
		>2 年	9.95	
	人均住房面积			27.44 m²
	通勤时间	每天单程时间		60.88 min
		30 min 及以内	11.50	
		31~60 min	22.71	
		61~90 min	40.71	
		>90 min	19.17	
		其他	5.91	

从受访者的住房状况来看，首先在住房性质上，市场租赁住房群体几乎占到总样本的一半，其次是自购商品房群体，而享受政府/单位提供的保障性住房群体的比例最低，仅为8.26%。在住房模式上，与家人同住是最主要模式，比例占一半以上，其次是与人合租（26.25%）。另外，还有相当数量（18.29%）的群体选择独居的住房模式。对于租房群体而言，住房的不稳定是他们面临的重要问题，有近70%的群体住房租赁期限在1年及以内。较短的租期意味着，当房价不断上涨时，他们还会面临房东售房与租金涨价等各种问题。从住房面积看，人均住房面积为27.44 m^2，略高于2015年统计的上海市人均居住面积24.16 m^2 [①]，当然，这也与该群体自有住房率偏低有关。从通勤时间来看，根据前程无忧发布的《2018职场人通勤调查》报告，受访者每天上下班的单程通勤时长为60.88 min，这个数字略高于上海市当时的平均通勤时间59 min。其中，有近60%的群体每天花费在上下班的往返时间达2 h以上，时间大于3 h的群体占20%。

4　高学历青年人才的住房问题及其留居意愿分析

4.1　住房状况、满意度及其类型差异

为了进一步明晰高学历青年人才的内部差异，本文首先依据住房来源，将其分为市场租赁住房群体、保障性住房群体、自购商品房群体和其他住房四类，进而从居住成本满意度、居住房屋满意度和社区配套设施满意度等涉及住房状况的三个维度对其住房满意度进行分析（表4）。

表4　上海市高学历青年人才住房满意度统计（1～7分）

一维指标	二维指标	市场租赁住房	保障性住房	自购商品房	其他住房	总体
居住成本满意度	住房支出	2.99	5.04	4.40	4.81	3.69
	住房补贴	1.56	3.11	2.41	2.62	2.09
居住房屋满意度	人均居住面积	3.73	4.39	4.49	4.48	4.14
	室内配套设施	3.64	3.82	4.68	3.95	4.09
	居住房屋质量	3.57	4.25	4.67	3.95	4.09

---

① 据上海社会科学院2015年发布的上海居民住房及物业状况调查报告，https://finance.sina.com.cn/china/dfjj/20150420/012421992176.shtml。

续表

一维指标	二维指标	市场租赁住房	保障性住房	自购商品房	其他住房	总体
社区配套设施满意度	通勤时长	3.89	5.11	4.07	4.14	4.08
	小区物业管理水平	3.67	4.68	3.87	3.86	3.84
	小区居民间的互动性	3.17	4.04	3.83	3.67	3.54
	小区的公共配套设施	4.10	3.93	4.47	4.19	4.24
	总体	3.33	4.34	4.13	4.05	3.75

首先，居住成本满意度中的"住房支出"和"住房补贴"在所有指标中得分较低，分别为3.69分和2.09分（最低）。由此可见，居住成本是所有高学历青年人才在住房中面临的最大问题。一般而言，决定一个城市房价是否合理的重要因素在于收入水平的高低及其与住房成本之间的比值。而本次调研的群体中，月收入达到15 000元以上的仅为15.03%（表5），按照2018年上海市新房成交均价44 957元/m²，二手房均价49 631元/m²计算（2016年起，全国范围内正好经历了一波房价上涨的行情），即80%以上的高学历青年人才的月收入不足平均房价的1/3。因此，即使在不考虑任何生活成本的情况下，如果仅靠自己，这些群体在大城市选择自购商品房的城市梦会遥遥无期。

表5 上海市高学历青年人才月收入分类　　（单位：%）

住房性质	<5 000元	5 000~7 999元	8 000~9 999元	10 000~15 000元	>15 000元
市场租赁住房群体	25.67	25.67	17.57	17.57	13.52
保障性住房群体	11.54	42.31	23.08	19.23	3.85
自购商品房群体	14.29	19.64	18.75	25.89	21.43
总体	20.92	24.84	18.30	20.92	15.03

然而更加鲜明的差异则体现在租房群体内部，通过对比市场租赁住房群体和保障性住房群体的房租收入比（即房格尔系数）可以看出，由于保障性住房的租金补贴，房租收入比要远远低于市场租赁群体。既有研究指出，房租收入比维持在25%以内是合理的，而房租收入比超过30%则表明房租压力过大[31]。调查结果显示，市场租赁住房群体的平均房租收入比达到32.6%，高出不合理比例范畴。这不仅说明为何该群体在住房支出和住房补贴项目上仅有2.99分和1.56分的满意度，更意味着其可能因为租房而极大地压迫日常生活开支，并且难以通过

积蓄而获得购买商品房的资格。

表6 上海市高学历青年人才的房租收入比（租房群体）

样本	均值	标准差	最大值	最小值
市场租赁住房群体	32.6	17.41	3.85	128.30
保障性住房群体	15.7	12.37	1.25	56.25

从居住房屋质量和社区配套设施来看，无论何种群体在上述指标上的满意度均不高（平均得分均低于4.5分），其中市场租赁住房群体在"小区的公共配套设施"以外所有指标上的满意度均为最低（总体满意度为3.33分，亦为最低），这深刻地说明该群体的住房问题处在市场调节和政府保障双重覆盖之外的窘境。保障性住房群体整体的住房状况满意度最高，为4.34分，且在"通勤时长""小区物业管理水平""小区居民间的互动性"等指标上的满意度最高（分别为5.11分、4.68分和4.04分），这说明政府的保障性住房在区位选择和社区和谐程度等方面的固有优势。与之相对的，自购商品房群体的住房满意度得分为4.13分，并在"人均居住面积""室内配套设施""居住房屋质量""小区的公共配套设施"等指标上的满意度最高（分别为4.49分、4.68分、4.67分和4.47分），且相较于其他类别有较大幅度的领先，这深刻地说明商品房市场在基本住房质量上的优势。可以看出，解决高学历青年人才住房问题，提升市场租赁住房群体的住房满意度尤为关键。

4.2 留居意愿及其影响因素

既有研究揭示，未来工作地选择是否留城不仅与户籍、预期工作有关，住房问题也在一定程度上会对未来留城行为产生影响[32]。本文试图在住房状况及其满意度的基础上，进一步验证高学历青年人才的留居意愿与住房状况之间的关联。从总体上看，有75.82%的高学历青年人才未来还会继续留在上海工作，7.19%的群体会选择流向上海周边的江浙地区工作，此外还有14.38%的群体对未来工作地的选择没有明确的想法。值得注意的是，相较于租房群体不足七成的留居意愿（市场租赁住房群体和保障性住房群体留居上海的意愿分别为63.51%和69.23%），自购商品房群体的居留意愿高达92.86%，由此可知是否在上海购置房产对留沪起着决定性的作用（表7）。

表7 高学历青年人才留沪意愿统计　　　　　　　　　　　（单位：%）

项目	留在上海	江浙地区	回老家（除江浙沪外地区）	不确定
市场租赁住房群体	63.51	8.78	4.74	22.97
保障性住房群体	69.23	11.54	0.00	19.23
自购商品房群体	92.86	2.68	0.89	3.57
总体	75.82	7.19	2.61	14.38

为了进一步分析高房价背景下，上海市高学历青年人才留沪意愿的具体影响因素，本部分采用二元Logit模型进行了实证分析。其中，因变量为市场租赁住房群体的留沪意愿（其中0=留沪；1=不留沪），自变量为住房居住成本满意度，控制变量为高学历青年人才的个人基本特征因素（如性别、年龄、婚姻状况、受教育水平、工作单位性质等）。利用Stata 15统计软件，二元Logit模型的卡方检验值为54.65，并且在1%的水平下显著。表8中的实证结果显示，当控制其他因素时，高学历青年人才群体的居住成本满意度对其留沪意愿有显著的正影响，即高学历青年人才对居住成本越满意，越有可能未来留沪工作。这也进一步验证了高房价背景下，城市高涨的住房成本压力会对高学历青年人才的流失产生显著的影响。

表8 住房满意度与高学历青年人才留沪意愿的二元Logit模型分析

项目	系数	标准差
性别（女性为基本组）	−0.154	0.29
年龄	0.449	0.31
婚姻状况（未婚为基本组）	−0.422	0.45
受教育水平	−0.033	0.30
户籍性质	−0.255	0.16
工作单位性质	−0.036	0.12
在沪工作年限	0.101	0.22
月平均收入	−0.116	0.13
住房性质（市场租赁住房为基本组）	0.438**	0.17
住房模式（与家人同住为基本组）	−0.518**	0.21
居住成本满意度	0.164**	0.08
常数项	1.302	1.592
样本数	306	

**表示回归结果在5%的水平下显著

4.3 居住建议：基于高频词比较分析

除了定量分析之外，本文的调研还加入开放式问答的部分，具体针对问题"对于未来居住条件的改善，您对政府或企业有什么看法和建议？"进行作答。共回收有效问卷115份。其中，仅有1人觉得目前居住条件很满意，3人持中立意见，剩余111人对目前的居住环境表达了不满之处并提出了相应建议。通过对111份文本汇总分析后，发现高学历青年人才对住房问题关注的高频词主要集中在房价高、多建公租房、公寓配套、人才公寓措施等（表9）。

表9　高学历青年人才期望改善居住条件的高频词统计

排序	高频词主题	频次/次	频率/%
1	房价高	58	52.25
2	多建公租房	10	9.01
3	公寓配套设施	8	7.21
4	人才公寓	6	5.41
5	旧小区改造	6	5.41
6	住房补贴	5	4.50
7	购房门槛	3	2.70
8	提高收入	2	3.60
9	完善交通	2	1.81
10	延长租赁期限	2	1.81

根据高频词的文本分析，高学历青年人才对于住房的期望建议可以归纳为四个方面。一是认为居住成本太高，可支付压力大。该群体占到全部样本的54.95%，降低居住成本主要包括降低房价、增加住房补贴、征收房产税、降低贷款利息等方面。二是完善公共租赁住房建设（15.32%），包括多建公租房、青年人才公寓等保障性住房，尤其是对刚毕业的低收入群体能有相关政策支持。对于现有公租房建设，有受访者表示希望提高现有住房补贴，延长公租房租赁期限，解决青年群体在过渡性住房中的公租房租赁期限不稳定等问题。三是提升小区配套设施（14.41%），不仅包括城市规划和交通等宏观议题，也涉及小区周边的医院、交通等配套设施的建设以及小区内部的旧房改造及增加停车位的细微问题。四是其他建议（15.32%），主要包括为外来人员增加福利，不限购，多套房累加税、空置税，增加土地供给、增加住宅用地供应，购房门槛降低，提高公积金比

例等等政策层面的意见建议。

表 10　高学历青年人才期望改善居住条件的主要建议

主要维度	建议内容
降低居住成本 （54.95%）	降低房价
	稳定房价
	增加住房补贴
	控制政府卖地
	征收房产税
	降低贷款利息
	降低物价
完善公共租赁住房建设 （15.32%）	多建公租房、青年人才公寓等保障性住房
	延长公租房租赁期限
提升小区配套设施 （14.41%）	注重城市规划
	小区规划更合理
	提高城郊医院质量
	提高小区物业管理水平
	完善交通
	增加小区停车位
	关注老房子改造
其他建议 （15.32%）	为外来人员增加福利
	不限购
	多套房累加税、空置税
	增加土地供给、增加住宅用地供应
	购房门槛降低
	扩大精装小户型房子的数量
	提高公积金贷款比例

5　总结与建议

在住房问题对于青年群体影响与日俱增的时代背景下，本文基于2017年上海市高学历青年人才的住房满意度调查数据，对大城市青年的住房现状及其居留意愿进行了实证分析。研究发现，不同类型（市场租赁住房群体、保障性住房群体、自购商品房群体）群体在住房现状及其满意程度上表现出了鲜明的差异性，并随之对高学历青年人才的居留意愿产生相应的影响。总体上，高房价背景下居住成本的扩张成为高学历青年人才群体所面临的首要问题，并随之影响到其居住满意度和留居意愿。

结合研究发现及调研现状反思，本文针对解决大城市高学历青年人才住房问题的一些对策思路进行了总结。

第一，完善高学历青年人才群体住房货币化补贴机制。由于近年来我国一线城市的房价太高、涨幅过快，使高学历青年人才中有房群体和无房群体之间的贫富差距极速拉大，甚至会在一定程度上滋生人们对劳有所得理念的怀疑，进而对高学历青年人才的留居意愿产生不利影响。因此，对于城市的房产政策而言，在稳定房价，使之逐步回归到合理区间的同时，政府应适当增加住房补贴，为生活工作在大城市的高学历青年人才提供一个较实惠的居住环境。针对租房群体的刚需要求，租房补贴对象不仅限于申请人才公寓的群体，政府和企事业单位也应考虑给毕业不久的高学历青年人才群体提供合理的住房补贴，通过缓解青年群体的住房压力，才能使这部分群体的消费活力和创造力释放出来。

第二，加大公租房建设投入，提升人才公寓覆盖比例。增大公租房的供应量和覆盖范围，满足高学历青年人才群体的租房需求。可增加对公共租赁住房和青年公寓的建设投入，由政府或企事业单位来统筹规划建设人才公寓或青年公寓。通过调研发现，由于工作地点和通勤时长的要求，高学历青年人才对市区公租房的需求较大。公租房的建设可以借鉴新加坡组屋的资金投入和部门监管等措施，通过规范前期投入资金渠道和统一后期监管部门，在保障住房质量的同时降低住房建设成本，从而使扩大人才公寓覆盖面变得有利可行。公租房选择多元化。高学历青年人才群体由于处在住房的过渡阶段，一方面由于收入水平有限，购买商品自住房压力过大，租房成本也占每月支出的很大比重；另一方面随着"80后"和"90后"群体对居住水平多元化的要求，传统的公租房条件很难满足他们的切实需求。因此，政府和企事业单位在规划人才公寓和员工公寓建设时，可以立足高学历青年人才群体的需求，充分考虑居住地缘位置、住房居住空间和社区公共空间的合理布局，为激发年轻人应有的活力和创新力提供全方位的优惠住房。

第三，加强城市社区的公共设施建设。现有居住小区配套设施有待完善。减少通勤压力是高学历青年人才群体居住中面临的关键问题。尤其是居住在郊区的群体，由于开发商在前期规划中过于重视拍地投入，对周边交通设施尤其是文教卫生商业的规划投入有很大欠缺，城郊教育、医疗等城市基本服务资源与城市核心区相比差距较大。因此，在完善郊区公共交通、缩短通勤时间的同时，还应加大教育卫生医疗等基础设施和公建设施改造，提高城市服务各区均等化水平。此外，对于青年人才居住较多的陈旧小区，应完善社区服务配套设施。以老旧小区改造为切入点，提升城市公共服务水平。随着老龄化和二孩政策的放开，上海市青年群体与父母同住的现象会日益突出。对于无电梯房的公租房应加强顶层平改坡，并对有条件的小区进行电梯规划，通过加快旧区改造，对接城市再造功能，不断提高青年群体的居住环境满意度。

参考文献

[1] 陈立中，胡奇，洪建国. 高房价对城市人才流失和高质量发展的影响[J]. 城市发展研究，2020，27（12）：98-105.

[2] 古恒宇，沈体雁. 1995—2015年中国省际人口迁移网络的演化特征——基于异质性劳动力视角[J]. 地理研究，2021，40（6）：1823-1839.

[3] 唐代盛，盛伟. 人口城市化、结构红利与时空效应研究——以劳动力市场效率为视角[J]. 中国人口科学，2019（5）：29-42，126-127.

[4] 陈斌开，张川川. 人力资本和中国城市住房价格[J]. 中国社会科学，2016（5）：43-64，205.

[5] 庞晓波，邢戬. 高房价如何加剧经济结构失衡探析[J]. 现代财经（天津财经大学学报），2012，32（12）：66-75.

[6] 张传勇，罗峰，黄芝兰. 住房属性嬗变与城市居民阶层认同——基于消费分层的研究视域[J]. 社会学研究，2020，35（4）：104-127，243-244.

[7] 风笑天. 家安何处：当代城市青年的居住理想与居住现实[J]. 南京大学学报（哲学·人文科学·社会科学版），2011，48（1）：73-81，159.

[8] 吴银涛，胡珍，陈敏. 城市青年房奴现象的产生及生存发展状况研究[J]. 中国青年研究，2012（2）：70-74.

[9] 王先柱，王敏. 青年群体住房获得：阶层固化能够打破吗[J]. 财经科学，2018（1）：54-63.

[10] 范一鸣. 住房流动、父代资助与青年群体的阶层分化——基于北上广青年群体的实证分析[J]. 中国青年研究，2020（8）：43-50.

[11] 聂晨，方伟. 住房自有会撕裂青年群体吗——青年住房自有与阶层认同的研究[J]. 中国青年研究，2017（8）：64-70.

[12] 廉思，赵金艳. 结婚是否一定要买房？——青年住房对婚姻的影响研究[J]. 中国青年研究，2017（7）：61-67.

[13] 林蒙丹，林晓珊. 结婚买房：个体化视角下的城市青年婚姻与住房消费[J]. 中国青年研

究，2020（8）：28-35.
[14] 钟荣桂，吕萍. 住房稳定性对青年收入水平的影响——基于天津市青年群体微观调查数据的分析[J]. 城市问题，2018（8）：4-11.
[15] 胡小武. 青年的住房压力与社会稳定的探讨——大都市"房怒族"形成的社会化逻辑[J]. 中国青年研究，2014（10）：9-13.
[16] Gordon H, McCormick B. Do council housing policies reduce migration between regions? [J]. The Economic Journal, 1981, 91（364）：919-937.
[17] Potepan M J. Intermetropolitan migration and housing prices: simultaneously determined? [J]. Journal of Housing Economics, 1994, 3（2）：77-91.
[18] 赵锋，樊正德. 高房价对大城市人口流入的抑制效应——来自北上广深四城市的实证证据[J]. 城市发展研究，2019，26（3）：41-48.
[19] 李超，张超. 高房价收入比形成原因及对中国城市人口集聚的影响：理论与实证[J]. 华南师范大学学报（社会科学版），2015（1）：116-123，191.
[20] 黎嘉辉. 城市房价、公共品与流动人口留城意愿[J]. 财经研究，2019，45（6）：86-100.
[21] 高虹. 城市人口规模与劳动力收入[J]. 世界经济，2014，37（10）：145-164.
[22] 周颖刚，蒙莉娜，卢琪. 高房价挤出了谁？——基于中国流动人口的微观视角[J]. 经济研究，2019，54（9）：106-122.
[23] 董昕. 住房支付能力与农业转移人口的持久性迁移意愿[J]. 中国人口科学，2015（6）：91-99，128.
[24] 朱迪. "80后"青年的住房拥有状况研究——以985高校毕业生为例[J]. 江苏社会科学，2012（3）：63-68.
[25] 赵文聘，仉楠楠. 大都市流动青年的住房现状及对策研究[J]. 中国房地产，2014（20）：28-34.
[26] 宋程. 青年住房问题研究——基于长三角城市群青年民生调查的分析[J]. 青年学报，2020（1）：27-33.
[27] 何元斌. 保障性住房政策的经验借鉴与我国的发展模式选择[J]. 经济问题探索，2010（6）：164-170.
[28] 胡吉亚，吴肖楚. 住房成本、产业升级与青年人群城镇化实证研究——来自我国35个主要城市的面板数据[J]. 中国青年社会科学，2019，38（5）：67-76.
[29] DeVellis R. Scale Development: Theory and Applications[M]. Newbury Park, CA: Sage, 1991.
[30] 李灿，辛玲. 调查问卷的信度与效度的评价方法研究[J]. 中国卫生统计，2008（5）：541-544.
[31] 王炜，于悦. 房租多高是合理[N]. 人民日报，2013-06-07，17版.
[32] 张莉，何晶，马润泓. 房价如何影响劳动力流动？[J]. 经济研究，2017，52（8）：155-170.

Living Comfortably in the City: A Study on Housing Satisfaction and Willingness to Stay in Shanghai for Highly Educated Young Talents

Song Yanjiao[1,2], Liu Zhonghua[3], Luo Feng[4]

(1. The Center for Modern Chinese Studies, East China Normal University, Shanghai 200062, China; 2. Institute of Urban Development, East China Normal University, Shanghai 200062, China; 3. Labor Economy Research Office, Research Institute of the All-China Federation of Trade Unions, Beijing 100013; 4. China Institute, Fudan University, Shanghai 200433, China)

Abstract With the rising urban housing prices, how to live comfortably has become an urgent issue for young talents. Based on the housing satisfaction survey data of highly educated young talents in Shanghai in 2017, this paper analyzes the housing satisfaction of highly educated young talents and their willingness to stay in Shanghai. Through the comparative analysis of high-frequency words, this paper finds that the young talents' most concern about housing is mainly concentrated on the high price of housing, building more public rental houses/talent apartments, and improving the supporting measures of apartments. Facing high housing prices and the rent-to-income ratio exceeding the reasonable warning line, young talents have limited affordability. The paper further uses the binary Logit model to conduct an empirical analysis of the housing satisfaction and the willingness of young talents to stay in Shanghai. The results show that the more satisfied the living cost is, the more likely they are to stay and work in Shanghai in the future.

Keywords Highly educated young talents; Housing satisfaction; Willingness to stay in Shanghai

乡村创意感知、地方依恋与艺术乡建支持度研究

——以上海吴房村为例

方田红 许国帅

摘 要 很多研究已证实环境感知会影响地方依恋,从而影响个人对地方的行动。创意性是艺术社区最突出的特征,各主体的支持则是艺术社区持续发展的关键动力。借鉴景观感知、创意指数等相关指标,构建艺术乡村创意感知指标体系,运用结构方程探索创意感知对地方依恋及艺术乡建支持度的影响。以上海艺术乡村进行实证分析,结果发现如下几点。①创意感知可以划分为物质景观的创意感知和人文景观的创意感知两个维度,每个维度包含若干个子维度。②创意感知、地方依恋对艺术乡建支持度存在显著的正向影响,创意感知对地方依恋两维度存在显著的正向影响。③大龄、职业相关度低的群体对艺术乡建支持意愿低。④农民群体较非农民群体在各维度上感知呈现显著的消极态度。本文揭示了创意性和人-地情感对艺术乡村持续发展的重要作用。艺术乡村在发展实践中必须不断吸引与留住艺术人才,提升乡村创意氛围,激发各主体尤其是村民主体的创造力与主动性;培育各主体对乡村的依恋情感,促进艺术乡建可持续发展。

关键词 创意感知;地方依恋;艺术乡建;吴房村;结构方程

作者简介:方田红,华东理工大学艺术设计与传媒学院副教授,硕士研究生导师,研究方向为区域规划、艺术乡建;许国帅,华东理工大学艺术设计与传媒学院硕士研究生,研究方向为区域规划、艺术乡建。

基金项目:国家自然科学基金重点项目"长三角战略性新兴产业创新网络地域空间结构研究"(42130510);上海市艺术社科基金重点项目"上海艺术乡建的思路与模式研究"(ZD2020G01)。

1 引言

艺术乡建，一般是指艺术家、建筑师、景观设计师、人类学家以及相关领域的专家学者以美术教育、民艺开发、艺术展演、古建修复、村容美化等形式参与的乡村建设的实践[1-3]。艺术乡建与其他乡建模式的区别在于其创意性，它的持续吸引力也在于此。在我国乡村振兴背景下，近些年涌现出不少艺术乡建实践，但不少艺术乡村或艺术人才流失，或艺术家与村民矛盾凸显。艺术乡建持续发展成为一个难题。

创意人才是创意集聚区的灵魂，创意氛围则是吸引创意人才的重要因素之一。有众多学者论证了创意氛围对创意人才吸引力与创意能力的促进作用，如Drake认为地方特色鲜明的社会和文化活动是创意灵感的重要来源[4]。创意人才在空间上与相关知识源邻近从而能够与之进行频繁互动来获得所需的缄默知识（tacit knowledge），以促进创新发生。已有研究证明，景观感知影响居民或游客对旅游社区的情感（地方依恋或地方感），从而影响到他们的行为表现，而这些行为又会进一步影响到旅游社区或旅游区的发展。对艺术乡村而言，艺术乡建各主体的创意感知会不会影响到人-地情感，从而进一步影响到人的行为表现？目前，有关艺术社区可持续发展的研究主要集中在城市，讨论也大都从资本、管理、创新网络等角度展开，鲜有关注到艺术社区主体的感受、人-地情感等角度。本文拟以我国艺术乡村为研究对象，探究各主体创意感知、地方依恋与艺术乡建支持度之间的关系，以期从主体地方情感、创意氛围角度来思考艺术乡建可持续发展问题。

2 模型构建与研究假设

2.1 乡村创意感知评价指标构建

感知作为人认识外界并对外界产生心理认识、心理活动的第一步，对于某一事物认知的形成至关重要。目前，尚无文献涉及"创意感知"这一概念，但有关其他方面的感知研究已经很丰富。参照"景观感知"的概念[5],将创意感知界定为主体通过多感官对客体创意性的主观感知评价,该过程受客体本身以及主体先天、后天知识的影响。感知的衡量需要具体维度。衡量城市的创意指数已经有较成熟的研究与成果。Florida 研究发现,创意人才、科技、思想自由、环境舒适的地方创意产业发达,提出用人才、技术、包容性三个指标来衡量一个地区的创意性,并据此建立欧洲创意指数[6]。李博婵提出了中国创意城市评价指标体系[7]。此外,还有香港创意指数、上海城市创意指数[8]等相关创意评价体系。

以上创意指数都是基于一些经济数据、人口特征等客观要素进行评价的,而创意感知则注重衡量人的主观感受。综合以上各创意指数,再借鉴创意感知价值准则层[9]、景观感知的评价体系[10],本文构建了符合我国乡村实际的创意感知指标体系(表1)。将乡村创意感知分为物质环境要素感知与人文环境要素感知两个指标,两个指标下面再各含多级子指标。

表1 乡村创意感知指标体系

目标层	一级指标	二级指标	三级指标	指标意义
乡村创意感知	物质环境要素	建筑环境	居民建筑	反映基本住宅创意水平
			公共服务建筑	反映公共设施创意水平
			公共服务设施	反映公共设施创意水平
		生态资源	农业生产景观	反映生产景观创意水平
			水体景观	反映自然景观创意水平
			植物绿化景观	反映自然景观创意水平
	人文环境要素	创意生产	创意场所数	反映创意产业发展水平
			创意公司数	反映创意产业发展水平
			创意产业数	反映创意产业发展水平
			创意产业从业人数	反映创意产业发展水平
		创意生活	整体氛围	反映整体创意氛围水平
			创意活动	反映文化娱乐活动规模
			高中以上学历人数	反映受教育水平
			宽容度	反映接纳与包容水平
			创意文化消费	反映创意文化消费水平
		创意管理	创意服务	反映政府服务创意灵活度

2.2 创意感知与艺术乡建支持度

认知-态度-行为意愿理论认为个体对事物的认知将会决定态度,态度进一步影响行为意愿[11]。这一理论已在旅游领域研究中得到证实[12],如地方文化原真性感知正向影响游客地方依恋和对地方旅游发展的支持以及地方忠诚度[13]。Zukin 通过研究发现创意阶层偏好有地方特质的地方，注重创意氛围[14]。Florida 的"3T"（technology，talent and tolerance）理论中 tolerance（包容性）是指创意氛围、创意环境，是影响地方创意产业发展的重要因素之一[6]。创意氛围由地方物质环境和人文环境构成，有些也具有不可言说性，如创意氛围中的隐性知识，这种知识的传播依赖知识携带者面对面的交流。创意事物的趣味性给人以积极的心理感受，从而对人的行为产生积极影响[15]。参照旅游领域的感知研究成果，结合创意集聚区的实践，本文假设艺术乡建主体的创意感知正向影响其对艺术乡建的支持度，即 H1a-H1b：艺术乡建主体对物质环境要素的创意感知、对人文环境要素的创意感知对艺术乡建支持度均存在正向影响。

2.3 地方依恋与艺术乡建支持度

地方依恋可以理解为一个人与特定区域建立起的情感联系，表达出人对留在此地的情感倾向。Williams 等将地方依恋划分为地方依恋和地方认同两个维度，分别表示个体在客观物质功能与主观情感感受上与地方的联系，这是目前应用较为广泛的一种划分维度[15]。社会认知心理学中的熟悉效应认为人们对某一事物的熟悉程度可以增加其对该客体的喜爱程度[16]，Lyons 的研究同样证实了这一效应[17]。认知-情感系统理论（cognitive-affective system theory of personality，CAPS）认为情感是影响个体行为的首要因素之一[18]，人-地情感对人行为的正向影响在旅游社区和历史街区的研究中得到证实，如杨昀和保继刚通过研究阳朔西街外来经营者的地方依恋，显示提高经营者对旅游地的依恋程度有利于地方资源的可持续规划管理[19]。艺术乡村与旅游社区、历史街区具有一定的相似性，艺术乡村也往往是旅游目的地。因此，本文提出假设，即 H2a-H2b：地方依恋与地方认同对艺术乡建支持度存在正向影响。

2.4 创意感知与地方依恋

创意人才偏爱有地方特色和创意氛围的地方，通过多感官对创意场景进行感知，由景生情，作为一种人-地间的正向情感联系，地方依恋自然有可能会被创意感知中派生出的情感所影响[20]。因此假设创意感知正向影响地方依恋，即

H3a-H3b：物质环境要素的创意感知、人文环境要素的创意感知对地方依恋存在正向影响。H4a-H4b：物质环境要素的创意感知、人文环境要素的创意感知对地方认同存在正向影响。

基于以上创意感知、地方依恋与艺术乡建支持度的相关研究与假设，本文构建出三者关系的概念模型（图1）。

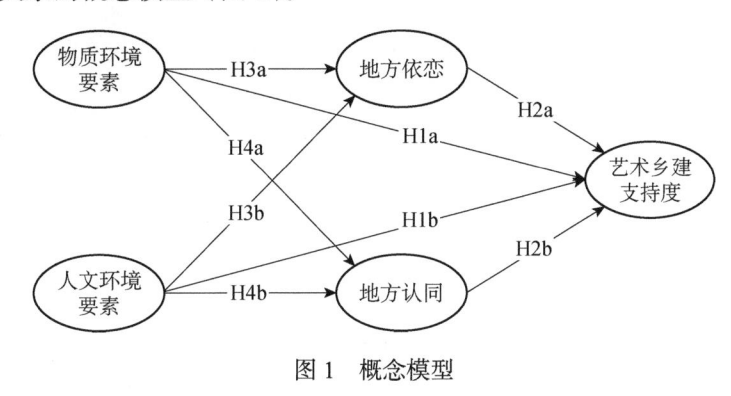

图1 概念模型

3 研究方法与数据搜集

3.1 研究区域

吴房村位于上海市奉贤区青村镇西南部，面积为 1.99 km²，是上海第一批 9 个乡村振兴示范村之一。在吴房村美丽乡村建设过程中，艺术家积极参与，通过对村内景观环境的艺术化设计、传统民居的艺术化改造、地域特色产业的 IP 打造、特色主题活动的推广等艺术手段，对吴房村进行改造，使其成为上海的明星艺术乡村之一。可以说，吴房村是艺术介入乡村建设的典型案例地之一，对其进行研究具有代表性。

3.2 问卷设计

本文在文献回顾、相关人员访谈的基础上，结合实地调查，设计出初始问卷并用于预调研，预调研后对问卷进行了调整，这个过程中参考了旅游学领域专家、当地居民等相关人群的意见，并对其中难以理解或意义指向不明或重复的题目进行了简化或修正。问卷内容共分为 4 部分，分别为当地村民的人口统计学变量、创意感知、地方依恋和艺术乡建支持度。人口统计学变量部分依据现有的成熟问卷进行设计，包括性别、年龄、学历、职业、收入[21]；创意感知的题项设计依据创意感知指标分为 2 个维度共计 16 个题项[22]；地方依恋的题项参考目前已发表的相关文献，分为地方依恋和地方认同 2 个维度共计 14 个题项[23]；艺术乡建支持度题项包含受访者的乡建支持态度、与其他各主体的交流意愿、对民俗文化的传承态度以及对环境保护的态度 4 个方面的 4 个题项[24]。除了受访者的人口统计学变量部分以外，其余部分的问卷采用利克特 5 分量表法进行评分。

3.3 数据收集

2021 年 6 月 27～29 日进行了小范围的问卷发放，对所得数据进行了检验。根据检验结果调整问卷后得到用于正式调研的问卷。2021 年 7 月 15 日至 8 月 6 日在吴房村进行实地访谈与问卷调查，后期因新冠疫情防控原因转而通过网络问卷调查的方式继续调研，通过联系入驻村内商铺的工作人员代发等方式进行问卷填写。接受问卷调查的人员包括吴房村本地居民、入驻村子的创意商铺老板及员工、乡村管理人员、自由职业者等，受访者的选择在随机性原则基础上尽量涵盖各个年龄段。最终获得问卷 362 份，其中有效问卷 336 份，有效率为 92.82%。

4 研究结果及分析

4.1 人口统计学特征

本次回收的问卷中，本地村民占比为 62.69%，多于非本地居民（37.31%）；性别方面，男性比女性稍多，占比为 54.84%；年龄方面，以 19～29 岁居多，占比为 37.1%，其次是 30～39 岁，占比为 32.26%；学历方面，67.1% 的受访者拥有高中及以上学历；职业方面，22.58% 的受访者为自由职业者，19.35% 的受访者为私营业主；月收入主要集中于 5000～7999 元，占比为 32.26%。

4.2 问卷信度效度分析

本文使用 SPSS 25.0 计算克隆巴赫 α 系数（Cronbach's Alpha 系数）来检验信度。根据检测结果，总量表的 Cronbach's Alpha 系数以及创意感知、地方依恋、艺术乡建支持度的 Cronbach's Alpha 系数分别为 0.951、0.892、0.896、0.717，均大于 0.7，证明该问卷具有较为理想的信度。使用 SPSS 25.0 对样本数据进行 KMO 值与巴特利特（Bartlett）球形度检验。结果显示，总量表、创意感知、地方依恋与艺术乡建支持度 KMO 值分别为 0.843、0.882、0.865、0.688，Bartlett 球形度检验结果均显著。使用平均方差提取值（average variance extracted）和组合信度（composite reliability）来检验回收数据的收敛效度，结果可知各指标收敛效度得到验证。

4.3 人口统计要素差异性分析

分别使用独立样本 T 检验和单因素方差分析对性别、年龄、学历、职业、月收入变量进行分析（表 2）。艺术乡建支持度维度，职业变量 P 值=0.014<0.05，有显著差异；年龄变量 P 值=0.035<0.05，有显著差异。地方依恋维度，月收入变量 P 值=0.024<0.05，有显著差异；年龄变量 P 值=0.017<0.05，有显著差异。地方认同维度，学历变量 P 值=0.031<0.05，有显著差异。人文环境要素维度，年龄变量 P 值=0.027<0.05，有显著差异。

表 2 人口学变量差异分析（P 值）

组分	性别	年龄	学历	职业	月收入
物质环境要素	0.563	0.49	0.325	0.584	0.566
人文环境要素	0.509	0.027	0.274	0.342	0.499
地方依恋	0.338	0.017	0.128	0.142	0.024
地方认同	0.572	0.102	0.031	0.123	0.742
艺术乡建支持度	0.892	0.035	0.112	0.014	0.111

依据变量差异分析结果对差异显著的相关指标进行数据比对分析后，得到如下结果与讨论。

（1）艺术乡建支持度方面，不同年龄、职业群体间存在显著差异。年龄较小（18 岁以下）及年龄较大（50 岁以上）的人群对艺术乡建的负面影响感知更为明显，打分较低。19～49岁人群多数为当地公司职员、政府工作人员等，打分相对较高。社会交换理论解释为，该部分人群可以从艺术乡建中获得更多福利，因此有着更积极的态度。这也可以解释在职业变量中，农民支持度较低，因为该人群大多为村内老人，从艺术乡建中获取的红利较少。人们倾向于支持能够掌控和融入其中的事情[5]，而对难以学习、理解的事情则更容易失去兴趣。

（2）地方依恋方面，不同年龄、月收入群体间存在显著差异。年龄较小的人群打分较低，地方依恋程度不强，18岁以下的人群在村内生活时间较短且多数在市区上学，物质生活条件差异可能导致该部分人群对村子的地方依恋程度较低。月收入与地方依恋程度基本成正比，但在月收入超过1万元的人群部分出现了下降，该部分人群多数为私营业主、科技公司职员或自由职业者，他们周末或每天都会返回市区，村内仅是一个工作地点。月收入1万元以下的人群多数为当地村民，长期生活在村内，因此对村子有着更高的依恋感。

（3）地方认同方面，不同学历群体间存在显著差异。学历与其基本成正比，高学历人群对地方的认同感更强，对环境的感知更精细，对文化的认同更严格[25]，艺术乡建符合该人群的精神、文化诉求，因此有着更高的认同感。

（4）人文环境要素创意感知方面，不同年龄群体间存在显著差异。50岁及以上人群打分较低，对人文环境要素的创意感知较弱。从前期访谈了解到，该部分人群多数长期生活在村内，对于熟悉的环境在短时间内发生较大变化而感到不适，且极少接触创意相关行业或事物，对此表示难以理解和接受。

（5）依据问卷结果，按照来源将受访者分为本地村民与非本地居民，发现两类人群对各维度打分并无显著差异。经数据检验后发现许多驻村的外来工作者在题项选择中认为自己是本地村民，因此造成了误差。事实上，我国现阶段对"村民"这一概念的理解与界定依然处于模糊不清的状态。因此，以"是否为本地村民"作为划分群体的依据目前并不适用于本研究。结合已知的有关职业因素对维度影响的分析与受访者的实际情况，将人群依据职业不同分为农民与非农民（学生、教师、自由职业者、公司职员、政府工作人员、私营业主）进一步分析，结果显示农民与非农民在创意感知、地方依恋以及艺术乡建支持度方面存在差异，农民群体对各维度的打分均低于非农民群体，特别是艺术乡建支持度维度，存在较明显的差异。

4.4 结构方程模型检验

在 SPSS 中对物质环境要素、人文环境要素、创意感知量表、地方依恋、地方认同、地方依恋量表、艺术乡建支持度进行双变量相关性分析，结果（表 3）显示各维度间存在显著的正向相关关系。利用 AMOS 24.0 软件以最大似然法为估计方法对模型进行验证性因子分析（表 4）。测量模型的 $X^2/df=1.984$，卡方值与自由度之比处于 1～3 的接受范围内。模型的 GFI 为 0.931，NFI 为 0.928，CFI 为 0.966，IFI 为 0.973，均高于 0.9，RMSEA 为 0.075，小于 0.08，可见测量模型的拟合优度指数均高于推荐值，说明数据能较好地拟合测量模型，测量模型具有良好的建构效度。

表 3　相关性分析

项目	物理环境要素	人文环境要素	创意感知量表	地方依恋	地方认同	地方依恋量表	艺术乡建支持度
物质环境要素	1						
人文环境要素	0.821**	1					
创意感知量表	0.938**	0.968**	1				
地方依恋	0.792**	0.781**	0.822**	1			
地方认同	0.828**	0.818**	0.860**	0.743**	1		
地方依恋量表	0.868**	0.857**	0.902**	0.928**	0.939**	1	
艺术乡建支持度	0.755**	0.752**	0.789**	0.700**	0.803**	0.807**	1

**表示 $P<0.01$

表 4　结构方程模型的拟合优度指数

拟合指数	X^2/df	RMSEA	RMR	GFI	NFI	CFI	IFI
推荐值	<3.0	<0.08	<0.05	>0.90	>0.90	>0.90	>0.90
实际值	1.984	0.075	0.026	0.931	0.928	0.966	0.973

注：X^2/df 表示卡方自由度之比，RMSEA 表示近似误差均方根，RMR 表示均方根误差，GFI 表示拟合优度指数，NFI 表示规范拟合指数，CFI 表示比较拟合指数，IFI 表示增值拟合指数

对结构方程模型进行检验，图 2 为结构方程模型标准化路径图。在 SPSS 软件中构建线性回归方程检验概念模型中的各个路径（表 5）。对假设 H1a-H1b 构建线性回归方程，得到数据 $R^2=0.624>0.6$，VIF<5（R^2 表示模型对样本的拟合优度，越趋于 1 越优；VIF 为方差膨胀因子，是用于判断特征间多重共线性的度

量，应小于10），拟合度良好，证明物质环境要素显著正向影响艺术乡建支持度（β=0.422>0，P<0.05），人文环境要素显著正向影响艺术乡建支持度（β=0.406>0，P<0.05），假设H1a和假设H1b成立；对假设H2a-H2b构建线性回归方程，得到数据R^2=0.669>0.6，VIF<5，拟合度良好，证明地方依恋可以显著正向影响艺术乡建支持度（β=0.230>0，P<0.05），地方认同可以显著正向影响艺术乡建支持度（β=0.632>0，P<0.05），假设H2a和假设H2b成立；对假设H3a-H3b构建线性回归方程，得到数据R^2=0.679>0.6，VIF<5，拟合度良好，证明物质环境要素显著正向影响地方依恋（β=0.463>0，P<0.05），人文环境要素显著正向影响地方依恋（β=0.401>0，P<0.05），假设H3a和假设H3b成立；对假设H4a-H4b构建线性回归方程，得到数据R^2=0.744>0.6，VIF<5，拟合度良好，证明物质环境要素显著正向影响地方认同（β=0.480>0，P<0.05），人文环境要素显著正向影响地方认同（β=0.423>0，P<0.05），假设H4a和假设H4b成立。

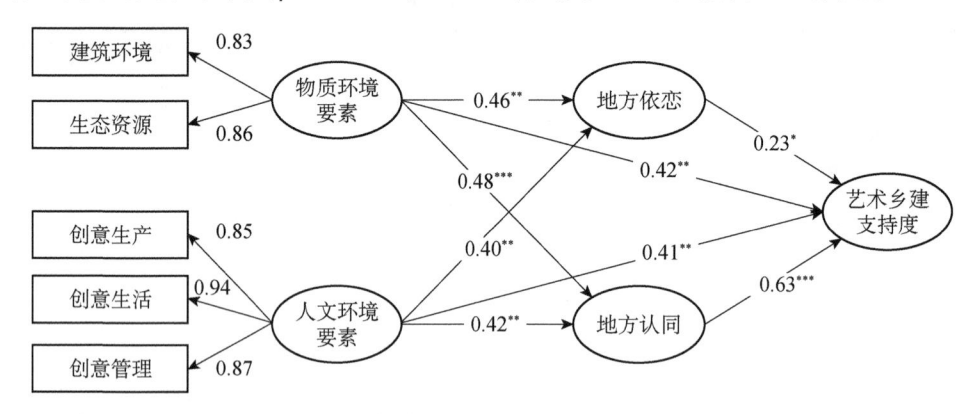

图2 模型路径图与标准化估计值
*表示 P<0.05；**表示 P<0.01；***表示 P<0.001

表5 模型的路径分析与假设检验结果

假设路径	标准化路径系数	T值	P值	验证结果
H1a：物质环境要素→艺术乡建支持度	0.422	3.019	**	支持
H1b：人文环境要素→艺术乡建支持度	0.406	2.900	**	支持
H2a：地方依恋→艺术乡建支持度	0.230	2.058	*	支持
H2b：地方认同→艺术乡建支持度	0.632	5.653	***	支持
H3a：物质环境要素→地方依恋	0.463	3.584	**	支持
H3b：人文环境要素→地方依恋	0.401	3.101	**	支持
H4a：物质环境要素→地方认同	0.480	4.163	***	支持
H4b：人文环境要素→地方认同	0.423	3.668	**	支持

*表示 P<0.05；**表示 P<0.01；***表示 P<0.001

采用 Bootstrap 方法来检验地方依恋和地方认同在创意感知两维度与艺术乡建支持度之间的中介作用，设定 Bootstrap 样本数为 5000，置信水平设置为 95%，详细结果如表 6 所示。在 95%置信水平下，Bias-Corrected 方法的置信区间不包含 0，总效应显著；在 95%置信水平下，Bias-Corrected 方法的置信区间不包含 0，间接效应显著；在 95%置信水平下，Bias-Corrected 方法的置信区间不包含 0，直接效应显著。由表 6 中数据可知，物质环境要素对艺术乡建支持度既产生显著的直接影响，也通过地方依恋产生间接影响，其直接效应为 0.515，间接效应为 0.207，直接效应占比为 71.3%，间接效应占比为 28.7%，直接影响效果大于间接影响效果，其余数据结果同理。

表 6　路径中介效应分析表

路径	效应值	Boot 标准误	Boot CI 下限	Boot CI 上限	相对效应值
物质环境要素→地方依恋→艺术乡建支持度	总效应：0.722	0.143	0.003	0.565	—
	直接效应：0.515	0.098	0.307	0.695	71.3%
	间接效应：0.207	0.108	0.004	0.426	28.7%
物质环境要素→地方认同→艺术乡建支持度	总效应：0.721	0.126	0.006	0.502	—
	直接效应：0.274	0.130	0.005	0.499	38%
	间接效应：0.448	0.138	0.196	0.749	62%
人文环境要素→地方依恋→艺术乡建支持度	总效应：0.839	0.139	0.314	0.857	—
	直接效应：0.588	0.141	0.326	0.870	70.1%
	间接效应：0.252	0.125	0.100	0.498	29.9%
人文环境要素→地方认同→艺术乡建支持度	总效应：0.840	0.144	0.059	0.629	—
	直接效应：0.321	0.146	0.058	0.630	38.2%
	间接效应：0.519	0.140	0.227	0.771	61.8%

5　结论与建议

5.1　结论

基于前人研究成果，立足我国乡村实际，构建乡村创意感知指标，并进一步建立创意感知、地方依恋、艺术乡建支持度三者关系的理论模型，揭示创意感知、地方依恋对艺术乡建支持度的影响机制。主要结论如下。

（1）创意感知对地方依恋和艺术乡建支持度产生积极影响，是艺术乡建主体对地方依恋和艺术乡建支持度的前因变量。艺术乡建主体的创意感知度直接影响其地方依恋水平，创意感知度越高，地方依恋越强烈。创意感知两维度对艺术乡建支持度既有直接影响，也以地方依恋与地方认同为中介，产生间接影响。可见，创意感知对人-地情感产生积极影响，从而影响到人们对艺术乡建的支持度。所以，在艺术介入乡村建设中，创意氛围的营造是必不可少的。

（2）创意感知度、地方依恋、艺术乡建支持度在不同的人口统计特征中表现有差异。农民群体较非农民群体在各维度上得分相对低一些，呈现较显著的消极态度。大龄、与艺术乡建职业相关度低的群体对艺术乡建支持意愿低。基本可以总结为，艺术乡建参与度低的群体态度较消极，对艺术乡建支持度也低。

5.2　建议

本文验证了创意感知与地方依恋、艺术乡建支持度之间的正向相关，肯定了创意环境对人-地情感和地方建设的积极作用。艺术乡建可持续发展要坚持"艺术"主题、重视乡建各主体的情感，可以从以下几个方面做些工作。

（1）创意氛围的营造。首先，吸引与留住艺术人才，艺术人才是保持乡村"创意性"的核心要素。其次，挖掘乡村自然资源和人文资源，将这些资源以村民可以接受和理解的艺术形式呈现出来，如将自然资源风景化，将人文资源故事化、活动化，将农业资源创意化（农产品品牌化、农村空间景观化）。最后，开发乡村艺术价值，打造本村特色艺术产品、艺术产业与艺术氛围，让置身于此的无论是本地村民、创业者、从业者，还是外来游客，都能感受到浓浓的创意氛围，从而加深对这个地方的依恋，加大对艺术乡建的支持度。

（2）村民艺术参与积极性的激活。在前期的走访调研中，不少受访村民表示"对这些新奇的建筑或事物抱有兴趣""支持艺术乡建实践在村里开展""对村里具有特殊纪念意义的建筑焕然一新而感到兴奋和自豪"等，但因为无法理解或参与这些新鲜的事物而被排除在外。村民是乡村建设的主体，只有激活村民的参与性，才能驱动乡村内源式发展。因此，需要在乡村开展艺术素养教育活动，提高村民的艺术鉴赏能力，让村民能理解与认可乡村的艺术设计活动。将隐性的艺术氛围熏陶和显性的艺术课堂相结合，让村民在无形和有形的艺术环境中提高艺术素养；同时，开展艺术设计技能教育活动，培养村民的创意设计能力，使村民能够基于乡村资源进行创意设计，将乡村资源叠加上艺术手段，促进乡村资源的艺术转化，提高乡村资源的附加值，为乡村和村民带来切切实实的收益。吸引村民参与创意设计活动，如将乡村文化活动化、表演化，鼓励村民参与乡村文化的口述和传播；引导村民参与乡村公共空间和自家空间的景观营造以及乡村文化产品、农产品的创意设计。

（3）多主体间关系的妥善处理。艺术乡建不是艺术家一方力量所能完成的，而是需要艺术家、村民、外来投资商、政府等多主体参与。艺术家、外来投资商等各主体在乡建中需要充分尊重当地居民的意见和生活习惯，政府需要发挥好桥梁作用，及时进行有效的沟通，努力促成多方共赢局面。

参考文献

[1] 路艳红. 艺术乡建的主体性研究[J]. 艺术百家，2020，36（5）：181-186.

[2] 渠岩. 青田范式：一种基于生活样式重建的乡土伦理与设计实践[J]. 装饰，2019（12）：96-99.

[3] 渠岩. 乡村危机，艺术何为？[J]. 美术观察，2019（1）：6-8.

[4] Drake G. This place gives me space：place and creativity in the creative industries[J]. Geoforum，2003，34（4）：511-524.

[5] 帕特里克·米勒，刘滨谊，唐真. 从视觉偏好研究：一种理解景观感知的方法[J]. 中国园林，2013，29（5）：22-26.

[6] Florida R. The Rise of the Creative Class and How It's Transforming Work，Leisure，Community and Everyday Life[M]. New York：Basic Books，2002.

[7] 李博婵. 中国创意城市评价指标体系研究[J]. 城市问题，2008（8）：95-99.

[8] 郭永，郝渊晓，杨秀云. 我国创意指数理论模型与测度指标体系研究[J]. 科技进步与对策，2009，26（19）：119-124.

[9] 钱烨，陆林，朱付彪. 上海世博会游客感知价值Fuzzy-IPA研究[J]. 华东经济管理，2011，25（9）：8-12.

[10] 林月彬，刘健，余坤勇，等. 冠顶式步道景观环境感知评价研究——以福州"福道"为例[J]. 中国园林，2019，35（6）：72-77.

[11] 吴镕斌，曲洪建. 基于认知-态度-行为意愿理论的仿冒服装购买意愿的影响因素[J]. 现代纺织技术，2002，30（4）：230-240.

[12] 章锦河. 古村落旅游地居民旅游感知分析——以黟县西递为例[J]. 地理与地理信息科学，2003（2）：105-109.

[13] 余意峰，张春燕，曾菊新，等. 民族旅游地旅游者原真性感知、地方依恋与忠诚度研究——以湖北恩施州为例[J]. 人文地理，2017，32（2）：145-151.

[14] Zukin S. The Cultures of Cities[M]. Oxford：Blackwell，1995.

[15] Williams D R, Patterson M E, Roggenbuck J W, et al. Beyond the commodity metaphor: examining emotional and symbolic attachment to place[J]. Leisure Sciences, 1992, 14(1): 29-46.

[16] Zajong R B. Attitudinal effect of mere exposure[J]. Journal of Personality & Social Psychology, 1968, 9(2, Pt.2): 1-27.

[17] Lyons E. Demographic correlates of landscape preference[J]. Environment and Behavior, 1983, 15: 487-511.

[18] 杨肖, 宋典, 夏楚凡. 战略人力资源管理对员工越轨创新行为影响研究——基于认知-情感系统的视角[J]. 大众标准化, 2021(20): 149-151.

[19] 杨昀, 保继刚. 旅游社区外来经营者地方依恋的特征分析——以阳朔西街为例[J]. 人文地理, 2012, 27(6): 81-86.

[20] 张琳, 张佳琪, 刘滨谊. 基于游客行为偏好的传统村落景观情境感知价值研究[J]. 中国园林, 2017, 33(8): 92-96.

[21] 晁小景, 王庆生. 真实性感知、地方依恋与游客忠诚的关系研究——以天津"五大道"为例[J]. 企业经济, 2021, 40(5): 110-120.

[22] 王兆峰, 向秋霜. 景观感知和地方依恋对居民文化补偿认知的影响与分异[J]. 经济地理, 2020, 40(5): 220-229.

[23] 贾衍菊, 林德荣. 旅游者服务感知、地方依恋与忠诚度——以厦门为例[J]. 地理研究, 2016, 35(2): 390-400.

[24] 张茜, 杨东旭, 李思逸, 等. 地方依恋对森林旅游游客亲环境行为的调节效应[J]. 中南林业科技大学学报, 2020, 40(8): 164-172.

[25] 王爱平, 周尚意, 张姝玥, 等. 关于社区地标景观感知和认同的研究[J]. 人文地理, 2006(6): 124-128.

A Study of Rural Creative Perception, Local Attachment and Support for Artistic Rural Construction
—The Case of Wufang village in Shanghai

Fang Tianhong, Xu Guoshuai

(School of Art Design and Media, East China University of Science and Technology, Shanghai 200237, China)

Abstract Numerous studies have confirmed that environmental perceptions influence place attachment, and thus influence individual actions towards place. Creativity is the most prominent feature of art communities, and the support of various actors is a key driver for the sustainable development of art communities. Drawing on relevant indicators such as landscape perception and creativity index, we construct a system of indicators for creative perception in art villages and use structural equations to explore the influence of creative perception on place attachment and support for art village building. The results of the empirical analysis using Shanghai art villages reveal the following aspects. ①Creative perception can be divided into two dimensions: creative perception of physical landscape and creative perception of humanistic landscape, and each dimension contains several sub-dimensions. ②There is a significant positive effect of creative perception and local attachment on the degree of support for the construction of the art village, and a significant positive effect of creative perception on the two dimensions of local attachment. ③Older age and low occupational relatedness groups have low willingness to support arts township building. ④ The farmers' group showed significantly negative attitudes on all dimensions compared to the non-farmers' group. This study reveals the important role of "creativity" and "people-place emotions" in the sustainable development of artistic villages. In the development practice of artistic villages, it is necessary to continue to attract and retain artistic talents, enhance the creative atmosphere of the villages, stimulate the creativity and initiative of all subjects, especially villagers; cultivate the attachment of all subjects to the villages, and promote the sustainable development of artistic villages.

Keywords Creative perception; Place attachment; Artistic rural construction; Wufang village; Structural equations

从形成机制到社区治理：我国国际移民聚居区的研究进展及反思

赵晔琴　许添琦

摘　要　伴随全球化的深入推进与我国综合实力的提升，越来越多的外国人来华定居，并逐渐形成一定规模的国际移民聚居区。国际移民聚居区是移民居住和生活的重要区域，也是研究国际移民的重要空间。本文从形成机制、族裔经济、社会融入、社区治理四个方面对我国国际移民聚居区的相关研究进行梳理，一方面可以有效深化和推动现有的国际移民聚居区研究，另一方面也可以推动我国与欧美国家国际移民研究之间的对话，从而增进国际移民学界对中国国际移民问题的正确认识。

关键词　国际移民聚居区；形成机制；族裔经济；社会融入；社区治理

随着我国综合实力的增强、国际地位的提高以及"一带一路"倡议的深入人心，越来越多的外国人进入中国。数据显示，我国的外国人入出境人次已从2000年的2026万人[1]上升至2019年的9767.5万人[2]。这也预示着我国已经从传统的移民输出向输出、输入并行转变，外籍人口也已成为我国人口普查中的重要组成部分[3]。这些入境的外国人或在华投资经商，或在华工作，或在华留学，逐渐形成具有一定规模的聚居区，如北京望京地区韩国人聚居区、上海古北地区日本人聚居区、广州小北地区非洲人聚居区、义乌的"中东人一条街"等[4]。国际移民聚居区的迅速发展吸引了国内学者的持续关注，并于2000年开

作者简介：赵晔琴，华东师范大学中国现代城市研究中心暨社会发展学院教授，上海市"中国特色的转型社会学研究"社会科学创新研究基地研究员，主要研究方向为城市社会学、移民社会学，E-mail：yqzhao@ecnu.edu.cn；许添琦，华东师范大学社会发展学院硕士研究生，主要研究方向为移民社会学，E-mail：51193500007@ecnu.edu.cn。

基金项目：国家社会科学基金一般项目"超大城市国际移民社区的空间演化机制与分类治理研究"（23BSH003）。

始出现国际移民聚居区的相关研究。

国内学者吴晓和吴明伟认为，形成移民聚居区需要满足两个条件：其一是移民在移入地区大规模地集结和生活，其二是移入地区能为其提供成片集中的房源[5]。周春山和杨高[6]强调，移民群体的人口规模在聚居区内应占据相当比重。综合而言，国际移民聚居区是指在相对集中的空间中聚集一定规模的跨国移民群体，并且能够满足移民群体较为稳定居住、生活需要的区域。目前，国内对于国际移民聚居区的研究，大多以特定城市特定类型移民的聚居区个案研究展开，如北京望京地区韩国人聚居区、广州小北地区非洲人聚居区，以及上海古北地区、广州天河北地区日本人聚居区等。对这些国际移民聚居区的研究主要从形成机制、族裔经济、社会融入、社会治理四个部分展开。

1 国际移民聚居区的形成机制

国际移民聚居区的形成是一个动态的过程，即在初始阶段，一部分外国人因各种原因来到中国，寻找宜居的住所定居下来。而后过渡至发展阶段，表现为逐渐吸引同一族裔的其他赴华外国人，并且随着人口规模的增加与居住范围的扩大开始形成特定族裔的聚居区。

在初始阶段中，国际移民聚居区的形成主要受政策、区位等因素的影响，呈现出自上而下与自下而上两种形成样态（表1）。例如，北京望京地区韩国人聚居区最初毗邻韩国驻华大使馆与涉外酒店，且2003年以前北京对在京外国人采取限制居住的政策，规定外国人只能居住于政府指定的涉外宾馆与外销公寓[7]，因此，望京地区成为早期在京韩国人的居住地。上海古北地区日本人聚居区的形成源于古北涉外商务区的职能安排，该区域专门用于解决相关外国人员的居住问题[8]。上述两个聚居区的最初形成都受到政府各类政策的影响，在诞生之初呈现自上而下的样态。广州小北地区非洲人聚居区受区位因素影响更显著，呈现自下而上的样态：广州出口贸易的繁盛吸引了部分非洲商人前来投资经商、发展跨国贸易，同时小北地区便捷的交通条件、大量的商贸城、适中的租金等区位优势为非洲商人在此居住提供了便利条件[4]。

表 1 国际移民聚居区初始阶段的形成机制

形成机制	特点	典型案例
自上而下	形成之初受地方政府政策的影响，限定于特定区域内	上海古北地区日本人聚居区源于上海市人民政府对该地区涉外商务区的规划，该区域诞生之初便用于外国人员集中居住
自下而上	外国人基于自身的实际需求与区位因素自主选择而成	广州小北地区非洲人聚居区诞生缘于非洲人跨国贸易的需要，因为该地区的交通条件、贸易支持、房屋租金适宜发展跨国贸易

在发展阶段中，不同学者从民族文化、社会网络支持等角度解释了国际移民聚居区在这一阶段快速发展的原因。何波认为，北京望京地区韩国人聚居区的发展受韩国人"民族认同"观念的影响，这些韩国人通过民族情感在聚居区内重现了民族的生活规范与价值观念[9]。许涛在广州小北地区的调查也发现，聚居区内亲人和朋友在金钱、实物、情感等多方面的社会网络支持是相当部分非洲人来华的重要支撑[10]。

纵观上述过程可以发现，地方政府、移民网络是移民聚居区形成过程中的两个重要主体。政府通过政策推行、制度安排、社会管理等措施对移民聚居区的形成、发展产生重要影响。这些措施一方面直接作用于移民聚居区，如限制居住政策、特定区域规划，以及一定时期对于移民聚居区的严格管制[11]，从而影响移民聚居区的形成、发展；另一方面通过宏观的移民政策管理，对在华外国人的流动、定居等产生影响，进而形成对移民聚居区的影响，如移民政策的系统化、规范化、管理与服务并重的整体发展促成了国内移民的增长[12]，而这也为移民聚居区的发展扩张提供了基础。移民作为聚居区内的居住者、生产者，是整个移民聚居区形成过程中的决定性主体。从移民角度研究聚居区的形成机制是当前国内研究的主流，包括移民对聚居区的区位选择、聚居区内的民族文化、聚居区中移民的社会网络等，这些都影响着聚居区的形成与发展。

除政府、移民两个主体外，西方的移民聚居区研究中着重关注社会组织发挥的作用[6]。国内对于聚居区内社会组织的关注不足。牛冬对广州非洲人的社会组织研究发现，非洲人按照国别划分的社团发挥着一定的互助功能，但是此类社区在非洲人中影响力较小，且趋向衰落[13]。

此外，国内研究还注意到国际环境对聚居区的影响，国际环境的变化宏观上影响来华外国人，进而影响聚居区的发展。例如，在2008年金融危机的影响下，北京望京地区韩国人聚居区内人口锐减，人员类型也发生变化[14]；越南等东南亚国家服装类制造业的兴起与中国产业转型导致的制造业价格上升之间的此消彼长，已经促使部分非洲商人离开中国，聚居区也趋向衰落[13]。因此，整体国际环境及其变化也是移民聚居区形成发展的重要一环。

2 国际移民聚居区的族裔经济

族裔经济最早是泛指少数族裔群体成员从事的经济活动，既包括任何移民或少数族裔的商家业主所拥有并经营的企业，也包括雇主和雇员为同一族裔群体的企业[15]。此后，这一概念又根据经营者、出资者、雇员等不同界定，细化为狭义族裔经济、聚居区族裔经济、中间人少数族裔经济、跨国贸易主义等相关概念，其中聚居区族裔经济更强调族裔经济所形成的族裔经济区[16]。族裔经济满足了移民的生活与居住需要，是移民融入地方社会的重要表现形式。同时，族裔经济中特定的族裔网络与族裔文化，也使得其成为保持族裔身份认同的重要工具。狄金华和周敏在对聚居区族裔经济理论的讨论中认为，族裔经济是聚居区内在结构中非常重要的组成部分，也是研究聚居区的重要视角[15]。

国内关于族裔经济的研究主要集中在地理学，这些研究关注国际移民聚居区内的族裔经济发展情况，以此分析族裔经济对国际移民群体和当地社会的影响。地理学者通过统计聚居区内的店铺数量、经营者雇员类型、服务对象、服务类型等，观察族裔经济的空间分布，对聚居区内族裔经济的发展现状进行了细致描述[8,14,16]。例如，北京望京地区韩国人聚居区内的族裔经济已有较高的发育程度，行业囊括大量韩式的零售业、服务业，极大地满足了辖区内韩国人的日常生活需要[14]。广州日本人聚居区的族裔经济发展程度更高，还包括金融、咨询等商业服务和教育、医疗等社会服务机构，具有"自我服务、本地植根"的特征。日本移民对此有很高的依赖度，借助族裔经济保持身份认同[16]。可以看到，移民聚居区的族裔经济主要围绕移民群体的日常生活展开，能够极大地满足移民群体的生活需要，一定程度上还原迁出地的生活样态，重现文化，帮助移民群体适应当地社会。

区别于韩国人聚居区和日本人聚居区，广州非洲人聚居区的族裔经济主要呈现"跨国贸易主义"与"中间人少数族裔经济"两种形态[17]。非洲人到广州的主要目的是从中国出口工业产品到非洲，或从事其他相关商业，相对只有小规模商人经营小商品，多数是向非洲出口衣服、个人商品、家庭用品[18]。因此，跨国贸易是广州非洲人聚居区族裔经济的一大特征。围绕着跨国贸易,非洲商人主要分为"坐贾"与"行商"两种类型,前者是指在广州拥有商铺或办公室的商人,后者是指一年中多次往返中非、在广州没有定所的商人[17]。"坐贾"具备"中间人少数族裔"的特征,连接着中国厂商与非洲行商、广州与非洲的跨国贸易网络[11]。综上,虽然非洲人聚居区中也有少部分满足非洲人生活需要的族裔服务业,但是聚居区内族裔经济以外贸公司、物流公司为主,整体服务于跨国贸易。此外,笔者通过对义乌外籍商人的研究发现,义乌外籍商人的族裔经济同样呈现"跨国贸易主义"的特征:他们通过经济纽带在族裔中建立起一个跨国经济网络空间,这种族裔经济维系和强化了原籍地与定居地之间的社会关系进程,同时也加强了族裔身份的认同[19]。

聚居区族裔经济对于当地社会的影响也是学者关注的内容之一。实证研究表明,聚居区族裔经济在发展的过程中,会逐渐吸引本地居民,将本地居民作为重要的服务对象,一定程度上呈现出族裔经济的地方融入。北京望京地区韩国人聚居区就以族裔经济的方式嵌入中国本土的社会经济体系中,吸引大量中国消费者[14]。上海古北地区日本人聚居区族裔经济以中国人和日本人经营为主,以中国雇员为主要劳动力,同时其美食、时尚、动漫等元素吸引大量中国年轻人前往[8]。广州日本人聚居区族裔经济不仅为当地居民提供更多的消费选择,同时也滋生了服务于日本族裔经济的国内贸易公司、生产厂商等[16]。

综合来看,国际移民聚居区族裔经济是聚居区发展过程中的产物,族裔经济不仅能够满足移民群体的特定需求,而且族裔经济在发展的过程中也逐渐融入地方社会,对本地居民产生一定的影响。国内现有的族裔经济研究顺承了类型化聚居区研究的特点,主要分为韩国人族裔经济、日本人族裔经济、非洲人族裔经济三种类型,且研究集中于后两者。总体而言,目前国内对于聚居区族裔经济的研究整体数量较少,且研究多集中于对族裔经济现状的描述,部分研究虽然关注到宏观环境对族裔经济发展的影响,但缺乏对族裔经济中族裔群体内部网络的深入分析。正如狄金华和周敏所言,对族裔经济的关注不应仅停留在"从社会看经济",而应当借由"从经济看社会"研究族裔聚居区[15]。

3 国际移民聚居区的社会融入

社会融入是移民研究的重要视角与重要内容，用以描述移民在移入地地方社会的融入状态与融入过程[20]。国内学者通过居住隔离、日常生活、社会活动等角度对移民聚居区内外国人的社会融入程度进行研究[10, 14, 21-23]。目前，国内移民聚居区内族裔的社会融入状态根据不同族裔的特点，主要可分为以下三类：北京、广州聚居区韩国人的"浅层融入、隐性隔离"，上海、广州聚居区日本人的"消极融入、主动隔离"，广州聚居区非洲人的"主动融入、被动隔离"（图1）。

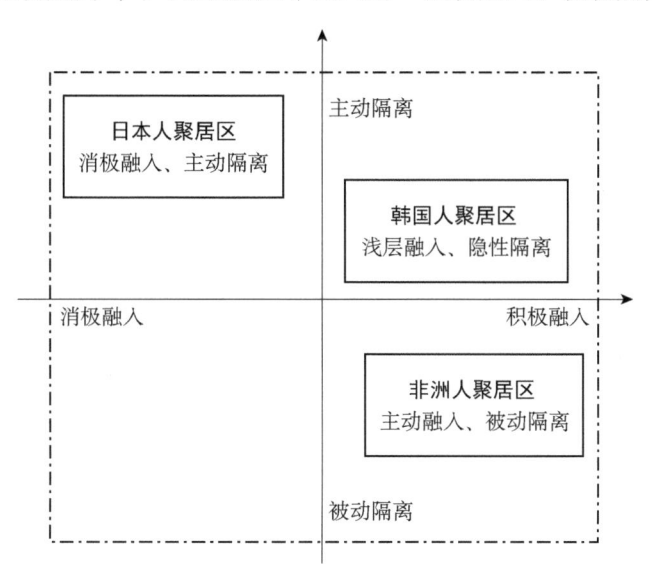

图 1 国际移民聚居区的社会融入类型

在韩国人聚居区中，"浅层融入"表现为一种工具性的融入，即韩国人基于生存和发展需要而进行的学习汉语、了解中国社会等行为。聚居区内韩国人对语言学习的热衷、多种多样的媒介与聚会交流均显示出韩国人"浅层融入"的一面[23]。同时，韩国人聚居区内并未呈现显著的居住隔离，基本为中韩混居的状态，其中韩国人与中国朝鲜族人往来更频繁，借由朝鲜族人的关系，韩国人能够更快地融入地方社会[14]。"隐性隔离"一方面体现在韩国人的文化观念中，"身土不二"情结下的韩国人在日常生活中依托于聚居区内的族裔经济在饮食、日用、服装等方面保持了极大的韩国人特征[23]。另一方面体现在与中国朝鲜族人的交往上，韩国人更倾向于与具有相似文化背景的朝鲜族人互动交流，虽然表面上表现为韩国人的主动融入，但是也限制了韩国人与更多中国人的交往[14]。此外，也有学者将部分韩国人描述为"暂居者"，认为多数韩国人并无永久定居北京的愿望，其行为带有很强的经济目的，这也是"隐性隔离"的一种表现[24]。

在日本人聚居区中，日本人的社会融入情况则表现为"消极融入、主动隔离"。刘云刚等在广州的调查显示，日本移民主要为受企业派遣的旅居移民及其家属，对于广州本土的教育、医疗等资源使用相对较少，社会交往对内活跃，在整体的生活活动空间中相对孤立与封闭[21]。同时，在族裔经济方面，日本人的文化观念与生活消费习惯促使日本人非常依赖聚居区内的族裔经济，从而重现其在日本的生活状态与加强自身的身份认同[8]。与韩国人不同的是，日本人聚居区内的族裔经济更为发达与完善，日本移民可以在内部形成"自给自足"的状态。这也导致聚居区内日本人与地方社会相对隔离，因此表现为"消极融入、主动隔离"的状态。

在非洲人聚居区中，非洲人的社会融入情况表现为"主动融入、被动隔离"。在"主动融入"方面，与韩国人相似，大部分非洲商人需要通过语言学习、人际交流等方式主动融入中国社会，以满足自身跨国贸易的需要[10]。同时，部分非洲商人基于利润最大化的考量，倾向于绕开贸易公司或中间人而直接进入中国市场[17]，主动融入的程度更高。何俊芳和石欣博对于义乌阿拉伯商人的研究也证实了跨国商人基于经济利益的追求，会表现出积极主动的融入状态[25]。在居住层面、管理层面上非洲人与当地社会处于相对隔离的状态。不同在于在华的韩国人和日本人，广州的非洲人经常由于"三非"人员（非法入境、非法居留、非法就业）、负面报道、刻板印象等成为"问题化"的群体[18]。

整体而言，国内既有移民聚居区的社会融入主要分为"浅层融入、隐性隔离""消极融入、主动隔离""主动融入、被动隔离"三类情况。其中，居住情况、社会交往、族裔经济、地方认同等是了解聚居区内外国移民"融入"和"隔离"情况的重要视角。但较之于学界对社会融入相对成熟的研究视角与框架[20,26,27]，目前国内相关研究尚缺乏完善的分析视角，如对政治融入关注不足，同时缺少一定的量化研究。

此外，我们也发现，族裔经济在社会融入中发挥了重要作用，而这种作用会因为族裔经济的类型与性质对聚居区内移民的社会融入产生积极或消极的影响。非洲人跨国贸易的族裔经济性质与逐利的需求促使其需要尽可能融入中国市场中，也促使其表现出主动融入的倾向。日本和韩国主要服务于族裔内部的族裔经济虽然有利于日韩移民适应在移入地的生活、保持身份,但在一定程度上也限制了这些移民与当地主流社会的交流、融入。

移民聚居区社会融入的研究还揭示了一个现象——无论是作为"暂居者"的韩国人[24],还是避免融入的日本人[21],或是"过客家户"的非洲人[13],基于各种目的在中国进行旅居是聚居区内多数外国人的状态。这种旅居状态一方面可以归因为现阶段国内发生的日本和韩国等发达国家的"北—南"移民与非洲等发展中国家的"南—南"移民,这与欧美国家普遍发生的"南—北"移民有较大差异;另一方面从移民政策的角度来看,我国并非典型的移民国家,且存在移民定义不清、准入政策严苛等情况[12],这也使得大部分在华外国人呈现出一种"被旅居"的状态,而这也影响了外国人的社会融入。

4 国际移民聚居区的社区治理

自党的十八届三中全会提出"加快形成科学有效的社会治理体制,确保社会既充满活力又和谐有序"目标要求以来,学术界对社会治理的研究已然呈井喷式发展[28]。社区是基层社会治理的重要落脚点,其中因外国人聚居形成的国际社区又是近年来伴随全球化推进与我国深化改革开放而影响日益显著的一类社区。因此,对国际社区的治理亦是推进基层社会治理的重要一环。同时,外籍人口管理是政府的重要工作内容,而国际社区作为外国人聚居生活的区域,是开展外籍人口管理工作的重要场所,对于国际社区的有效治理将有利于对外籍人口的管理与服务。

既有研究发现,国际社区面临着诸多现实治理困境。首先是文化差异导致的"共融"问题。这种文化差异可能表现在语言、宗教信仰、生活方式等诸多方面。中国的城市从规模、人口构成、移民接收的历史和设施上看,有诸多不同。同样,外籍人员从文化背景、居留时限、流动的意愿、职业上看也大不相同[29]。因此,如何促进外籍居民与中国居民"共融"是一个值得重视的问题。其次是容易导致社区的退化,即社区原有居民结构、状态由于外国移民的聚居发生变化,演变为一种不稳定的状态,最直观的表现为社区内人员流动频繁。虽然聚居区是外国人相对稳定的生活居住区域,但是聚居区内部存在着人员频繁流动的情况,如韩国居民的频繁搬迁导致社区管理困难[14],签证逾期的非洲人在亲属朋友的租房中暂居流窜[4]，还有本地居民在聚居区形成中搬离[22]。最后是外国移民的社区参与不足。赵聚军和齐媛的研究发现，外国移民在社区治理中参与不足，具体表现为参与热情低、范围窄、缺乏双向互动等[30]。面对上述现实困境，学界与基层政府不断尝试和探索转变国际社区治理的治理理念和治理路径。国际社区治理理念的变化主要源于两个方面，一方面是社区由管理向治理的整体转变与探索，另一方面是对外籍人口由管理向管理与服务并重的转变。在社区治理方面，治理理论的内核是多元主体对于公共事务的共同参与[31]，同时我国城市社区的治理模式相应从传统的行政型社区向合作型社区和自治型社区发生转变[32]。在外籍人口管理方面，伴随着移民政策从严密控制向管理与服务并重的发展[12]，基层政府在实际工作中也由过去的强调人员审查、治安管控等严格管理手段[33]，向关注外籍人口诉求、提供服务[34,35]转变。

因此，在整体治理理念的转变下，国际社区治理研究日渐关注外国人群体在社区治理中的主体地位，并通过社区参与等形式实现外国人群体参与下的多元治理。同时，国际社区治理也不断重视外国人群体在经济、文化等多方面的需求，并推出相关服务。这些国际社区治理的探索，已经逐步形成一些成熟的路径，并在实际工作中取得一定成效。例如，毛国民提出"行政+自治"的广州新番坊模式，该模式旨在通过政府引导、社会组织参与，实现外国人群体在社区中的自治[36]。熊威认为现有的"工作服务站"模式将管理与服务相关内容进行了较好整合[34]。刘玉蓉提倡"网格化防控+外籍居民自治"的复合治理路径，认为网格化的治理技术与外籍居民的自治能够促进社区中的风险预防与社区和谐稳定[37]。黄城论述了"双柏模式"的成功经验，该模式重视社区中的国际文化平台搭建，强调提升社区中的国际化程度[38]。此外，有学者从社会工作的角度切入，认为社工引领下以志愿服务培育的社区非政府组织能够提升社区中中外居民的公共事务参与能力[39,40]。上述模式虽取得一定治理成效，但是缺乏多元化和差异化的外籍人口聚居区比较，因此各类模式在实际治理中的推广可能受限。这也从侧面反映出当前国际社区治理亟待理论研究的深入推进。

5　一点反思

透过对国内研究进展的综述，我们认为，国际移民聚居区研究已经成为我国当前学术界重要的跨学科研究议题。围绕国际移民聚居区，地理学、社会学、人类学、公共管理等学科从形成机制、族裔经济、社会融入、社区治理等多个方面进行了具体而深入的研究。

然而，当前国内研究多集中于日本、韩国、非洲移民聚居区，而对其他国家和地区的跨国移民及其聚居区的研究相对不足。第七次全国人口普查结果显示，港澳台居民和外籍人员按居住地分，人数排在前十位的省份分别是广东、云南、上海、福建、北京、江苏、浙江、广西、山东、辽宁[41]。从区域的角度而言，云南、广西等西南地区庞大的跨国移民及其聚居区的研究较少。浙江义乌的中东人聚居区、内蒙古满洲里的俄罗斯人聚居区等的研究也较少，整体研究案例的数量和丰富性有待提高。同时，国内还缺乏对日本、韩国、非洲移民聚居区三类案例之间的比较研究。日本、韩国、非洲移民聚居区，尤其是日韩两国族裔与非洲族裔之间在族裔特点、族裔经济、地方管理模式等方面存在诸多差异，这也导致聚居区差异化的发展过程与社会融入状态。但日韩两国族裔聚居区之间是否存在差异，造成的原因为何，亦鲜有研究关注。此外，同一族裔在国内不同地区聚居区的比较，如上海古北地区日本人聚居区和广州日本人聚居区之间的比较，也尚未有研究关注。

在单一的聚居区研究中，既有的实证研究主要聚集在移民的社会实践活动对聚居区产生的影响，缺乏聚居区对移民的反作用及产生的空间效应分析。同时，针对聚居区内的族裔多从整体性的视角切入，忽视了族裔内部可能存在的阶层和社会属性的差异[42]，而这种差异可能导致聚居区内移民的不同行动策略和社会融入程度。此外，研究也较少关注聚居区移民群体中的社会组织。

在国际移民聚居区的社区治理方面，既有研究大都呈散点状、缺乏系统性和整合性，具体表现为描述分析特定聚居区内的治理问题以及单一的治理模式，缺乏对国际社区治理的深入理论研究与成熟经验做法的进一步提炼。同时，由于缺乏系统整合，既有研究忽视了对不同族裔、不同类型聚居区分类治理的深入讨论。这些不足之处有待学术界的进一步深入和挖掘。

参考文献

[1] 国务院关于外国人入出境及居留、就业管理工作情况的报告[EB/OL]. http://www.npc.gov.cn/zgrdw/huiyi/ztbg/wgrrcjglgzbg/2012-08/21/content_1872386.htm[2021-08-20].

[2] 国家移民管理局最新数据公布 2019 年出入境人员达 6.7 亿人次[EB/OL]. https://www.

chinairn.com/news/20200106/095044809.shtml[2021-08-20].

[3] 王辉耀, 苗绿. 中国国际移民报告2020[M]. 北京: 社会科学文献出版社, 2021: 38-40.

[4] 李志刚, 薛德升, Lyons M, 等. 广州小北路黑人聚居区社会空间分析[J]. 地理学报, 2008 (2): 207-218.

[5] 吴晓, 吴明伟. 国内外流动人口聚居区之比较[J]. 规划师, 2003 (12): 96-101.

[6] 周春山, 杨高. 西方国家移民聚居区研究进展及启示[J]. 人文地理, 2017, 32 (1): 1-8, 36.

[7] 马晓燕. 移民社区的多元文化冲突与和谐——北京市望京"韩国城"研究[J]. 中国农业大学学报 (社会科学版), 2008, 25 (4): 118-126.

[8] 周雯婷, 刘云刚. 上海古北地区日本人聚居区族裔经济的形成特征[J]. 地理研究, 2015, 34 (11): 2179-2194.

[9] 何波. 北京市韩国人聚居区的特征及整合——以望京"韩国村"为例[J]. 城市问题, 2008 (10): 59-64.

[10] 许涛. 广州地区非洲人的社会交往关系及其行动逻辑[J]. 青年研究, 2009 (5): 71-86, 96.

[11] 李志刚, 杜枫. 中国大城市的外国人"族裔经济区"研究——对广州"巧克力城"的实证[J]. 人文地理, 2012, 27 (6): 1-6.

[12] 刘云刚, 陈跃. 全球化背景下的中国移民政策: 评述与展望[J]. 世界地理研究, 2015, 24 (1): 1-10, 37.

[13] 牛冬. "过客社团": 广州非洲人的社会组织[J]. 社会学研究, 2015, 30 (2): 124-148, 244.

[14] 周雯婷, 刘云刚, 全志英. 全球化背景下在华韩国人族裔聚居区的形成与发展演变——以北京望京为例[J]. 地理学报, 2016, 71 (4): 649-665.

[15] 狄金华, 周敏. 族裔聚居区的经济与社会——对聚居区族裔经济理论的检视与反思[J]. 社会学研究, 2016, 31 (4): 193-217, 246.

[16] 刘云刚, 陈跃. 广州日本移民族裔经济的形成及其社会空间特征[J]. 地理学报, 2014, 69 (10): 1533-1546.

[17] 李志刚, 杜枫. "跨国商贸主义"下的城市新社会空间生产——对广州非裔经济区的实证[J]. 城市规划, 2012, 36 (8): 25-31.

[18] 李志刚, 薛德升, 杜枫, 等. 全球化下"跨国移民社会空间"的地方响应——以广州小北黑人区为例[J]. 地理研究, 2009, 28 (4): 920-932.

[19] 赵晔琴. 族裔经济的跨国建构与族群聚居的地方空间生产——基于对浙江省义乌市外籍商人的访谈[J]. 浙江学刊, 2018 (3): 72-81.

[20] 梁波, 王海英. 国外移民社会融入研究综述[J]. 甘肃行政学院学报, 2010 (2): 18-27, 126.

[21] 刘云刚, 谭宇文, 周雯婷. 广州日本移民的生活活动与生活空间[J]. 地理学报, 2010, 65 (10): 1173-1186.

[22] 赵聚军, 安园园. 广州黑人聚居区的形成与族裔居住隔离现象的萌发[J]. 行政论坛, 2017, 24 (4): 53-59.

[23] 周大鸣, 杨小柳. 浅层融入与深度区隔: 广州韩国人的文化适应[J]. 民族研究, 2014 (2): 51-60, 124.

[24] 马晓燕. 世界城市建设中移民聚居区的出现及其特征体现——基于北京市望京"韩国城"的调研[J]. 北京工业大学学报（社会科学版），2011，11（6）：8-13.

[25] 何俊芳，石欣博. 义乌阿拉伯商人的社会融入探究[J]. 西北民族研究，2020（3）：128-143.

[26] 杨菊华. 从隔离、选择融入到融合：流动人口社会融入问题的理论思考[J]. 人口研究，2009，33（1）：17-29.

[27] 任远，乔楠. 城市流动人口社会融合的过程、测量及影响因素[J]. 人口研究，2010，34（2）：11-20.

[28] 马全中. 中国社区治理研究：近期回顾与评析[J]. 新疆师范大学学报（哲学社会科学版），2017，38（2）：93-104.

[29] 林丹. 国际社区建设与移民治理研究[J]. 社会建设，2021，8（6）：85-95.

[30] 赵聚军，齐媛. 我国国际社区治理中的外籍居民参与——基于京津三个国际社区的观察[J]. 南开学报（哲学社会科学版），2020（3）：27-36.

[31] 夏建中. 治理理论的特点与社区治理研究[J]. 黑龙江社会科学，2010（2）：125-130，4.

[32] 魏娜. 我国城市社区治理模式：发展演变与制度创新[J]. 中国人民大学学报，2003（1）：135-140.

[33] 吴建设，王全淳. 加强首都外国人聚居管理工作的思考与对策[J]. 北京人民警察学院学报，2004（3）：29-33.

[34] 熊威. 城市外籍人口服务与管理创新机制研究——基于广州市三区三个街道的调查报告[J]. 西部法学评论，2014（4）：87-94.

[35] 陆晶，王莉，王慧. 全球化进程中外籍流动人口社会融入管理新思考——以北京地区为例[J]. 政法学刊，2018，35（2）：118-128.

[36] 毛国民. 城市外籍人聚集区治理模式创新研究——古代蕃坊治理经验的借鉴与启示[J]. 社会科学家，2014（2）：35-39.

[37] 刘玉蓉. 外籍人口聚居区治理的复合路径选择[J]. 新西部，2017（22）：20-23.

[38] 黄城. 党建引领社区发展治理助力国际化社区建设——基于双柏社区"双柏模式"的实践[J]. 南方论刊，2020（3）：46-49.

[39] 林移刚，谭霞. 社会工作介入国际社区治理的模式与路径研究——以重庆市红岩村社区为例[J]. 社会工作与管理，2016，16（6）：49-56.

[40] 谭霞，林移刚. 优势视角下的国际社区治理路径研究——以重庆市红岩村社区为例[J]. 社会工作与管理，2019，19（1）：68-72.

[41] 2020年第七次全国人口普查主要数据[EB/OL]. http://www.stats.gov.cn/sj/pcsj/rkpc/d7c/202303/P020230301403217959330.pdf[2021-08-20].

[42] 王敏，江荣灏，林元城. 跨境流动背景下族裔社区研究进展及启示[J]. 人文地理，2020，35（3）：1-9.

Progress and Enlightenment of International Immigrant Community in China

Zhao Yeqin, Xu Tianqi

(The Center for Modern Chinese City Studies, School of Social Development, East China Normal University, Shanghai 200241, China)

Abstract With the deepening of globalization and the improvement of our country's comprehensive national strength, more and more foreigners come to settle in China and gradually form a certain scale of international immigrant communities. International immigrant communities are important areas for immigrants to live, as well as important space for studying immigration. This article sorts out domestic research on international immigrant communities from four aspects: formation mechanism, ethnic economy, social integration, and community governance. On the one hand, it can effectively deepen and promote the existing research on international immigrant communities. On the other hand, it can promote the dialogue between our country and European and American international immigration studies, thereby enhancing the correct understanding of China's international immigration issues in the international immigration academia.

Keywords International immigrant community; Formation mechanism; Ethnic economy; Social integration; Community governance

《中国城市研究》征稿启事

《中国城市研究》是由教育部人文社会科学重点研究基地华东师范大学中国现代城市研究中心与华东师范大学城市发展研究院联合主办的综合性城市研究学术集刊,是"中文社会科学引文索引(CSSCI)2012—2013"来源集刊,主要刊登城市经济、城市社会、城市地理、城市政治与管理、现代城市史等各个领域的论文和经验研究论文。为提高学术论文质量,特向海内外学术同人征集稿件。

1. 《中国城市研究》设"论文"、"综述"和"书评"三个栏目,"论文"栏目发表原创性的理论和经验研究论文,文章长度不限,欢迎10 000字以下的论文;"综述"栏目发表关于某一领域最新学术动态的综述性论文;"书评"栏目发表通俗、可读的城市研究新书的介绍和评论,"综述"和"书评"以3000~5000字为宜。

2. 来稿须添加论文封面:包括中英文文章标题、作者单位、通讯作者的联系方式(地址、电话和E-mail)及感谢语等,所有个人信息不再在正文中出现。论文正文请按如下顺序依次排列:①中文标题、中文摘要和中文关键词(3~5个);②正文和附录;③参考文献(参考文献需要和正文一一对应,做到"凡引必列,不引不列");④英文标题、英文摘要、英文关键词和JEL分类号。

3. 来稿正文的一级标题采用编号"1、2、3……",二级标题采用编号"1.1、1.2、1.3……",三级标题采用编号"1.1.1、1.1.2、1.1.3……",四级标题采用编号"①、②、③……"。来稿正文注释采用尾注形式,编号格式为:[1][2][3]……。

4. 参考文献统一排列在正文末尾,并按顺序编号。具体参考文献格式详见期刊的样稿。

5. 来稿请投稿至《中国城市研究》编辑部邮箱office@iud.ecnu.edu.cn,请勿一稿多投。文章在录用后需要根据《中国城市研究》的标准格式进行修正。稿件发表时,本刊将向作者提供两本样书,稿酬一次性付清。稿件如未被录用,恕不退稿。

我们常年向广大学者征集优秀文章,欢迎国内外学者或机构积极投稿。

《中国城市研究》编辑部
2022年11月

彩 图

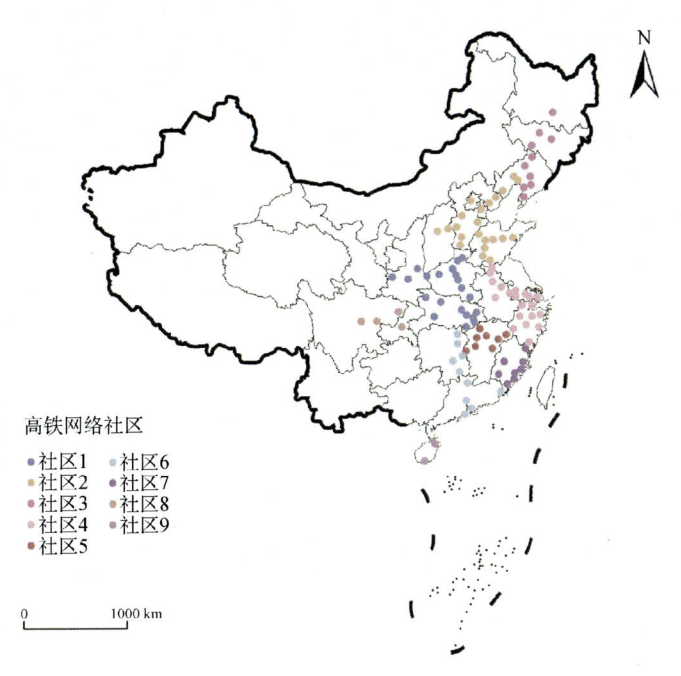

彩图1 高铁网络区域内部社区结构
注：港澳台资料暂缺

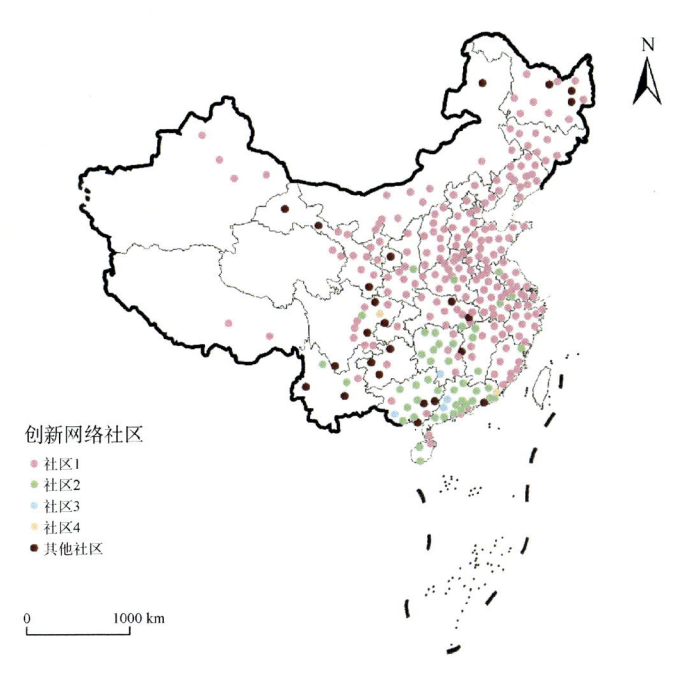

彩图2 创新网络区域内部社区结构
注：港澳台资料暂缺

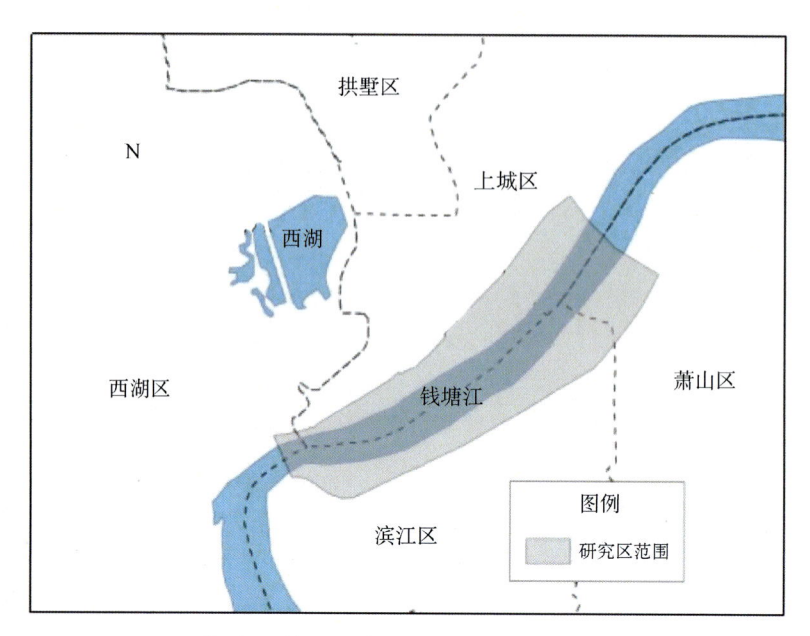

彩图3 钱塘江滨江两岸空间分布示意图

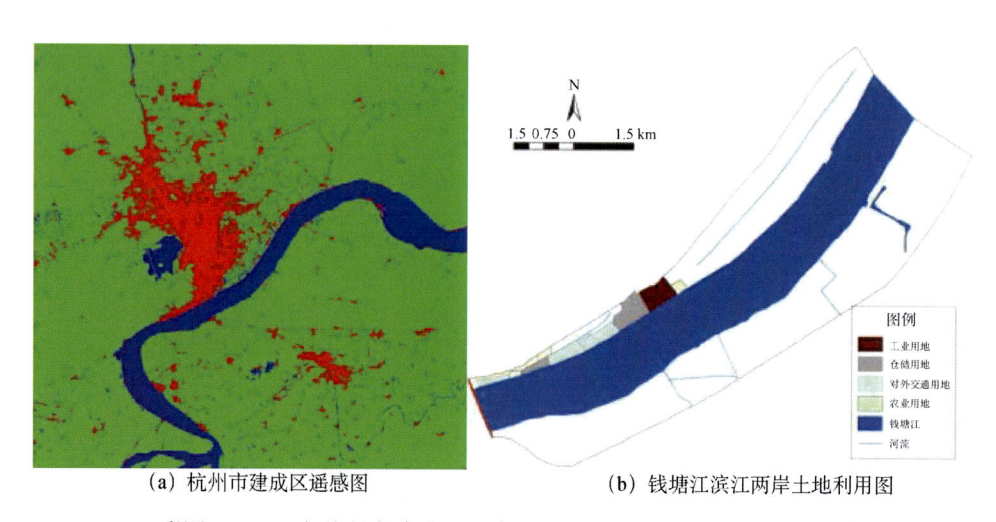

(a) 杭州市建成区遥感图　　(b) 钱塘江滨江两岸土地利用图

彩图4 1990年杭州市建成区遥感图及钱塘江滨江两岸土地利用图

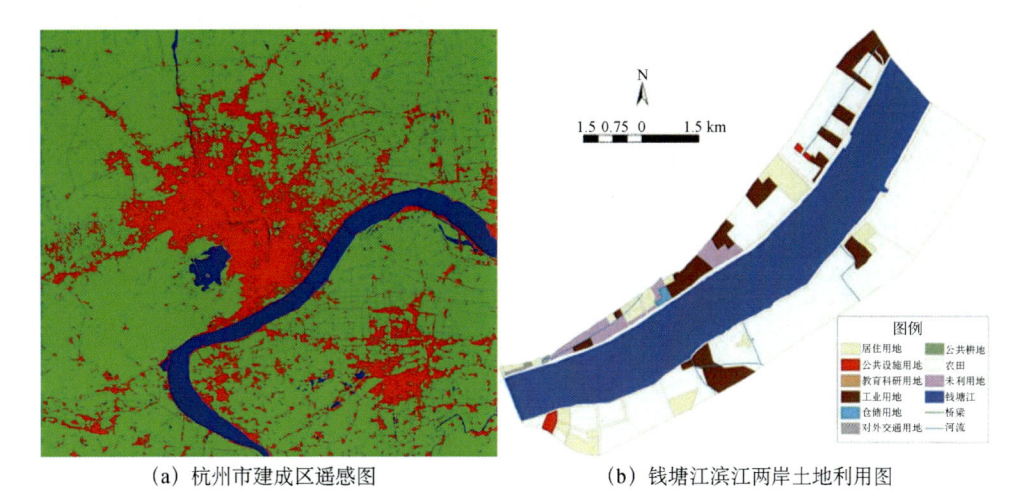

(a) 杭州市建成区遥感图　　　　　　(b) 钱塘江滨江两岸土地利用图

彩图 5　2000 年杭州市建成区遥感图及钱塘江滨江两岸土地利用图

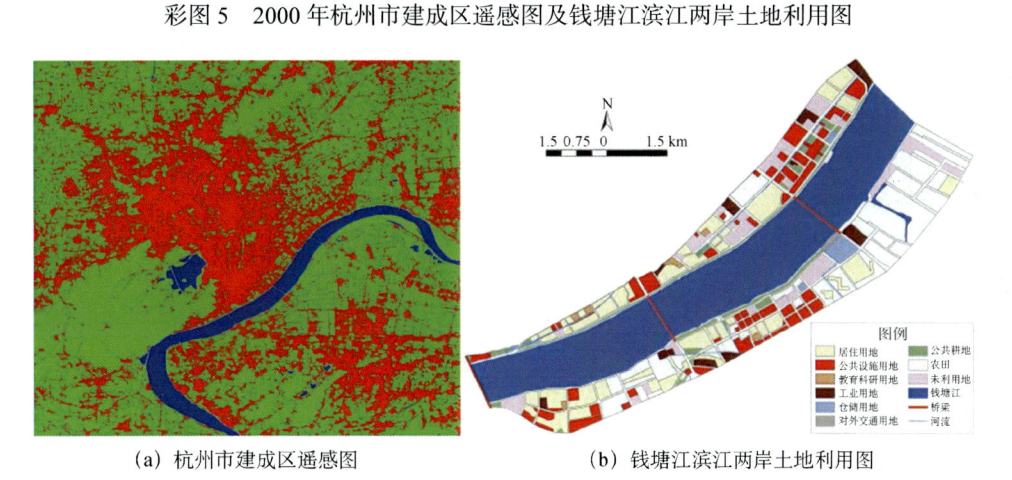

(a) 杭州市建成区遥感图　　　　　　(b) 钱塘江滨江两岸土地利用图

彩图 6　2010 年杭州市建成区遥感图及钱塘江滨江两岸土地利用图

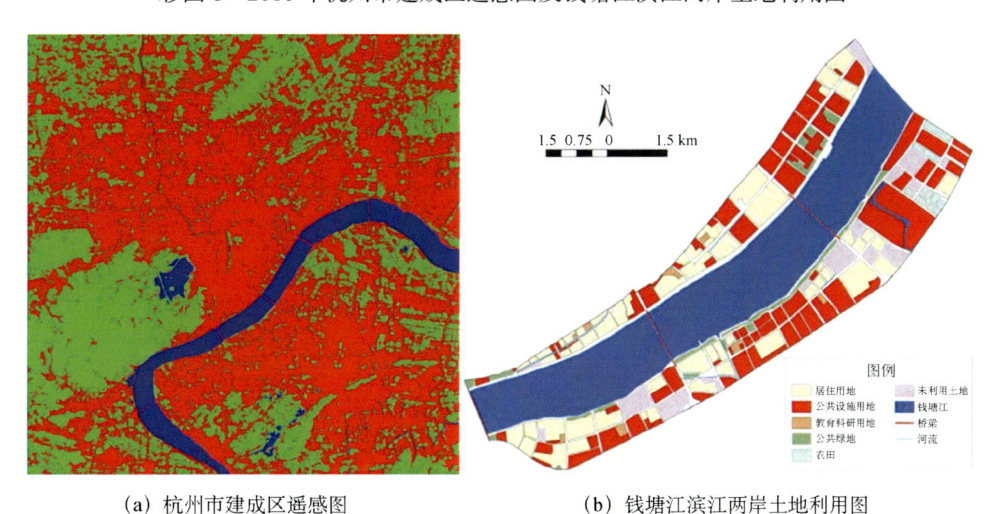

(a) 杭州市建成区遥感图　　　　　　(b) 钱塘江滨江两岸土地利用图

彩图 7　2015 年杭州市建成区遥感图及钱塘江滨江两岸土地利用图

(a) 出生地分布

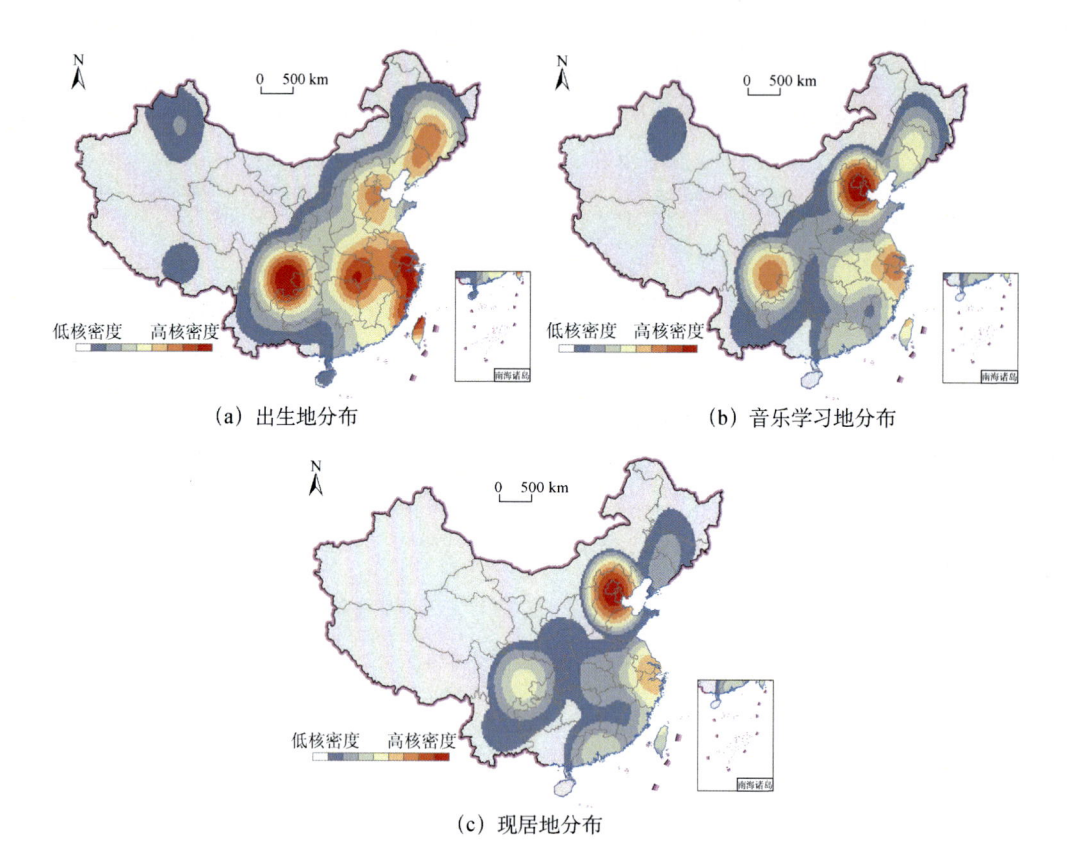

(b) 音乐学习地分布

(c) 现居地分布

彩图 8　某选秀节目选手空间分布